Lama Zopa Rimpoché

Las Cuatro Nobles Verdades

Una guía para la vida cotidiana

Edición a cargo de Yeo Puay Huei

Traducción del inglés de Juan Manuel Cincunegui

Título original: THE FOUR NOBLE TRUTHS: a guide to everyday life
Originally published by Wisdom Publications Inc.

Revisión: Alicia Conde
Fotocomposición: Florence Carreté
Diseño cubierta: Katrien Van Steen
Impresión y encuadernación: Romanyà-Valls. Verdaguer, 1. 08786 Capellades

Primera edición: Octubre 2019
ISBN: 978-84-9988-713-5
Depósito legal: B 14.118 - 2019

Sumario

Prefacio

Son raras las expresiones sencillas para iluminar las profundas enseñanzas del Buda. Aún más raras son las enseñanzas que se originan en la experiencia del Dharma del Buda. En una conversación que mantuvimos en una cafetería del aeropuerto de Kuala Lumpur, en Malasia, Kyabje Lama Zopa Rimpoché me sugirió que intentara escribir un libro sobre las Cuatro Nobles Verdades basado en las enseñanzas que él mismo había impartido a lo largo de los años. Vacilé. Después de todo, Rimpoché no solo enseña el Dharma, sino que *lo vive*. Por otro lado, ¿no ha estado Rimpoché enseñando las Cuatro Nobles Verdades durante los últimos cuarenta y cinco años? Si me embarcara en el proyecto pero no consiguiera compilar con fidelidad las enseñanzas de Rimpoché sobre la totalidad del Dharma, sería como menospreciar la preciosa vida del lama y de sus enseñanzas. Rimpoché percibió mi vacilación. Agitó sus dados, hizo una rápida adivinación, y me ofreció su aliento. Estoy profundamente agradecido.

Este libro contiene las enseñanzas inspiradas en la experiencia que Rimpoché impartió durante un período de cuarenta y cinco años. Nada en las acciones de Rimpoché es corriente. Todo lo relacionado con su ser está entretejido con el Dharma.

Al final de cada capítulo hay historias o anécdotas de la vida de Kyabje Lama Zopa Rimpoché. La mayoría de ellas forman parte de los diarios del venerable Roger Kunsang, el monje devoto que lo acompaña y le sirve como secretario desde hace casi treinta años. Otras historias y anécdotas son las que han relatado lamas y antiguos estudiantes que presenciaron personalmente los eventos. Este generoso intercambio de relatos nos permite vislumbrar una parte de la vida cotidiana de Rimpoché, y entrar en contacto con la experiencia viva del Dharma.

Quiero expresar un especial agradecimiento a Geshe Tenzin Zopa, cuyas conversaciones con Rimpoché acerca de la necesidad de *yigchas* (manuales de estudio) de las enseñanzas de Rimpoché, de alguna manera, condujeron a la sugerencia de editar este libro. Agradezco enormemente al doctor Nick Ribush su generosidad, y también quiero dar las gracias a su equipo y a las numerosas personas que diligentemente han transcrito miles de páginas documentando las enseñanzas de Rimpoché.

Agradezco especialmente a Steve Wilhelm y Mary Petrusewicz la magistral edición de este manuscrito, y a David Kittelstrom, cuya amabilidad hizo de este viaje editorial algo menos estresante de lo esperado. Ahora ofrezco humildemente este libro al lector. Cualquier error, especialmente las omisiones, es exclusivamente mío.

Rajiv Mehrotra, de la Foundation for Universal Responsibility de Su Santidad el Dalai Lama, y Ashok Chopra, de Hay

House Publishers, India, han autorizado la utilización del dibujo de la Rueda de la Vida editado en *The End of Suffering and the Discovery of Happiness: The Path of Tibetan Buddhism,* de Su Santidad el Dalai Lama.

Esta labor está dedicada a la buena salud, larga vida y realización de todos los deseos de mi gurú principal Kyabje Lama Zopa Rimpoché; a todos mis gurús, los maestros que han residido en mi centro en el pasado y en el presente, quienes han sido mis lámparas en el camino; y a la familia del centro Losang Dragpa, en Malasia.

Que todos los seres sentientes sean guiados por maestros del Mahayana perfectamente calificados y completen el camino a la Iluminación. Que el Dharma del Buda florezca. Esta dedicación, la oración de dedicación, y la persona que la articula están vacías y no tienen existencia inherente.

Yeo Puay Huei
Responsable de la edición del libro
Kuala Lumpur, Malasia

Introducción: trabajar con la mente

> En esencia, las Cuatro Nobles Verdades dicen que todos deseamos naturalmente la felicidad y no deseamos sufrir [...]. Si hemos de perseguir nuestra aspiración a lograr la libertad frente al sufrimiento, necesitamos entender claramente las causas y las condiciones que dan origen al sufrimiento y esforzarnos por eliminarlas. Además, debemos entender claramente las causas y las condiciones que dan origen a la felicidad, y practicarlas activamente. Habiendo establecido el marco de referencia de la liberación en las Cuatro Nobles Verdades, el Buda detalló los [...] pasos a lo largo del camino a la iluminación [...], de qué manera los principios de las Cuatro Nobles Verdades deben aplicarse cotidianamente en la vida espiritual.
>
> SU SANTIDAD EL DALAI LAMA,
> *Esencia del sutra del corazón*

La felicidad y el sufrimiento son parte de nuestra experiencia de vida, pero no vienen del mundo exterior. Surgen dentro de nosotros, en nuestra propia mente. El sufrimiento emerge de la aflicción en nuestra mente.

Hasta que entendamos las causas del sufrimiento, no importa nuestro intelecto, educación o riqueza, no importa el éxito ordinario que hayamos alcanzado, faltará algo en nuestro corazón, no habrá paz real. El corazón estará vacío.

Para transformar nuestra mente, para hacerla feliz, tenemos que comenzar pacificándola, separándola de las causas del sufrimiento. Cuando esto ocurre, ¡liberación! Entonces, si además somos capaces de acabar con las impresiones más sutiles de la acción negativa, la palabra y el pensamiento, ¡iluminación!

El proceso de transformación interior comienza con la comprensión de la naturaleza de la mente.

El valor de una mente abierta

¡Qué maravilloso es abrir nuestra mente! Con una mente abierta nos abrimos a la exploración, que es lo opuesto a estar limitados por una mente cerrada y rígida, dura como el acero, atascada en viejos conceptos. Una mente abierta nos permite buscar un sentido nuevo y una vida mejor. Nos ofrece la oportunidad de investigar, experimentar y analizar.

Necesitamos investigar libremente aquello que es afirmado. Debemos aplicar análisis, lógica y razonamiento a todo lo que se nos enseña antes de aceptarlo, se traten de enseñanzas de filosofía oriental, de filosofía occidental, una enseñanza del Gurú Buda Shakyamuni o un tema explicado por los científicos.

Gurú Buda Shakyamuni dijo: «Examina bien mis enseñanzas, de la manera que un orfebre examina el oro, cortándolo, frotándolo y fundiéndolo, para ver si es oro falso, mezclado o puro».

Por consiguiente, tenemos que examinar las enseñanzas del Buda –Dharma– utilizando el razonamiento, el análisis, la lógica, pero no la fe ciega. Solo después de haber hecho esto, debemos considerar la posibilidad de aceptar sus enseñanzas.

Por lo tanto, cuando leemos por primera vez acerca del Dharma, no debemos aceptarlo sin pensar en ello. Cuestionar el Dharma es lo que se espera que hagamos en este período inicial. Aferrarse emocionalmente a las palabras o a la idea del Buda en el paraíso apenas supone beneficio. Porque cuando la vida se torne difícil y surjan problemas, no tendremos una comprensión interior del Dharma con la cual podamos sostenernos.

Agradezco a todos aquellos que buscan hoy la felicidad de una manera diferente al modo en el que la buscaban anteriormente. Esta vez os estáis liberando a vosotros mismos, abriendo la puerta de la liberación, la puerta de la gran libertad, a través de la comprensión del método interior, el método espiritual para lograr la felicidad. Este es un punto clave, porque la felicidad no está fuera de nosotros, sino dentro. La felicidad está en nuestra mente. Tanto si hablamos de la felicidad temporal o la felicidad última, no hay manera de encontrarla, excepto a través del desarrollo de la mente.

Si echamos una mirada retrospectiva a nuestras propias experiencias vitales, debemos preguntarnos: ¿cómo surge la felicidad? ¿Cómo surge la infelicidad? ¿La felicidad y la infelicidad surgen de causas externas o surgen de nuestra propia mente? Da la impresión de que el mundo exterior es la fuente del goce y de los problemas. Sin embargo, mirad con mayor detenimiento. La clave es nuestra vida interior.

La verdadera fuente de la felicidad y de la miseria, la causa principal de esas experiencias, es la mente y cómo ve la mente todo lo que encuentra. Una persona que comprende esto comete pocos errores en la vida, experimenta más felicidad, siente una mayor paz. A veces escuchamos que se dice: «Oh, tú estabas con tan buen espíritu esta mañana, y ahora, sin embargo, pareces tan decaído». Esta vida, que se asemeja a una montaña rusa, sucede porque no tenemos control sobre nuestra mente.

Aquellos que entrenan su mente experimentan los problemas de manera bastante diferente al modo que lo hace la mayoría de las personas. Independientemente de que las condiciones sean buenas o malas, las personas que entrenan su mente permanecen estables y felices. Nada conduce a que sus espíritus decaigan. Este es el valor de la comprensión de la mente, sus cualidades y sus potencialidades.

En las montañas donde nací, en el distrito de Solukhumbu cerca del monte Everest, los aldeanos a menudo secan las pieles de los animales bajo el sol. Esto causa que las pieles se contraigan, se sequen y se vuelvan rígidas. Los aldeanos utilizan esas pieles para hacer zapatos, sacos para almacenar la harina de cebada y contenedores para guardar el queso después de suavizar el cuero aplicándole manteca y luego presionando y apretando la piel con sus manos y sus pies. Al sobar la piel seca, esta se vuelve flexible, de modo que los aldeanos pueden cortarla y hacer con ella zapatos, sacos y otras cosas.

Por otro lado, los nómadas en el Tíbet utilizan las pieles secas de los animales para envolver grandes bloques de manteca, y esas pieles permanecen rígidas. Los nómadas mantienen la manteca envuelta dentro de las pieles secas durante largos períodos de tiempo, pero no hacen nada más a las pieles. Por consiguiente, las pieles permanecen rígidas, pese a haber estado en contacto con la manteca durante años.

La piel de animal masajeada de Solukhumbu muestra de qué manera una mente endurecida por los pensamientos negativos puede ser ablandada y mejorada a través de la escucha del Dharma. Sin embargo, la mente que no ha sido expuesta a la aplicación del Dharma es inflexible y de uso limitado, como las pieles duras utilizadas por los nómadas tibetanos para las reservas de manteca. Una mente espesa, dura, cerrada tiene un beneficio limitado. De una mente inflexible como esta, surgen dificultades sin fin.

La naturaleza de la mente y su potencial

¿Qué es la mente? No es el cerebro. Es un fenómeno sin forma, incoloro, intangible, cuya naturaleza es clara y capaz de percibir objetos. De la misma manera que un espejo refleja la imagen de un objeto, la mente es capaz de percibirlos y reflejarlos.

Hay dos aspectos relativos a la naturaleza de la mente: el aspecto convencional de la mente que percibe, y el aspecto último de la mente, que denominamos la naturaleza de luz clara de la mente. Discutiremos los estados convencionales y últimos más tarde, pero, por el momento, es útil pensar en el aspecto último de la mente como naturaleza de luz clara. La mente última es pura, en el sentido de que no se encuentra mezclada con engaños ni oscurecimientos de ningún tipo, y está vacía de existencia inherente. Esta es la naturaleza última de la mente, o lo que llamamos la naturaleza búdica, que se encuentra dentro de todos nosotros.

Hay naturaleza búdica en la mente de cada ser sentiente, no importa cuántas acciones negativas hayan cometido los seres vivientes o cuán pesadas sean sus mentes debido a sus visiones erróneas.

Esta naturaleza búdica subyacente nos ofrece esperanza, porque implica que, si nuestra mente de luz clara se encuentra con condiciones favorables, como un maestro que revela el camino de la virtud, podemos emprender acciones para lograr la felicidad de la liberación y la iluminación. Sin embargo, si nuestra mente de luz clara encuentra condiciones desfavorables, como maestros no virtuosos o amigos que nos desvían de la educación espiritual, entonces la mente degenera. Cuando esto ocurre, la naturaleza búdica no se pierde, pero la oportunidad de experimentar felicidad, aprehensiones profundas y sabiduría se retrasa de manera grave.

Pensemos en un gran gong. El potencial de producir sonido está dentro del gong, pero el instrumento necesita encontrar cierta condición, que alguien lo golpee para que el sonido emerja. El sonido no surge desde fuera o desde algún otro sitio. El potencial de sonido está dentro del gong. El sonido emerge cuando este es golpeado por un mazo de percusión.

De manera semejante, la manteca puede ser producida a partir de la leche. El potencial para la manteca está allí, en la leche. Se trata de encontrar las condiciones que puedan producir la manteca a partir de la leche. Por lo tanto, nuestra mente tiene naturaleza búdica. El potencial para la felicidad última e imperecedera se encuentra ya dentro de nosotros. Se trata de crear las condiciones apropiadas para lograrla.

De este modo, siempre hay esperanza. La vida está llena de esperanza. No importa cuán graves sean las acciones negativas que hayamos cometido, siempre existe el potencial para estar libres de los pensamientos perturbadores y de los oscurecimientos, libres de las negatividades, libres de los miedos, es decir, libres de todo sufrimiento. Este potencial está siempre dentro de nosotros. Está en nuestras propias manos. Depende de nosotros.

Como la vida está llena de esperanza, no hay necesidad de que nos deprimamos. Incluso para aquellos que se han encontrado con el Dharma hace mucho tiempo y aún experimentan muchos obstáculos en la vida, y progresan de manera limitada en su práctica espiritual, el potencial para la realización total está intacto. Esto se debe a la naturaleza de luz clara de la mente, la naturaleza búdica dentro de nosotros. Los problemas y los obstáculos son temporales. Las causas de los problemas pueden ser removidos.

La mente sin principio

¿De dónde viene la mente? Algunas personas piensan que su mente individual viene de una gran mente universal que, como un planeta, se fragmentó en millones de piezas hace mucho tiempo, cada una de las cuales encontró su camino hacia un cuerpo. En la práctica, esta concepción implica que, si pensamos en la mente individual de los seres vivos como el resultado de una suerte de envío postal que proviene de una gran mente universal imaginada como un cartero, podemos imaginar nuestra mente individual, fragmentada y depositada en nuestro cuerpo, como la mente de nuestro cartero universal. Es muy divertido si lo consideramos de este modo.

Hay otras personas que creen que nuestra mente viene de nuestros padres. Examinemos esta concepción. Chequeemos este sentimiento de ser un «yo» y de dónde viene. ¿Por qué tenemos este sentido de ser un «yo» sin necesidad de que nuestros padres o nuestros maestros nos lo muestren? El sentimiento de ser un «yo» ha estado allí desde el principio. ¿Qué puede causarlo? ¿El sentimiento de ser un «yo» viene de la madre, del padre o de ambos?

Si el sentimiento de ser un «yo» viene de nuestros padres,

debería ser como el de nuestra madre, nuestro padre o el de ambos, de tal modo que los niños deberían ser exactamente como sus padres, ¡excepto que habitan en un cuerpo diferente! De esta manera, los padres nacerían de padres. ¡Naceríamos de nosotros mismos! Pensad en ello. Sería interesante investigar esta concepción.

Nacemos de nuestros progenitores, pero nuestra mente y la mente de nuestros progenitores no son una unidad. Tenemos nuestras propias experiencias y, por lo tanto, tenemos mentes separadas. La mente de este minuto viene del minuto de mente anterior. La continuación de la mente de hoy viene de la mente de ayer. La mente de este año es la continuación de la mente del año previo, y la mente del año previo es la continuación mental del año que le precedió, etc. Cada momento de la mente depende del momento anterior. Por eso se dice que la mente es un continuo mental sin principio.

Algunas personas piensan que nacemos con una mente que es como una página en blanco, y que los engaños en la mente surgen con posterioridad. No es así. Desde el principio de esta vida nuestra mente no ha estado libre de los sufrimientos y los engaños, incluidos la ignorancia, el apego y la ira.

¿Los engaños vienen de nuestros padres? No. Nuestros engaños no vienen de nuestros padres. La mente de nuestras vidas previas tenía engaños, y como los engaños no fueron efectivamente removidos, el continuo de la mente carga esos engaños de una vida a otra.

Todos hemos notado cuán diferentes pueden ser los niños

de sus padres en términos de personalidad, inteligencia, interés, etc. Incluso los niños de unos mismos padres a menudo resultan distintos entre ellos y de sus progenitores. Incluso los bebés muestran hábitos y características disímiles sin que esto les sea inculcado por sus padres.

No importa cuánto esfuerzo hagan los padres por educar a sus hijos de modo semejante, sus diferencias permanecen. Algunos niños son agresivos o crueles desde muy corta edad, mientras otros son discretos y amables. La causa principal de estas desemejanzas son las huellas de vidas previas en la mente de estos niños.

Consideremos un niño nacido con órganos o sentidos defectuosos. Incluso si intentamos explicar esta situación haciendo referencia a uno u otro gen, diciendo que no funciona de manera apropiada, esto solo demuestra *cómo* ocurrió el defecto. No explica por qué este niño específico tiene que enfrentar esta condición específica que conduce a este defecto específico.

Los padres pueden tener varios niños, por consiguiente: ¿por qué razón ocurre que este niño concreto tiene esta complicación genética específica? Debemos analizar la cuestión. Que los científicos no hayan escrito libros acerca de las vidas pasadas no significa que no existan las vidas pasadas. Después de todo, tampoco tenemos memoria de haber sido concebidos en el útero de nuestra madre, ¡y eso no significa que no hayamos nacido del útero de nuestra madre!

Por lo tanto, el simple hecho de no recordar las vidas pasadas no puede ser el único argumento para rechazar la idea de las vidas pasadas. Nuestra propia experiencia es que la mente es un continuo: del pasado al presente, del presente al futuro. Necesitamos pensar esto y razonarlo.

Algunas personas recuerdan sus vidas previas con gran claridad, incluso con detalles validados por personas que conocieron a sus predecesores. Esto apoya la concepción de la continuidad mental previa a la vida actual. Por ejemplo, el tutor de Su Santidad el Dalai Lama me contó que cuando introducía alguna dimensión del Dharma a Su Santidad cuando era un niño, este manifestaba una profunda comprensión. Esto ocurría incluso cuando el tutor aún no le había hablado o explicado el tema anteriormente, ¡incluso cuando ni siquiera él mismo había pensado en ello!

Muchas personas pueden recordar las vidas pasadas, las personas a quienes conocieron o incluso ciertos incidentes, sin que se les haya hablado previamente de ellos. Cuando la verdad de esos recuerdos se comprueba, resulta que son exactamente como estas personas los recordaban.

La mente y la búsqueda de la felicidad

En nuestra vida cotidiana, lo que hagamos con nuestra mente, con nuestra palabra y con nuestras acciones, deja huellas en nuestra consciencia. Cada momento de pensamiento, de palabra y actividad planta semillas dentro de nuestro continuo mental.

Es como grabar un vídeo. Cuando hacemos una película, la imagen del objeto filmado es capturada por nuestro dispositivo. Cuando las condiciones se presentan, en el momento de editar el vídeo, conectarlo a un proyector y encenderlo, la imagen es proyectada. Aparece y todos pueden verla en la pantalla. De la misma manera, nuestras acciones crean huellas en nuestro continuo mental que se manifiestan cuando las condiciones maduran.

Nuestras acciones positivas, también llamadas buen karma, dejan una huella positiva en nuestra mente. Cuando las causas y condiciones se reúnen para que una huella positiva se cristalice, vemos de pronto algo hermoso como el florecimiento de una flor, o experimentamos la oportunidad de compartir algo que disfrutamos. Por ejemplo, podemos cruzarnos de manera inesperada con un muy buen restaurante donde sirven unos platos deliciosos. Estas son las maduraciones de semillas positivas pasadas que han sido dejadas en nuestro continuo mental en vidas anteriores, incluso tropecientos eones en el pasado.

Aunque todos hemos realizado algunas acciones positivas, también hemos sido controlados, a lo largo de innumerables renacimientos, por los engaños de la ignorancia, el apego, la ira y el orgullo. Nuestra mente ha estado, durante mucho tiempo, afectada por estos engaños, los cuales, a su vez, influencian nuestras acciones. Durante mucho tiempo, nuestro continuo mental ha cargado con esas huellas.

Esta habituación es la razón detrás de nuestra incapacidad para aplicar las enseñanzas del Buda en todo momento, aun estando familiarizados con ellas intelectualmente. No podemos aplicar los antídotos de forma efectiva en los momentos en los cuales más lo necesitamos. A menudo olvidamos por completo las enseñanzas en el momento en el cual surgen los engaños. Y, sin embargo, las enseñanzas son medicina para nuestra mente agitada.

Cuando estamos enfermos –sea que padezcamos una jaqueca o un dolor de estómago, o suframos un ataque cardíaco, infecciones o dolor de muelas–, tomar un tipo de medicina puede poner fin a una de las dolencias, pero no a todas ellas. Si estamos sufriendo varias enfermedades, necesitamos ver al médico para recibir una prescripción apropiada para cada una de las enfermedades, y luego tomar esas medicinas para recuperarnos.

Ocurre exactamente lo mismo con nuestra mente. Padecemos varias enfermedades, como por ejemplo la enfermedad de la ignorancia, el apego, el orgullo, la envidia, y una variedad de aflicciones mentales sutiles y burdas. Esto produce sufrimiento mental, y para ello se necesitan remedios específicos.

Por ejemplo, cuando emerge la enfermedad mental de la ira, ¿cómo aparece y cómo se siente? ¿Estamos a gusto cuando estamos enfadados? No, no estamos cómodos, ni estamos alegres. Se siente más bien como si tuviéramos una hoja de acero afilada clavada en el corazón. Nuestra experiencia es similar con la aflicción mental del orgullo, se siente como si una enorme montaña escarpada estuviera atascada dentro de nosotros. Y cuando somos cautivos del apego nos sentimos constantemente ansiosos y tensos, ¡como si alguien estuviera arrancándonos el corazón!

¿Por qué nuestra mente está tan a menudo perturbada y disgustada? Esto ocurre porque no hemos comprendido que la principal causa de nuestra infelicidad está dentro de la propia mente. Desde siempre hemos asumido que la causa principal de la infelicidad es externa, por ese motivo siempre intentamos manipular el entorno exterior para encontrar la felicidad. Cuando esto fracasa, culpamos a los otros, y no se nos ocurre mirar dentro, intentar desarrollar nuestra mente.

Incluso cuando tratamos de investigar nuestro yo interior, lo hacemos con una comprensión errónea, la cual solo aumenta nuestra confusión. Si no nos embarcamos en el camino del Dharma que conduce a la felicidad última, no la actualizaremos. No obstante, tenemos el potencial para lograrlo, siguiendo el camino que elimina la raíz del sufrimiento, las emociones aflictivas y los engaños que están impresos en nuestra mente. Cuando logremos arrancar de raíz los engaños, no habrá obstáculo alguno a la felicidad eterna.

Lamentablemente, por lo general saboteamos la búsqueda de nuestra propia felicidad. Cuando alguien nos sugiere que leamos un libro del Dharma, o que escuchemos las enseñanzas del Dharma, el orgullo o la pereza nos envuelven. Pensamos: «Ya sé todas esas cosas. No necesito volver a escucharlas».

Si pensamos de este modo, nos sentiremos perdidos durante los períodos críticos de nuestra vida, incluso si hemos leído muchos libros del Dharma o escuchado muchas enseñanzas.

Nos sentiremos derrotados, como si nunca antes hubiéramos encontrado las enseñanzas. Peor aún, culparemos o dañaremos a otras personas pensando que, a través de ese comportamiento, lograremos lo que queremos, aunque fracasaremos en la tarea de implementar una solución real: chequear y dirigir nuestra mente.

Las enfermedades físicas pueden ser curadas por medio de la medicina apropiada, pero no es tan fácil curar la enfermedad interior del pensamiento engañoso. Los pensamientos perturbadores pueden incapacitarnos, de modo que tomamos pastillas que nos anestesien frente al dolor o tratamos de dormirnos esperando que la inconsciencia nos libere de la agonía mental por un tiempo.

Sin embargo, estas enfermedades interiores no pueden curarse con medicina exterior. Por ese motivo, necesitamos estudiar el Dharma y utilizarlo para erradicar las enfermedades interiores que llevan al sufrimiento, no solo en esta vida, sino en una vida tras otra.

¿Tenemos alguna oportunidad para lograr la felicidad? ¡Por supuesto que la tenemos! Pese a que la naturaleza de la mente está actualmente oscurecida por los engaños, la mente no es igual a los engaños, como el cielo no es igual a las nubes que flotan en el espacio. Las nubes se forman debido a causas y condiciones, pero desaparecen cuando esas condiciones cambian. Cuando el cielo se aclara, los rayos del sol lo atraviesan, nutriendo la tierra y ofreciendo goce a muchos seres vivos.

De igual modo que el tiempo nubloso es temporal, la mente

egoísta, con sus engaños y errores, es temporal. No es eterna. Los oscurecimientos de la mente, como las nubes, aparecen debido a causas y condiciones, por ello pueden ser removidos a través de diferentes causas y condiciones. Esta mente puede liberarse del engaño y asegurarse una felicidad duradera.

Los aldeanos en el Tíbet ponen leche en mantequeras de madera, se aseguran de que todas las condiciones sean las correctas, y luego diligentemente baten la leche. A partir de esa leche se produce una manteca rica y dorada.

De la misma manera que la leche contiene el potencial para la manteca, la mente contiene el potencial para la felicidad. Podemos desarrollar nuestra mente completamente a través del estudio y la aplicación de los métodos del Buda y, gracias a ello, ser capaces de entender la mente de todos los seres sentientes, conocer los métodos más apropiados para ayudarlos, y guiarlos hacia la felicidad incomparable. Al buscar la felicidad eterna, podemos asegurarnos, no solo nuestra propia felicidad, sino también la felicidad de todos los seres. Este es el potencial de nuestra mente.

¡Es asombroso y extraordinariamente maravilloso de qué modo podemos beneficiar a otros con nuestra mente! Nuestro precioso cuerpo humano nos ofrece la oportunidad ideal para satisfacer nuestras propias aspiraciones y también la de los innumerables seres vivos.

La mente es «la creadora»

Uno de los puntos fundamentales del budismo es que no hay un creador separado de nuestra propia mente. No hay un creador que tenga una mente separada de la nuestra. No hay nadie fuera que esté creando los altibajos en nuestra vida. Es nuestra propia mente y nuestras propias acciones las que han producido colectivamente los resultados que ahora enfrentamos. Nuestra completa experiencia de vida ha sido causada por las aflicciones mentales de la ignorancia, el apego, la ira, que luego motivaron nuestras acciones.

El mundo entero, tal como lo experimentamos, emerge de la mente y es causado por las impresiones del karma positivo y negativo depositado en la mente. Nuestro mundo, nuestras percepciones, nuestras experiencias, son manifestaciones de las impresiones kármicas que han madurado. Experimentamos un cuerpo humano, como así también sentimientos de felicidad, sentimientos de sufrimiento y sentimientos neutrales, debido a las impresiones kármicas particulares que han madurado. Además, nuestros agregados –forma, sentimientos, consciencia, discriminación, factores composicionales– que conforman nuestro sentido del yo, todo ello viene de nuestra mente y de las impresiones kármicas.

El modo en el que aparecen las cosas en nuestra experiencia depende de esas impresiones kármicas en nuestra mente, las cuales determinan lo que la mente proyecta y cómo etiqueta las cosas. Por lo tanto, no podemos confiar en las apariencias exteriores. Lo importante son los factores internos de la mente.

La raíz fundamental del engaño es la ignorancia, el hecho de no saber cuál es la realidad última del «yo» y la última realidad de los agregados. La mente ignorante ve que los agregados realizan funciones, y luego les atribuye la etiqueta «yo» a esos agregados. Sin embargo, se trata de una mera atribución, la mente cree que hay un yo verdaderamente existente, un «yo» que está ahí, en los agregados.

La ignorancia es el mayor de todos los pensamientos supersticiosos, la reina de los engaños, que nos ciega a la diferencia entre el verdadero «yo» y el falso «yo». El «yo» aparentemente verdadero, a veces llamado «yo convencional», es aquel que es solo atribuido por la mente sobre la base de los agregados, pero que está vacío de existir por su propio lado. El falso «yo» es aquel que aparece como inherentemente existente, como si existiera por sí mismo, y no como un mero «yo» atribuido por la mente.

Si nos ponemos gafas sucias para mirar el mundo, veremos el mundo como sucio. Podremos ver algo del mundo, pero no de manera precisa. Por consiguiente, aunque vemos apariencias todo el tiempo, esas apariencias no son verdaderas o correctas.

Una vez que concluimos erróneamente que hay un yo verdaderamente existente, surge el ego, emerge el pensamiento de autocomplacencia, y a partir de allí fluyen las emociones perturbadoras y las acciones erróneas.

Habitualmente, el surgimiento de la ira está basado en la

creencia de que alguien nos está creando problemas. Pensamos: «El problema que estoy experimentando ahora mismo viene de esa persona». Nuestros pensamientos de ira, orientados a dañar a otras personas, echan sus raíces en la creencia de que alguien es la fuente de nuestra miseria y que esos problemas no tienen nada que ver con nuestras propias acciones equivocadas. Esta creencia es totalmente infundada e incorrecta.

Esos pensamientos de ira ilustran nuestra creencia en un creador externo como fuente de nuestros problemas. En vez de comprender que nuestra propia mente nos llevó a realizar acciones negativas que resultaron en consecuencias negativas, erróneamente creemos que hay un creador externo, o alguien que daña, que nos crea problemas. En el momento en que comprendamos que nosotros somos los creadores, que todos los problemas vienen de acciones y pensamientos que realizamos influenciados por los engaños, no habrá nada externo a quien culpar, ninguna persona a quien responsabilizar y, por lo tanto, no habrá base alguna para nuestra ira contra la cual dirigirse.

En estos días se escucha a menudo el término «instinto». Cualquier cosa que el niño hace, que no haya sido enseñado por los padres o los maestros, es denominado «instinto».

En el budismo explicamos este tipo de acciones diciendo que son causadas por las impresiones que han dejado las acciones positivas, negativas y neutrales realizadas en el pasado. Estas acciones dejaron impresiones en el continuo mental que causan que el niño repita acciones similares en el presente, y que continuarán manifestándose en el futuro, a menos que las impresiones sean removidas. De este modo, el ciclo de acciones prosigue, reforzando las impresiones que dan lugar a los mismos resultados.

Volvamos a la analogía del vídeo en la que decíamos que capturamos imágenes de personas y eventos como hace una cámara. Luego, con el artefacto apropiado, proyectamos y vemos las imágenes grabadas. De igual modo, las impresiones de aquello que consideramos «verdaderamente existente», depositadas en nuestros continuos mentales, nos lleva a proyectar «existencia verdadera» en todo aquello que percibimos. Cuando, por vez primera, encontramos un objeto, persona o situación, esto forma la «pantalla» sobre la cual nuestras impresiones pasadas proyectarán una imagen.

Si en alguna ocasión encontramos a alguien que no nos da aquello que queremos, nuestras impresiones negativas inmediatamente proyectan sobre ese individuo la etiqueta de «mala persona». Allí mismo emerge la creación de un problema, un enemigo.

Nuestras impresiones positivas funcionan de manera similar. Nuestras acciones virtuosas dejan impresiones positivas, de tal modo que, cuando las causas y condiciones se reúnen, nuestra mente proyecta etiquetas positivas sobre el objeto con el cual nos encontramos, como «buena persona», «herramienta útil» o «divertido». En otras palabras, la mente atribuye existencia. La mente es «el creador».

Una vez que etiquetamos a alguien como «amigo», somos amables con esa persona. Si etiquetamos a una persona como «enemigo», podemos rehusarnos a ayudar a esa persona. Si etiquetamos a la persona como una «extraña», somos indiferentes.

De este modo, vemos que todo, incluidas nuestras percepciones y estados emocionales, depende de las proyecciones de la mente. Debido a los engaños y a las impresiones, nuestra mente etiqueta los objetos, las personas o las situaciones como «verdaderamente existentes», y luego creemos completamente en nuestras etiquetas.

A partir de aquí podemos ver que la causa principal de felicidad e infelicidad está dentro de nuestra propia mente. La mente discrimina entre personas y situaciones, las etiqueta, y luego cree en las etiquetas como si tuvieran existencia verdadera. Pero esas etiquetas no existen verdaderamente. Son meras etiquetas. Este es un punto muy importante que debemos entender y recordar.

Por lo tanto, es crucial entender la naturaleza de la mente, su evolución, y cuán vasto es su potencial. A través de esta comprensión nos abrimos a la correcta comprensión de todas las enseñanzas del Buda.

Entender la mente y todo su potencial nos permite comprender, de manera plena, la explicación de la naturaleza del sufrimiento, su origen, la posibilidad de acabar con él, así como también aplicar los remedios que garantizan el fin del sufrimiento que encontramos en las Cuatro Nobles Verdades.

1. La verdad del sufrimiento

La noble verdad del sufrimiento (*dukkha*) es esto: el nacimiento es sufrimiento; envejecer es sufrimiento; la enfermedad es sufrimiento; la muerte es sufrimiento; pesar y lamentación, dolor, pena y desesperación son sufrimientos; asociarse con lo que no es placentero es sufrimiento; separarse de lo placentero es sufrimiento; no conseguir lo que uno quiere es sufrimiento. En breve, los cinco agregados de apego son sufrimiento.

Dhammacakkappavattana sutta

Por qué el Buda comenzó enseñando el sufrimiento

¿Por qué viajamos hacia el este, hacia el oeste o hacia cualquier otro sitio? ¿Por qué nos entretenemos con tanta actividad? Si chequeamos nuestra mente, descubrimos que lo que subyace a nuestras acciones es nuestra búsqueda de felicidad. En lo profundo de nosotros mismos estamos desbordantes de insatisfacción. No importa las razones que nos demos acerca de nuestros trajines, como querer aprender y experimentar cosas nuevas, la razón principal es que anhelamos la felicidad y deseamos evitar el sufrimiento.

Debido a esto, puede que decidamos cambiar nuestro estilo de vida pensando: «Seré feliz si hago tal cosa, o si vivo en un lugar diferente». Por ejemplo, cuando nos cansamos de nuestra vida como trabajador en una oficina, puede que pensemos: «Quizá sea más placentero vivir nuestra vida en un circo». De ese modo, nos unimos a un circo. Sin embargo, rápidamente descubrimos que la vida del circo también es sufrimiento.

He escuchado que la vida de los comediantes televisivos puede ser muy difícil si la audiencia no se ríe con sus bromas. El temor a no tener éxito es un sufrimiento que pesa sobre muchas personas.

Algunos de nosotros hemos cambiado nuestro estilo de vida muchas veces con la esperanza de lograr la felicidad. Sin embargo, si echamos un vistazo honesto a nuestras elecciones pasadas en lo que se refiere a estilos de vida, vemos que la naturaleza de cada una de esas elecciones no era otra cosa que sufrimiento. Antes de adoptar esos estilos de vida, lucían muy atractivos. Sin embargo, una vez inmersos en ellos, el placer anticipado pronto se tornó en descontento.

Cuando encontramos una persona por primera vez –se trate de una persona privilegiada, como un rey, o de una persona corriente–, comenzamos intercambiando expresiones corteses que nos hacen creer que todo está bien en su vida. Sin embargo, a medida que nuestra conversación avanza, la persona comienza, gradualmente, a hablar de sus dificultades. Si la conversación se extiende durante una hora, mayor es el sufrimiento revelado. El descontento continúa saliendo a la superficie. Esa es la naturaleza de la vida tal como actualmente la conocemos.

La insatisfacción experimentada repetidamente debido al reiterado sufrimiento se denomina existencia cíclica, o samsara. Muchas personas creen que la existencia cíclica es un lugar. Por ese motivo, se imaginan que están en el samsara cuando se encuentran en una ciudad populosa o en un mercado ruidoso, pero no están en el samsara cuando se encuentran en una montaña o en un monasterio. Se trata de una enorme equivocación.

Donde os encontréis, incluso en vuestro lecho de muerte, estáis en el samsara. Incluso cuando la mente ya no está en vuestro cuerpo, sino en el estadio intermedio después de la muerte, la mente aún está en el samsara. ¡No hay recreo en el samsara! ¡A lo largo de vidas sin principio no había un momento de libertad en el samsara! Hasta que no arranquemos la ignorancia, estamos atrapados en el samsara.

Tu cabello también está en el samsara. Algunas personas creen que es muy sencillo, ¡que pueden rasurarse el samsara! Pero no podéis rasuraros el samsara con una máquina. El samsara es la continuidad de los agregados causados por los engaños de la ignorancia, el apego y la aversión. Para escapar del samsara, tenéis que detener el aferramiento de los agregados que han sido causados por los engaños y el karma.

Esta es la razón por la cual el Buda comenzó enseñando el

sufrimiento, seguido por la causa del sufrimiento. No habrá razón alguna para deshacerse del samsara si no entendemos el sufrimiento que implica y su naturaleza en todas sus formas. No tendremos deseo alguno de seguir el método que conduce a la felicidad –la realización de la gran paz, la cesación del sufrimiento– y, consecuentemente, no habrá liberación.

Cuando una persona se siente mal, visita al médico, y este le explica qué enfermedad tiene, el paciente identifica la enfermedad como la causa de su sufrimiento, y desarrolla aversión a la misma. El paciente aprende acerca de la causa de la enfermedad, sigue el tratamiento para remover la causa del sufrimiento, y se cura.

De la misma manera, Gurú Buda Shakyamuni reveló la verdad del sufrimiento antes de explicar la causa del sufrimiento. Lo hizo porque, a menos que reconozcamos cómo nos afecta a todos el sufrimiento, no tendremos incentivo para investigar la causa del sufrimiento, la Segunda Noble Verdad, y por ello, tampoco tendremos posibilidad de acabar con el sufrimiento, la Tercera Noble Verdad. Si no somos capaces de imaginar la cesación del sufrimiento, también conocida como nirvana, permaneceremos encadenados al sufrimiento en el samsara.

Por otro lado, si entendemos que el sufrimiento no es eterno y que la libertad y la felicidad imperecedera es alcanzable, una vez que la causa del sufrimiento es interrumpida, aspiraremos a la libertad. Esta aspiración nos inspirará a buscar el método para lograrlo. Este método es la Cuarta Noble Verdad.

Las Cuatro Nobles Verdades son el método psicológico

del Gurú Buda Shakyamuni para liberarnos del sufrimiento y alcanzar la felicidad duradera.

Los seis sufrimientos generales

Los seis sufrimientos generales se refieren a las dificultades que enfrentan todos los seres vivos en el samsara.

Nada es definitivo

Hasta que somos liberados del samsara, continuamente tenemos que experimentar los seis tipos de sufrimiento. Una vez conocí a una madre de familia india rica que me dijo: «Por favor, reza por mi hija para que se case». La madre estaba preocupada porque anhelaba el casamiento de su hija, y no podía esperar. Le aconsejé que era mejor esperar y ser precavida, pero ella continuaba preocupándose por el estatuto de soltera de su hija. La gente no suele pensar que puede haber problemas. Por el contrario, solo se preocupa por los resultados a corto plazo, en este caso el matrimonio.

Hay dos ocasiones en Nepal en las que se escucha música a todo volumen: durante los casamientos, en los que los músicos hacen sonar sus trompetas y tocan los tambores mientras transportan a la novia y al novio, y después de la muerte de alguien, en la procesión del funeral, en la que se llevan los cadáveres al cementerio, que también se acompaña con los sonidos de trompetas y tambores.

Nada ofrece satisfacción en el samsara

Los Rolling Stones describían este punto perfectamente cuando cantaban «(I Can't Get No) Satisfaction».* Los alcohólicos están asolados por la insatisfacción, por ese motivo beben en búsqueda de alivio, con el anhelo de lograr algún nivel de saciedad, pero en su lugar acaban abrumados por el descontento. Los destruye, destruye sus trabajos, y destruye sus familias.

Una experiencia habitual es nuestra insatisfacción respecto a lo que poseemos. Si ganamos cien dólares, intentamos ganar mil dólares. Cuando hemos ganado mil dólares, no nos sentimos contentos hasta que logramos ganar diez mil dólares. Si somos capaces de ganar diez mil dólares, nos sentimos impulsados a ganar cien mil dólares. Y así continuamos una y otra vez.

Había una persona rica, en Londres, dedicada al negocio de los automóviles, que compró una mansión con muchas habitaciones. Dormía cada noche en una habitación diferente. Me contaron que comía muy mal, y que había bebido cerca de sesenta botellas de licor en un período muy breve de tiempo. Era una persona adinerada, pero experimentaba escasa satisfacción, por lo cual era infeliz, estaba deprimido y bebía en exceso.

El hombre pensó que la raíz de su sufrimiento era el negocio de automóviles. De modo que le pidió a su guardaespaldas que comprara muchos automóviles de juguete, puso todos los autos

* «No puedo obtener satisfacción.» (*N. del T.*)

de juguete en la fuente del jardín, los roció con keroseno y les prendió fuego. Pensó que a través de ese acto simbólico removería su infelicidad. En ningún momento se le ocurrió que era su mente y sus engaños los que le causaban el sentimiento de miseria que experimentaba. Su problema era el apego, el hecho de no practicar satisfacción alguna, querer siempre más y más.

Una respuesta completamente diferente la ofreció Kirti Tsenshab Rimpoché, el gran maestro tibetano del cual recibí muchas enseñanzas e iniciaciones, cuando el médico le diagnosticó cáncer. Cuando el médico le preguntó lo que pensaba, Rimpoché le respondió: «Estoy muy feliz por tener cáncer porque me da la oportunidad de practicar *bodhicitta,* tomando sobre mí el sufrimiento y las causas de sufrimiento de todos los seres sentientes». Esta respuesta muestra una renuncia total al aferramiento a la vida en vista al beneficio propio.

Abandonamos el cuerpo una y otra vez

Hasta que logremos la liberación, estamos obligados a renacer una y otra vez en el samsara. Hemos adoptado el cuerpo de una mariposa en incontables ocasiones. Hemos adoptado el cuerpo de un gato en incontables ocasiones. Hemos nacido como perros en el Tíbet y en Inglaterra –perros con narices chatas, narices largas, con colas cortas, con colas largas– en incontables ocasiones en nuestros renacimientos sin comienzo. No habría espacio libre si todos nuestros cuerpos fueran reunidos. Lo mismo ocurre con todos los cuerpos humanos que hemos tomado.

No hay un solo tipo de cuerpo samsárico que no hayamos adoptado o experimentado. Hemos adoptado el cuerpo de cualquier animal hacia el que nos hayamos sentido atraídos, como caballos, pájaros, arañas o ratas, en innumerables ocasiones. Esos insectos a los que tememos, que concebimos como amenazadores y horribles, tienen cuerpos semejantes a los de aquellos en los que hemos nacido en incontables oportunidades. Hemos nacido como tigres y serpientes venenosas innumerables veces. Ese es el horror del samsara.

Debemos renacer una y otra vez

Este cuerpo nuestro proviene del esperma de nuestro padre y del óvulo de nuestra madre. Ellos, a su vez, son el producto de sus propios padre y madre. Por lo tanto, existe una continuidad que es posible remontar hacia el pasado. Ahora bien, toda esta mezcla de esperma y óvulos que viene de tan lejos es como un tanque séptico, con excrementos y orina, que hiede con una mezcla de olores desagradables. Nuestros cuerpos son algo parecido. Por lo tanto, deberíamos pensar en nuestro cuerpo como un trasto muy viejo, y dejar de aferrarnos. Si somos capaces de superar este aferramiento que sentimos por nuestro cuerpo, la mente podrá liberarse del apego que está detrás de nuestros continuos renacimientos en el samsara, que causa nuestro sufrimiento en el samsara.

Esta continuidad de renacimientos es como la continuidad del sonido de una trompeta ceremonial en la cual una nota se junta con la siguiente. La desventaja de nacer una y otra vez, la desventaja de estos agregados que nacen debido al karma y a los engaños, dando vueltas continuamente de una vida a la siguiente y la que sigue después, nos debe conducir a una experiencia de hartazgo respecto al samsara.

Nos movemos de lo superior a lo inferior en el samsara

Al renacer, nos movemos continuamente desde los estados superiores a los estados inferiores del samsara. A menos que sepamos cómo poner remedio a las acciones equivocadas, y nos embarquemos en la práctica de la virtud, seremos incapaces de permanecer en los estadios superiores, como el reino humano.

Después de la muerte, el estado de la existencia cambia, y renacemos de acuerdo con el karma, posiblemente como un ser de los infiernos, un espíritu hambriento, un animal o un dios. Nos movemos constantemente y cambiamos nuestro reino de existencia. En una vida previa puede que hayamos sido un rey, pero en esta vida nos volvemos sirvientes o mendigos. Incluso en una misma vida, después de una existencia de lujos, podemos volvernos mendigos. Estas cosas ocurren.

Nacemos solos y nos morimos solos

Nacemos solos, únicamente con la consciencia que viene desde la vida previa a la actual. Cualquiera que haya sido el cuerpo que teníamos en la vida anterior, no continuó. Solo la consciencia llegó a esta vida.

Cuando morimos, morimos solos, dejando atrás el cuerpo. De modo que solo la consciencia, la energía mental, viaja rumbo a la próxima vida. Todo el karma negativo que hemos acumulado a través de nuestras acciones –acciones que están incrustadas en nuestra consciencia– continúa.

Si esas impresiones negativas son graves, acabaremos naciendo en realidades inferiores, donde experimentaremos solo los resultados aterradores. Nadie compartirá esas experiencias con nosotros. Ningún miembro de nuestra familia, ningún amigo se reunirá allí con nosotros y nos dirá: «Te ayudaré. Compartiré contigo tu sufrimiento. Sufres demasiado. Tomaré parte de tu carga y te liberaré al menos de una porción de ella». Nadie aparecerá para ayudarte. Lo experimentarás solo. Eso es lo que ocurrirá.

Transitoriedad

Todos los objetos sensoriales, incluida nuestra propia vida, la de otras personas, y todas nuestras posesiones, son fenómenos causativos. Eso significa que surgen en dependencia de causas y condiciones. Tienen una naturaleza efímera, transitoria. Envejecen, degeneran, perecen. Son incapaces de permanecer del mismo modo de un segundo al siguiente, de un minuto al siguiente, de una hora a la siguiente. Ni en su dimensión burda, ni en su dimensión sutil, los objetos sensoriales tienen la capacidad de durar.

No obstante, al no comprender la naturaleza transitoria de las cosas, nos aferramos a la «alucinación» de que permanecerán con nosotros para siempre. Pero esto es imposible. Se trata de una visión errónea. Tu cuerpo y tu vida, los cuerpos y las vidas de otras personas, esta flor preciosa que contemplas, este rascacielos, esta autopista, todas esas cosas que te rodean, están cambiando, descomponiéndose momento a momento. Pero, usualmente, no nos percatamos de ello. Solo notamos el cambio cuando se produce en el nivel más burdo. Sin embargo, el cambio es continuo.

Cuando olvidamos aplicar esta comprensión de la transitoriedad en nuestra vida diaria, acabamos pensando que nuestras posesiones siempre serán de utilidad, y que las personas que nos rodean continuarán siempre tal como las conocemos. Parece haber algo concreto y permanente acerca de estos fenómenos. Pero en realidad están cambiando todo el tiempo, degradándose, degenerando, envejeciendo día tras día, una hora tras otra, minuto a minuto, segundo a segundo. Lo que existe durante el primer minuto, ya no existe de la misma manera en el minuto siguiente. Se ha ido. Esa es la naturaleza del sufrimiento.

En una ocasión, creo que fue en Milán, Italia, en una tienda del aeropuerto, vi una figura de pie junto a mí y pensé que se trataba de un maniquí, ¡pero resultó ser una persona real! En esa tienda había muchos maniquíes muy bien vestidos, por eso pensé que esa persona también era un maniquí.

Pensamos que cierta apariencia es una cosa, pero acaba siendo algo completamente diferente a lo que pensábamos. Los grandes edificios de hormigón parecen permanentes, y por ello pensamos que estarán allí para siempre. Pero, de repente, se produce un terremoto, y el edificio cambia totalmente, colapsa y se convierte en una pila de escombros. O puede ocurrir que el edificio es el blanco de un atentado con bomba, o es arrasado por un tornado, y entonces lo que parecía permanente queda completamente destruido. De pronto, ha desaparecido.

Incluso este planeta desaparecerá un día y no quedará nada, solo el espacio. Esa es la naturaleza de la transitoriedad. Los fenómenos causativos, las cosas que surgen en dependencia de causas y condiciones, son como el rocío. Pueden caer o evaporarse en cualquier momento, dejar de existir. Nuestra vida puede terminar en cualquier momento.

Durante las noches de tormenta, los relámpagos nos permiten ver, en un breve instante, una diversidad de fenómenos, como árboles y casas. Hay una vívida apariencia de las cosas durante ese instante, pero desaparecen cuando se apaga el destello. Ocurren, y luego ya se han ido. De la misma manera, esta vida, la familia, los amigos, los enemigos, los extraños, las posesiones, la reputación y los objetos sensoriales, todos aparecen, pero luego desaparecen. No es diferente cuando morimos. La vida sucedió, y luego se terminó. La comprensión de la transitoriedad y su rememoración nos ayudan frecuentemente a lograr una visión correcta.

Recordar la transitoriedad nos asiste en la tarea de cortar nuestro aferramiento a esta vida y volvernos hacia la renuncia del samsara. Esta renuncia es la causa de la felicidad, en el presente, y en las vidas futuras, y es también la causa de la liberación. Recordar la transitoriedad nos ayuda a reconocer la futilidad del pensamiento autocomplaciente. Nos persuade a practicar la gran compasión hacia todos.

La ventaja de reflexionar sobre la transitoriedad es que nos convertimos en guías para nosotros mismos. Nos ayuda a evitar que malgastemos nuestra existencia siguiendo ciegamente a los engaños, y enfrentando sus resultados problemáticos. El sencillo pensamiento acerca del modo en el cual la muerte puede ocurrir en cualquier momento, resulta extremadamente poderoso para debilitar los engaños como el apego, la ira o el orgullo. Reducimos nuestra mezquindad y somos capaces de apreciar lo que tenemos.

Si deseas destruir el orgullo de un solo golpe, presta atención al carácter efímero del estatus y las posesiones. Se trata de la herramienta más potente para destruirlos. Si deseas estar relajado y contento, simplemente, recuerda la transitoriedad.

Cuando medites acerca de la inevitabilidad de la muerte, surgirá el miedo. Podemos utilizar ese miedo de manera inteligente, como un antídoto para atacar a los pensamientos tóxicos de las preocupaciones mundanas. Podemos ir más allá: esta meditación es como una bomba atómica que puede romper la cadena de la existencia cíclica. En un instante, velozmente, destruye por completo el imperio de los engaños y la infelicidad. Esa es la eficacia que tiene la meditación sobre la transitoriedad y la muerte.

Una vez que hemos logrado una fuerte experiencia de la transitoriedad a través de una reflexión profunda sobre la brevedad de la vida y la incertidumbre del momento de la muerte, naturalmente disminuirá nuestro apego a las felicidades superficiales de esta vida. Por el contrario, nos enfocaremos de manera más decidida en la tarea de hacer esta vida significativa, en realizar acciones virtuosas que fácilmente produzcan alegría. Nuestras mentes gravitarán hacia un camino mejor, especialmente en el momento de la muerte.

Pensemos por un momento: si mañana un hombre tiene planeado mudarse, desde su pueblo natal a Nueva York, su mente hoy solo estará pensando en empacar sus cosas. Ya no estará pensando acerca de su alojamiento actual, cómo repararlo o cómo hacer que el lugar donde vive sea más cómodo. Su mente estará ocupada en empacar sus cosas, preparándose para su vida en un nuevo lugar, planeando su nueva vida. Su mente estará ocupada con las preparaciones para su inminente partida.

De la misma manera, una persona que comprende profundamente la transitoriedad y la inevitabilidad de la muerte no estará obsesionada con esta vida, y en cambio pondrá su esfuerzo en la preparación del futuro y sus vidas futuras.

La muerte

Intuitivamente, la mayoría de las personas conciben la muerte como un gran sufrimiento. Muchas personas tienen miedo a la muerte y no quieren escuchar ni siquiera la palabra, pese a que la muerte nos rodea por todos lados, todo el tiempo y, definitivamente, nos terminará ocurriendo.

Aunque la muerte es parte natural de la evolución, muchas personas rechazan la idea de saber más acerca de ella. Incluso, cuando en un país las enseñanzas del Buda son accesibles y, por tanto, pueden practicarse para resolver los problemas de la vida, las personas no quieren discutir acerca de la muerte. Tienden a rehuir toda reflexión sobre la muerte, y cuando alguien les habla de la muerte, esquivan el tema, o incluso puede que se enfaden.

No obstante, cuando una enfermedad terrible se les manifiesta sorpresivamente o, sencillamente, envejecen, los invade la ansiedad. A medida que se aproxima el momento de la muerte, se sienten desesperados y atemorizados.

Por otro lado, algunas personas intentan entender la muerte del mismo modo que intentan entender la vida. Estudian y analizan el samsara, y meditan acerca de su naturaleza. Estas personas encuentran la energía para practicar el Dharma, crean méritos, se embarcan en prácticas de purificación y aprehenden la naturaleza última de la realidad. A través de estas actividades desarrollan la mente que renuncia al samsara, generan compasión, y cultivan la *bodhicitta* y la sabiduría.

Las personas de este tipo, cuando se enfrentan con el momento crítico de la muerte, apenas experimentan ansiedad en su mente. Por el contrario, en vez de sentir miedo, están relajadas, en paz, y se sienten confiadas. Cuando fallecen lamas con elevado nivel espiritual, la muerte es para ellos como un paseo en un hermoso parque o como una tarde de picnic. Su muerte es puro desahogo y felicidad. Experimentan la muerte en un estado de consciencia gozoso.

Pero incluso una persona corriente puede estar cómoda, tranquila y libre de temor en el momento de la muerte. Sin embargo, para lograr esto, estas personas tienen que prepararse meditando sobre temas como la transitoriedad, la muerte y el sufrimiento samsárico, al tiempo que viven éticamente, comprometidas con una vida virtuosa y purificando negatividades.

La causa de toda angustia en el momento de la muerte es la mente negativa, que es el resultado de vivir nuestra vida con una actitud de autocomplacencia y egocentrismo, afligidos por el peso de la ignorancia, el apego, la ira y otros engaños. En contraposición, una persona que vive cultivando un buen corazón, la generosidad y la compasión terminará su vida serena y felizmente. En el momento de la muerte, el cuerpo de esa persona llegará a su fin, pero la mente estará en paz y en gozo.

Si la muerte nos alcanza en este momento a causa de una enfermedad imprevista o debido a condiciones extremas, ¿tenemos algún método para lidiar con ella? ¿Sabemos qué ocurre después de la muerte?

Visualízate a ti mismo en el momento de la muerte, ahora mismo. Tu cadáver está recostado en la cama, rígido y frío. Otras personas se preparan para llevarse tu cuerpo. La familia y tus parientes están preocupados debido a la manera en la que luce tu cadáver. Tu cuerpo es entonces conducido a la casa funeraria. Estás solo. Visualiza todos estos eventos tan claramente como puedas. Sumérgete por entero en esta situación. Esto es lo que ocurrirá de manera definitiva en el futuro.

Si temes visualizar esto ahora, ¿cómo lidiarás con tu mente

en el momento de la muerte? Evitar los pensamientos acerca de la muerte no te ayudará. La comprensión del Dharma y la meditación tienen el propósito de fortalecerte tanto en la muerte como en la vida, para detener los peligros que supone el surgimiento de la mente negativa. De otro modo, ¿qué sentido tendría meditar sobre la muerte? ¿Qué propósito tendrían las religiones o los sistemas espirituales si no nos ayudaran a saber qué hacer en el momento de la muerte? Si la religión nos falla en el momento de la muerte, entonces es mejor no tener religión alguna.

Podemos prepararnos para enfrentar a la muerte sin miedo, meditando en estos tres puntos en relación con la muerte: la muerte es definitiva, el momento de la muerte es indefinido, y solo el Dharma ayuda en el momento de la muerte.

La muerte es definitiva

Todos y cada uno de los seres humanos experimentamos la muerte. La muerte es una certeza, y para la mayoría de nosotros ocurrirá mientras estamos controlados por los engaños y el karma. La muerte ocurrirá sin que nosotros la elijamos o la deseemos. Si lanzas una piedra al aire, caerá sin detenerse ni por un instante en el espacio antes de tocar tierra. Del mismo modo, nuestra vida corre sin pausa, ni siquiera por un momento. Y así, nuestra vida se termina.

Con cada segundo que pasa, nuestra vida disminuye, llevándonos más cerca de la muerte. Con esto no pretendo ser macabro. Es un hecho. Desde el momento mismo de ser concebidos en el útero materno, nos hemos ido moviendo, aproximándonos más y más a la muerte. Si somos adultos jóvenes, puede que pensemos que nos quedan otros cincuenta años por delante. Concebimos esos cincuenta años como una clase de certeza concreta. Sin embargo, cada milésima de segundo –el tiempo en el que consiste el chasquido de los dedos– nuestras vidas se recortan. Sencillamente, esos cincuenta años se vuelven cada vez más cortos y se terminan.

De modo semejante a lo que ocurre con un animal atado a una cuerda que es conducido desde la granja familiar al carnicero, la muerte se acerca con cada paso que damos. El animal, que también anhela la felicidad, no tiene idea alguna de que está siendo conducido hacia su sacrificio. Su vida se va acortando, pero él permanece inconsciente. De igual manera, nosotros nos aproximamos a la muerte. Cincuenta o cien años no son nada. Cada uno de esos años está formado por un número definitivo de segundos, y los segundos pasan.

Quizá pensamos: «Tendré una larga vida. Viviré otros ochenta años. El intérprete de las líneas de la palma de mi mano me lo predijo». Pero en este tipo de cosas no podemos confiar. Nadie puede tener seguridad en estos asuntos. No hay garantías. ¿Y qué ocurrirá después de la muerte? Actualmente, nuestra mente está oscurecida por completo sobre estas cuestiones porque no entendemos qué ocurrirá cuando el cuerpo cese y la consciencia parta. Este es el pobre nivel de nuestro conocimiento.

Para la mayoría de nosotros es un hecho que en el momento de la muerte lucharemos, en vez de tener una muerte feliz.

Morir con una mente negativa, con una mente engañada, nos conducirá a un difícil renacimiento en un reino inferior. Esto ocurrirá porque hemos permitido que los engaños dominen nuestra mente y nos empujen a implicarnos continuamente en el karma negativo mientras marchamos hacia la muerte. No podemos perder más tiempo. Tenemos que hacer algo al respecto.

Puede que hayamos encontrado el Dharma. Si es así, enfoquémonos en superar los engaños y dejemos de malgastar nuestras vidas. Si la analizamos detenidamente, veremos que muy poco de nuestra existencia se ha convertido al Dharma. Cada día estamos envueltos por los pensamientos egoístas. Así es como hemos despilfarrado la mayor parte de nuestro tiempo.

El momento de la muerte es indefinido

Muchas personas van a trabajar, pero algunas de ellas mueren de regreso a casa. Cuando una persona se va a dormir, puede que no vuelva a despertarse. Algunas personas comienzan una comida, pero mueren sin terminar sus platos. Algunos se van de vacaciones a hacer senderismo, pero nunca regresan. Otros conducen en sus automóviles y mueren también antes de volver. Algunos son jóvenes y nunca se convierten en adultos, o no llegan a la mediana edad porque los alcanza la muerte. Muchos mueren en el útero de la madre. Otros se van a jugar a fútbol, pero sus vidas se terminan antes de que regresen a comer a casa. Algunas personas compran ropa nueva, pero mueren antes de poder estrenarla. Otros empiezan a leer un libro, pero nunca lo acaban porque la muerte se cruza en sus caminos.

Muchas personas comienzan proyectos que no pueden concluir porque se mueren. Muchas otras van a la guerra, luchan y mueren, sin volver a ver a sus familiares. Hay quienes comienzan un trabajo, pero mueren antes de recibir sus salarios. Hay personas que mueren antes incluso de poder completar aquello que empezaron a decir. Muchos inspiran, pero mueren antes de espirar. Estos son ejemplos que muestran de qué modo la muerte es indefinida.

Solo el Dharma nos ayuda en el momento de la muerte

Cuando la muerte ocurre, nuestro cuerpo ya no sirve de nada. La familia, los amigos y las posesiones tampoco pueden evitarla. Incluso si tenemos zapatos que pueden durar cien años, en el momento de la muerte nos marchamos descalzos. Aunque los mejores médicos del país rodeen nuestro cadáver, no pueden hacer nada frente a la muerte.

Nada mundano puede ayudar. Hemos dedicado tanta atención a nuestro cuerpo, mucho más de la que hemos invertido en otras personas. Hemos estado dispuestos a dañar a otros para beneficio de nuestro cuerpo, pero en el momento de la muerte, debemos dejar este cuerpo atrás. No lo podemos cargar con nosotros y llevárnoslo con nosotros a la vida futura; ni siquiera el más nimio de los filamentos del pelo de nuestro cuerpo, ni siquiera el más pequeño de los átomos.

Las acciones positivas, o buen karma, son las únicas cosas beneficiosas que tenemos a disposición en el momento de la muerte para llevarnos con nosotros a nuestras vidas futuras. Si hemos practicado el Dharma, si hemos trabajado para superar los engaños, practicado el buen corazón, purificado las acciones negativas, entonces las impresiones positivas resultantes y el buen karma son la única ganancia que podemos cargar a la vida futura y disfrutar. No hay otra cosa para llevar con nosotros en nuestro viaje. Ninguna ganancia mundana puede llevarse al futuro, solo el buen karma y las acciones positivas.

Las personas corrientes atraviesan el momento de la muerte con mucho miedo y preocupación. Por consiguiente, mueren con una mente negativa, lo cual resulta en renacimientos en reinos de sufrimiento. Por el contrario, deberíamos viajar a través de la muerte sin miedo, y morir con una mente feliz y serena. Solo el Dharma puede ayudarnos para que nuestra mente sea intrépida frente a la muerte.

Para los lamas que han alcanzado los más elevados niveles espirituales, la muerte es una gran dicha, como regresar al hogar. La mente del meditador medio, por su parte, está serena y feliz en el momento de la muerte. Incluso el practicante de nivel inferior, si ha intentado a lo largo de su vida entender el Dharma y vivir de forma ética, en el momento de la muerte experimenta únicamente un pequeño pánico o angustia. En cualquiera de estos modos favorables, lo que cuenta en el momento de la muerte es si hemos vivido y practicado el Dharma con sinceridad.

A medida que se aproxima la muerte de una persona, y en el momento mismo de la muerte, el mayor obstáculo es el apego. Si los últimos pensamientos de la persona moribunda son de apego, sea dirigido hacia su familia o hacia sus posesiones, es más difícil que pueda experimentar una muerte serena y, por lo tanto, es más probable que renazca en los reinos inferiores de sufrimiento.

Una analogía puede ayudarnos a explicar esto: para hacer una masa de pan mezclamos harina, agua y levadura. La levadura se activa por la humedad cuando mezclamos el agua y la harina. La humedad, en contacto con la levadura, causa que la masa suba.

De la misma manera, cuando el apego se activa, el malestar crece y emerge cierta clase de tensión en la mente. Esta tensión es un enorme obstáculo que surge dolorosamente en la consciencia. Si esto ocurre en el momento de la muerte de la persona, incluso si ha estado creando algún buen karma a lo largo de esta vida, la mente negativa de apego activará cualquier impresión kármica negativa que la persona haya acumulado, e impulsará la consciencia a los reinos de sufrimiento. Por lo tanto, la naturaleza del renacimiento está estrechamente vinculada con el pensamiento final en el momento de la muerte. El pensamiento final actúa como un catalizador que dispara la correspondiente impresión kármica acumulada y conduce a la consciencia al próximo reino de renacimiento, superior o inferior.

Para evitar el renacimiento en realidades inferiores de sufrimiento, necesitamos haber vivido virtuosamente, purificado nuestras acciones negativas, y haber convertido nuestros últimos pensamientos en virtuosos. Podemos pensar: «Oh, puedo hacer esto. Sé cómo pensar virtuosamente en el momento de la muerte».

Pero se trata de algo muy difícil. Cuando ocurre un terremoto o cuando una crisis inesperada se produce, por lo general somos incapaces de lidiar con nuestra mente. No podemos pensar virtuosamente en esos momentos porque la angustia y el miedo se apoderan por completo de nuestra consciencia. Por lo tanto, hay muy pocas posibilidades de que podamos convertir en virtuosa a la consciencia durante el tránsito mucho más estresante de la muerte, a menos que nos hayamos habituado a vivir una vida virtuosa. ¿Podemos decir de verdad que hemos vivido virtuosamente?

Por lo tanto, cuando ocurra la muerte será muy difícil que podamos decir: «Oh, puedo pensar virtuosamente». Para hacer a la mente capaz del pensamiento virtuoso en el momento de la muerte, necesitamos de un entrenamiento mental anterior. El entrenamiento mental incluye vivir cotidianamente de manera ética, generar méritos y purificar negatividades. En particular, resulta útil que meditemos sobre los defectos del samsara, sobre la transitoriedad y la muerte, y sobre los engaños y sus antídotos, todo lo cual ayuda a eliminar los apegos. Estas son las meditaciones diarias más poderosas con las cuales podemos entrenarnos para controlar nuestra mente. En el momento de la muerte debemos, al menos, recordar un objeto de virtud como el Gurú Buda Shakyamuni.

¿Qué dura más, nuestra vida actual o todas nuestras vidas futuras? El sufrimiento que experimentamos en esta vida no es nada comparado con el que experimentaremos en las vidas futuras. Por lo tanto, es muy importante que demos los pasos necesarios para detener el sufrimiento futuro, en vez de tratar de aliviar exclusivamente el del presente o el de los próximos cinco o diez años.

No tiene mucho sentido enfocarnos en la prevención de un breve período de sufrimiento presente, en lugar de detener todo el sufrimiento futuro. Incluso si deseamos detener nuestro sufrimiento presente, la manera más eficiente de hacerlo es a través del Dharma. Es sumamente valioso que nos enfoquemos, primero, en las vidas futuras, porque el final de esta vida y el comienzo de la siguiente es incierto, mientras que es cierto que el futuro será largo. La muerte puede ocurrir en cualquier momento: quizá este año, este mes, esta semana, esta noche, antes que acabe la siguiente hora; no lo sabemos. Por ese motivo, resulta inteligente por nuestra parte no retrasar la preparación para lograr la felicidad última de las vidas futuras.

¿Qué ocurre después de la muerte?

¿Qué ocurre cuando morimos? ¿Se extingue la mente como una vela? No es así. La mente o consciencia, marcada por los engaños y el karma, continúa. El continuo mental no cesa. El lugar donde renacerá la consciencia se define de acuerdo con nuestras impresiones kármicas. El logro de un renacimiento feliz depende de haber creado buen karma en nuestra vida precedente, practicando el Dharma y cultivando pensamientos virtuosos en el momento de la muerte.

Sin embargo, si hemos creado karma negativo y morimos con una mente negativa de apego o ira, iremos derechos rumbo a un renacimiento en los reinos inferiores de sufrimiento. Forzar a la mente a pensar virtuosamente en el momento de la muerte no es posible. Necesitamos el entrenamiento de una vida habituada a la virtud.

Las tres categorías del sufrimiento del samsara

Si lo que deseamos lograr es la felicidad, tenemos que eliminar el sufrimiento. Al enseñar la Primera Noble Verdad del sufrimiento, el Buda nos instruía en el examen de nuestra experiencia de manera pormenorizada para entender la naturaleza de nuestra experiencia presente. La naturaleza del sufrimiento del samsara puede ser entendida a partir de tres categorías generales: el sufrimiento del sufrimiento, el sufrimiento del cambio y el sufrimiento compuesto que todo lo invade, que es el sufrimiento fundamental del samsara.

El sufrimiento del sufrimiento

El sufrimiento del sufrimiento es fácil de reconocer, ya que es el que surge de las dificultades de la vida. Los problemas de la vida cotidiana incluyen el dolor, el frío y el calor extremo, los sentimientos de infelicidad, la enfermedad, las preocupaciones, el encuentro con objetos no deseados, las circunstancias difíciles, los enemigos, las cosas dañinas. Nos perturba incluso el encuentro con una pequeña pulga, temiendo que nos impedirá una noche de sueño confortable. Nos preocupa no tener riqueza, entornos favorables, amigos, estatus social y otros objetos de deseo.

Después de haber adquirido esas cosas, después de haber trabajado con increíble empeño por conseguirlas, de inmediato nos preocupa e inquieta cómo preservarlas. Sentimos una creciente insatisfacción respecto a los objetos que hemos adquirido. Nos sentimos ansiosos porque deseamos más cosas y de mejor calidad, y tememos la pérdida de las que ya poseemos. Este es el sufrimiento del sufrimiento.

El sufrimiento del cambio

La categoría «el sufrimiento del cambio» por lo general se entiende en relación con los placeres sensoriales. Esa es la razón por la cual es tan difícil de reconocerla como una forma de sufrimiento. La naturaleza del sufrimiento del cambio surge del carácter efímero de los placeres sensoriales, el inevitable cambio que conduce del placer a la insatisfacción. Todas las formas de los placeres samsáricos mundanos caen dentro de esta categoría, por ejemplo, el placer de consumir comidas sabrosas y gozar con el sol en la playa. ¿Cómo es esto?

Cuando nos gusta cierto tipo de comida, tendemos a comer más cantidad con el propósito de experimentar más placer. No obstante, rápidamente nos cansamos de esa comida, o incluso generamos aversión hacia ella. De manera semejante, cuando nos sentimos con frío y nos exponemos a los cálidos rayos del sol, al principio nos sentimos bien. Pero cuando el calor comienza a quemarnos, sentimos incomodidad y necesitamos protegernos de su exposición. Lo que era un placer se convierte en fuente de incomodidad.

Si los placeres fueran una verdadera fuente de felicidad, cuanto más los experimentásemos, y cuanto más prolongada fuera dicha experiencia, mayor sería nuestro placer. Si la comida deliciosa fuera la causa de la verdadera felicidad, entonces comer continuamente, desde la mañana hasta la medianoche, traería consigo gozo y comodidad inconcebible. Si continuáramos comiendo de ese modo, sin interrupción a lo largo de todo un mes o un año entero, experimentaríamos un placer increíble, extraordinario. Pero sabemos que eso no es así. Como el placer no surge de la degustación continuada de alimentos, esto prueba que hay algo erróneo en nuestra creencia de que la comida es la fuente de la felicidad. Esta prueba puede aplicarse a cualquier placer mundano. Si la naturaleza de esos placeres no fuera, en última instancia, el sufrimiento, el placer derivado de ellos se incrementaría con la repetición. Sin embargo, de hecho, el placer decrece por la repetición, lo cual nos fuerza a reevaluar nuestra convicción de que sean verdaderas causas de felicidad.

En realidad, lo que ocurre es que una sensación que mentalmente etiquetamos como «placer» solo dura hasta que el sentimiento de incomodidad se vuelve perceptible. Entonces lo etiquetamos como «incomodidad» o «sufrimiento». Por lo tanto, nuestra rotulación de una experiencia como «placer» o «sufrimiento» no depende del objeto o la circunstancia; depende de nuestra mente, y de cómo la mente interpreta las cosas y las sensaciones. Cuando una experiencia, como tomar el sol en la playa, se vuelve incómoda en el nivel burdo y perceptivo, la etiquetamos como «sufrimiento»; cuando la incomodidad no está todavía en el nivel burdo, la llamamos «placer».

Apliquemos esto al ejemplo anterior referido al consumo continuo de comida. Cuando comenzamos a comer, nos alivia del sufrimiento del hambre y lo etiquetamos como «placer», pero a medida que la incomodidad del consumo continuo se vuelve burda y observable, cambiamos la etiqueta y la llamamos «sufrimiento». Lo que fue placentero se ha convertido, sencillamente, en sufrimiento. Este es el sufrimiento del cambio. Todo lo que ocurrió fue que, cuando un sufrimiento se detuvo, otro sufrimiento le siguió. Esta es la naturaleza del samsara.

Su Santidad el Dalai Lama dijo en una ocasión: «En nuestra época, muchas personas primero quieren comprar una televisión, luego un auto y luego un apartamento. Después de un tiempo todas esas cosas resultan insuficientes. Se cansan de sus posesiones, empiezan a ver sus errores y comienzan su búsqueda de más cosas, de mejor calidad». De este modo, podemos observar que la primera posesión fue adquirida con la expectativa de lograr satisfacción, pero en realidad tuvo como resultado más insatisfacción. Esto no tiene fin.

Debido a que la muerte se presenta sin elección por nuestra parte, hay un final para esta vida, pero el ansia por más y mejores cosas no tiene fin. La mente insatisfecha no conoce fin. El placer inicial de lograr el objeto deseado se vuelve aburrimiento; el placer se transforma en insatisfacción e infelicidad. Este es el modo en el cual funciona el sufrimiento del cambio. Estos placeres samsáricos, temporales, no solo no logran perdurar, sino que, además, mutan hacia el sufrimiento. Un sufrimiento se interrumpe y, sin que lo notemos, uno nuevo comienza a continuación.

Los disfrutes samsáricos son etiquetados como «placeres» porque no examinamos su verdadera naturaleza, que es el sufrimiento del cambio. Decrecen cuanto más los experimentamos. Simplemente, los placeres no duran. A diferencia de las actividades del Dharma, como la meditación, en las que los placeres se incrementan, mientras una paz perfecta se desarrolla hasta el punto de alcanzar la iluminación, los placeres samsáricos fallan a la hora de proveer una felicidad creciente. La ignorancia y el apego generan un deseo continuado, llevando al final a la repetición de acciones que producen insatisfacción y sufrimiento.

Sea que vivamos como un rey o como un vagabundo sin posesiones, experimentamos sufrimiento. Sea que vivamos en una ciudad ajetreada o en una montaña tranquila, el sufrimiento se manifiesta. Sea que nuestro trabajo consista en estar sentado durante horas en un ascensor, subiendo y bajando, sin ver nada del mundo exterior o seamos pilotos que viajamos a diversos países, el sufrimiento está presente. Sea que vivamos solos o con otras personas, el sufrimiento está allí. El sufrimiento permanecerá de ese modo *hasta que* nos liberemos de la existencia cíclica causada por los engaños y el karma.

Debido a que nuestros agregados están contaminados por los engaños desde el sin principio del tiempo, cuando nuestros cinco sentidos contactan con un objeto que la mente del deseo etiqueta como «atractivo», el apego emerge; en cambio, cuando nuestros sentidos se vinculan con un objeto que la mente etiqueta como «desfavorable», lo que surge es la ira; y cuando los sentidos se encuentran con un objeto que la mente no interpreta como beneficioso ni como dañino, la respuesta es la indiferencia. Sin el estudio del camino del Dharma que entrena nuestra consciencia para reconocer los engaños y saber qué tipo de remedios tenemos que aplicar frente a ello, permaneceremos atrapados en el samsara, condenados a experimentar el sufrimiento una y otra vez.

El sufrimiento del cambio es difícil de reconocer, porque erróneamente aprehendemos la felicidad samsárica como una felicidad real y duradera, y nos aferramos a ella con todas nuestras fuerzas. No comprendemos que la naturaleza del placer samsárico es el sufrimiento. Consumimos toda nuestra energía y tiempo, y nos dedicamos devotamente a nuestro cuerpo y mente, y vivimos tras la sombra de la felicidad temporal. Si no somos capaces de observar la naturaleza insatisfactoria del samsara, si no logramos rechazar la mente negativa del engaño, la felicidad duradera nos eludirá.

Samsara es como la miel untada sobre una hoja de acero afilada. Somos atraídos hacia la miel, pero al hacer contacto con ella, el filo de la navaja corta nuestra lengua. La persecución de los placeres samsáricos es mucho más peligrosa que cortarse la lengua. Una herida puede curarse en unos pocos días, pero el aferramiento al samsara puede esclavizarnos por eones. Aferrarse al samsara causa que la mente errónea nos domine siempre, dejando tras de sí incontables vidas de infelicidad, y más infelicidad.

El sufrimiento compuesto que todo lo invade

Este tercer tipo de sufrimiento, más sutil, se refiere a la contaminación de los agregados debido a los engaños descontrolados y el karma. Nuestra relación con los agregados, los cinco componentes que conforman nuestro sentido del yo (forma, sentimiento, consciencia, discriminación y factores composicionales o impresiones kármicas), están condicionados por los engaños y el karma impreso en nuestra mente. Desde el primer momento en el cual la consciencia ordinaria de un ser entra en un óvulo fertilizado, los agregados contienen semillas de engaños. Esto se produce porque los agregados de la vida pasada también estaban contaminados con las semillas del engaño, principalmente la ignorancia, el apego y la ira.

Si estas semillas no fueron eliminadas en la vida previa, continúan contaminando e influenciando la siguiente. El continuo mental es como un campo en el cual hemos plantado las semillas del engaño y el karma en una vida, para que florezcan en la siguiente. Esta corriente de causación es la razón que explica por qué nacemos con ignorancia, apego, ira y otros engaños.

La causa del verdadero sufrimiento no es la mente desnuda, la corriente de la consciencia. La causa del verdadero sufrimiento es la consciencia abrumada por los engaños y por sus semillas. Que podamos liberarnos a nosotros mismos del sufrimiento depende de que podamos, o no, remover estos engaños. Por lo tanto, debemos tomar una decisión: ¿controlaremos los engaños con nuestra mente o rendiremos nuestra consciencia frente a los engaños?

La corriente mental, la corriente de la consciencia, no puede detenerse o eliminarse. Debido al hecho de que los engaños y sus semillas están incrustados en nuestra consciencia, cuando nos encontramos con un objeto que nuestra mente etiqueta como «bello», inmediatamente surge el apego. Cuando nos encontramos con un objeto que consideramos perturbador, surge inmediatamente la ira. Cuando nos encontramos con un objeto neutral, que no dispara ni apego ni ira, emerge la indiferencia. Por lo tanto, cuando nuestros sentidos contactan con un objeto, en dependencia del modo en el que se comporta la consciencia bajo la influencia de los engaños, la mente etiqueta al objeto como «verdaderamente existente», y emergen las emociones resultantes.

Aunque estemos tranquilos en este momento, si la persona que se sienta a nuestro lado, de pronto nos molesta cuando estamos teniendo una buena meditación o estamos disfrutando de un momento agradable, la ira emerge al instante como si un fósforo encendido fuera lanzado dentro de un tanque de keroseno. Lo mismo ocurre con el resto de los engaños.

La ignorancia y la acción –o karma– plantaron las semillas del engaño en nuestra consciencia. Si en una vida pasada, o en esta vida previamente, creamos karma negativo al criticar a otras personas con ira o, de manera ciega, pronunciamos palabras ofensivas con animadversión, este karma creará el potencial para la repetición de estas acciones por nuestra parte, como también el resultado de recibir un daño similar sobre nosotros, por ejemplo, ser abusado verbalmente o enfermar. Estas acciones negativas plantan las semillas de los engaños en nuestra consciencia, dan lugar a los sufrimientos mentales compuestos por el sufrimiento físico de la enfermedad.

Esto nos lleva a entender ahora que sin este sufrimiento compuesto que todo lo invade –los agregados– no podríamos experimentar el sufrimiento del sufrimiento y el sufrimiento del cambio. Incluso si no pensamos acerca del pasado, podemos ver fácilmente de qué modo nuestros actuales agregados están controlados por la mente indisciplinada y el karma.

Una experiencia común ocurre cuando intentamos utilizar los agregados para practicar el Dharma. Por ejemplo, cuando intentamos meditar sobre el Buda, o sobre las enseñanzas, y nos damos cuenta de que, por lo general, no podemos concentrarnos. En vez de los objetos virtuosos para la concentración, surgen espontáneamente pensamientos relativos a nuestros compañeros o compañeras, nuestros enemigos o nuestro pastel favorito. Puede que nos sorprendamos de nosotros mismos y nos preguntemos: «¿Cómo ha ocurrido esto? ¿De dónde vienen estas distracciones?». Estos pensamientos vienen de nuestra propia mente, habituada a los engaños y abrumada por ellos. El sufrimiento compuesto que todo lo invade es el principal sufrimiento del que tenemos necesidad de liberarnos.

Cuando decimos que necesitamos renunciar al samsara, ¿qué es lo que pretendemos con ello? Lo que queremos decir es que necesitamos terminar con el sufrimiento. Aunque puede parecer una obviedad mencionar esta meta, también es una obviedad que aún no la hemos alcanzado. Para cesar los verdaderos sufrimientos, debemos cesar la causa, los engaños.

La rapidez con la cual podamos liberarnos del samsara depende del modo en el cual vivamos nuestra vida cada día, nuestra práctica espiritual. Nuestro esfuerzo no tendrá fin mientras le otorguemos la victoria a los engaños, en particular, a la ignorancia que se aferra a la existencia verdadera, al apego que aviva nuestra mente de aferramiento y a la ira que enciende nuestra animadversión hacia los otros.

¿Cómo eliminaremos estos engaños? Todos estos engaños se originan en el engaño raíz, que es la ignorancia que se aferra al «yo» como verdadera e independientemente existente. Una extensa negatividad ha sido cometida debido a esta creencia errónea en un «yo en verdad existente». Cuando esta creencia sea eliminada por completo, todos los otros engaños se derrumbarán.

Los tres reinos del samsara

Hay tres reinos en el samsara: el reino del deseo, el reino de la forma, y el reino sin forma.

Los *seres del reino del deseo* buscan el placer a través del contacto de sus cuerpos con los objetos externos de los sentidos, a través del sonido, el olor, el sabor y las sensaciones táctiles. Son indulgentes con respecto a esos placeres y siempre anhelan más. Debido a esto, generan karma negativo, creando sufrimiento en su vida actual y en sus vidas futuras. El reino del deseo incluye a los humanos, pero también a otras cinco clases de seres: los animales, los semidioses, los dioses, los seres del reino infernal y los espíritus hambrientos.

Habiendo descubierto los defectos del reino del deseo, los *seres del reino de la forma* comprenden la naturaleza del sufrimiento y el carácter burdo de los placeres sensoriales. Debido a esta comprensión, generan desapego respecto a los placeres mundanos y buscan la paz a través de la meditación, desarrollando la concentración que produce dicha física y mental. Sin embargo, el peligro continúa presente si se aferran a las sensaciones placenteras de la concentración meditativa, porque entonces nacerán en el reino sin forma, el cual aún es parte del samsara.

Los *seres del reino sin forma* no tienen forma física. Están conformados exclusivamente por la consciencia. Reconocen la naturaleza del sufrimiento que se experimenta en el reino del deseo y comprenden el error que se deriva del tipo de meditación que se cultiva en el reino de la forma. Para evitar sus trampas, continúan esforzándose en la meditación, lo cual les permite avanzar hacia el siguiente estadio meditativo, el del espacio ilimitado, en el cual también reconocen deficiencias. Entonces se mueven un paso más allá, hacia el estadio de la infinita consciencia. Sin embargo, este progreso continúa cuando descubren las faltas de la infinita consciencia, lo cual les impulsa hacia el estadio siguiente, el de la nada, para alcanzar finalmente la llamada «cumbre del samsara».

En ese momento no hay engaños visibles operando dentro de la consciencia de esos seres, no hay aversión o apego discernible. Debido a esto, la consciencia asume de manera errónea que ha alcanzado la liberación, el nirvana. Sin embargo, la ausencia aparente de engaños tiene una breve duración, debido a que las impresiones de los engaños no han sido erradicadas y, por ello, la renuncia al samsara no ha sido completada. Cuando el karma que permite la permanencia en este estado sin forma se extingue, la consciencia comprende que tiene que volver a reencarnarse en los reinos inferiores.

En este estado, la ira y la duda surgen en la mente, acompañadas del siguiente pensamiento: «¡Ay! No es verdad que exista la liberación. La liberación no puede alcanzarse». Junto con este pensamiento apesadumbrado, ocurre el renacimiento en los reinos inferiores.

A través de esta progresión, podemos ver que la liberación requiere la renuncia absoluta del samsara, que significa renuncia a los reinos del deseo, la forma y sin forma. Como seres humanos, habitamos en el reino del deseo, pero podemos examinar nuestras experiencias vitales, y podemos relacionarlas con las enseñanzas del Buda sobre el sufrimiento del reino humano.

El sufrimiento de los seis tipos de renacimientos

Una mente o consciencia que se encuentra bajo el control del engaño y el karma no es de ningún modo libre. Dependiendo del karma que ha acumulado la mente, esta se reencarna en seis tipos de nacimientos: seres del infierno, espíritus hambrientos, animales, humanos, semidioses o dioses. Renacida en uno de esos reinos, la mente experimenta todos los sufrimientos asociados con ese reino.

Los seres sentientes, maltratados por los engaños y el karma, renacen continuamente en uno de esos reinos sin interrupción. No pueden tomarse un descanso de los sufrimientos del samsara, en especial del sufrimiento compuesto que todo lo invade. No tienen días de fiesta, no tienen vacaciones. Han sufrido desde el tiempo sin principio. Si pensamos de este modo, nuestra única alternativa es sentir compasión hacia los seres sentientes.

Seres del infierno

Hay ocho infiernos calientes y ocho infiernos fríos mayores. Todos ellos tienen infiernos vecinos, en los que las condiciones son un poco menos severas, pero que aún implican un sufrimiento insoportable, increíble, extremo. Los reinos infernales son también experimentados en el mundo humano: en Los Ángeles, en Taiwán, en las grandes ciudades, pero ¡en los pequeños pueblos también!

En los reinos infernales, lo seres experimentan un sufrimiento intenso y sin pausa. Aquellos que no conocen la naturaleza última de la realidad, y no son conscientes de la necesidad de evitar las acciones no virtuosas, crean el karma para nacer en los reinos infernales. Las impresiones negativas fuertes que quedan en la consciencia mantienen a los seres en los reinos infernales, aguantando sufrimientos indescriptibles, hasta que las semillas kármicas negativas se agotan.

Cuando un ser sentiente muere, su deseo habitual causa que se manifiesten en su mente el ansia y el aferramiento. Algunas personas ansían el calor, pero no importa cuántas mantas se pongan encima, cuando se aproxima la muerte no se sienten lo suficientemente calientes cuando desciende sobre ellos «el gran frío». Esta avidez por el calor y la calidez, combinada con el karma negativo no purificado cometido en el pasado, impulsa sus renacimientos a los reinos infernales calientes.

En los reinos infernales, nuestro cuerpo se quema como el fuego abrasador del infierno mismo. Nuestro cuerpo infernal es enorme, como una extensa cadena montañosa, haciendo que el sufrimiento sea aún más intenso. Cada átomo de nuestro cuerpo gigante se está quemando, como un gran fuego al final de una era. Nuestra piel se siente gravemente infectada, de modo que incluso el contacto más ligero produce una agonía extrema. Soportamos este sufrimiento por un período inconmensurable de tiempo. Desde el punto de vista de la vida humana, este sufrimiento se prolonga durante millones de años, hasta que el karma para experimentar el estado infernal se agota.

A la inversa, en el momento de la muerte, podemos sentirnos

muy acalorados, lo cual nos conduce a ansiar y aferrarnos al frío. La mente moribunda, afectada por las acciones pasadas, y cautiva por el aferramiento, se despierta en un infierno frío, helado, donde los vientos huracanados cortan nuestra piel profundamente, produciendo grietas. Pájaros enormes se precipitan sobre nosotros con sus picos de metal en las grietas de nuestra piel destrozada, y se alimentan de nuestra sangre y nuestra carne. Otros pájaros y furiosos animales se aproximan, despedazando nuestro cuerpo, excavando en nuestros órganos, hígado, intestinos, pulmones, costillas y cerebro. Estas criaturas beben nuestra sangre y comen nuestra carne, mientras permanecemos plenamente conscientes, incapaces de detener el tormento.

Estamos forzados a experimentar este sufrimiento indecible por billones de años. Este intenso sufrimiento es el resultado del karma de haber matado, y el karma completo de haber cometido acciones no virtuosas.

Ahora mismo tenemos todas las oportunidades para purificar el karma negativo, evitar los resultados aterradores del karma, liberarnos del samsara y alcanzar la iluminación. Incluso tenemos la oportunidad de liberar a otros seres sentientes y conducirlos, a ellos también, a la iluminación. Si no actualizamos esta oportunidad extraordinaria y preciosa que nos permite purificar negatividades y crear karma positivo, renaceremos repetidamente en el sufrimiento samsárico. Aún peor, nos arriesgaremos a renacer en los reinos inferiores, como los reinos infernales, lo cual nos impedirá lograr cualquier realización y nos mantendrá cautivos del sufrimiento horrendo. Dedicarse de manera reiterada a cultivar karma negativo es aún más aterrador que los infiernos, porque esas acciones causan incontables renacimientos en los infiernos de extremo sufrimiento.

Espíritus hambrientos

Los seres del reino de los espíritus hambrientos experimentan los sufrimientos extremos del hambre y la sed durante cientos e incluso miles de años.

Debido a su karma, no pueden morir. Por el contrario, su experiencia se extiende, padeciendo un cansancio profundo, indescriptible, y el sufrimiento inmenso de no poder encontrar nunca comida o bebida. Después de cientos de miles de años en los que experimentan un hambre y una sed intensa, de pronto, descubren la existencia de comida y bebida a la distancia, y se esfuerzan por alcanzarla. Sin embargo, en su tránsito encuentran incontables obstáculos, ya que los guardianes kármicos bloquean su camino. Sus piernas son como las de los lisiados, incapaces de caminar o arrastrarse.

Los espíritus hambrientos tienen estómagos enormes como rocas, vacíos e hinchados, acompañados con extremidades pequeñas y flacas. Cuando finalmente alcanzan el lugar donde creían haber visto comida y bebida, comprenden que lo que habían visto no eran más que espejismos. En lugar de un estanque de agua, encuentran un charco con pus, sangre, basura y pelos. La decepción les produce congoja, y por ello aúllan desesperados.

Incluso cuando los espíritus hambrientos intentan beber, sus bocas son tan pequeñas como el ojo de una aguja, lo cual les impide que algo sustancial pase a través de ellas. Incluso cuando logran que una gota de líquido entre en sus bocas, sus cuellos están constreñidos por dos o tres nudos que no les permiten tragar nada.

Finalmente, si son capaces de tragar una diminuta porción de comida, los estómagos de los espíritus arden con llamas interiores, de modo que nada los satisface. Debido al karma, su sufrimiento es prolongado y extremo.

Animales

Para los animales, el sufrimiento omnipresente es el temor constante e inimaginable que experimentan por el hecho de estar a meced de otros animales, continuamente perseguidos, y comidos por ellos, desprovistos de toda protección. Es escaso el refugio que pueden encontrar para protegerse del calor, del frío, del hambre y de la sed. Los animales siempre sienten miedo ante la cautividad, la tortura, las duras condiciones en las que viven, y están asolados continuamente por el peligro de sufrir una muerte dolorosa. La ignorancia intensifica esos temores. Ni siquiera los animales que viven en el seno de una buena familia de acogida están libres de estos temores continuos y de las experiencias de terror que padecen.

Humanos

Los seres humanos experimentan ocho tipos de sufrimiento: el renacimiento, el envejecimiento, la enfermedad, la muerte, la separación de los seres queridos, el encuentro con objetos desagradables, el hecho de no obtener los objetos de nuestro deseo, y los agregados contaminados: es decir, el sufrimiento de este cuerpo creado por los engaños y el karma. Es de gran ayuda meditar sobre estos ocho sufrimientos para descubrir la naturaleza sufriente del samsara y generar aversión hacia el mismo. Por lo tanto, meditemos sobre cada uno de estos sufrimientos como si estuvieran ocurriéndonos de verdad. No solo están ocurriéndole a otros seres. Estos sufrimientos están ocurriéndonos a nosotros, están pasando dentro de nosotros.

1. *El sufrimiento del renacimiento*. El maestro Asanga dijo: «El renacimiento de todos los otros seres es el mismo, incluso mi renacimiento superior. Todos nacemos con sufrimiento». El útero está lleno de un fluido espeso, secreciones y excreciones, olores asquerosos e innumerables gérmenes. Es estrecho, con muchas protuberancias e irregularidades.

El bebé generalmente está orientado boca abajo, hacia la *ka-ka* («excremento» en tibetano), un producto de la comida, los líquidos y la saliva de la madre. Sobre el bebé están los intestinos de la madre, los cuales contienen la comida putrefacta y la bilis. El bebé siente toda clase de cosas asquerosas moviéndose alrededor de su cuerpo, y sufre debido a las comidas ácidas y amargas, los líquidos calientes y fríos, las pesadas comidas especiadas o dulces, demasiada o poca cantidad, burda o grasienta. Cuando su madre se mueve, corre, salta o se sienta durante un tiempo prolongado, el bebé sufre. El bebé siente dolor cuando la madre está cerca de un fuego o viste prendas apretadas. La propia postura que adopta le hace sentir al bebé como si una vara le atravesara el cuerpo. En el momento de dejar el útero kármico, el aire empuja la cabeza del bebé hacia abajo, sus piernas hacia arriba y sus brazos hacia dentro. Los huesos de la cadera son comprimidos uno contra otro. El cuerpo se siente como una herida desnuda y se vuelve azul, como un objeto extenso forzado a pasar con dificultad a través de una apertura demasiado estrecha que, solo a regañadientes, cede.

El bebé nace cubierto de secreciones y excrementos parcialmente secos y pegajosos. Los labios, la garganta y el corazón están secos. Cuando la piel del bebé entra en contacto con la atmósfera exterior, se siente como si rozara plantas espinosas. El bebé sufre como una vaca cuando es despellejada, y llora porque el sufrimiento es intenso.

El sufrimiento de renacer en la ignorancia: la semilla de ignorancia en el continuo de la consciencia, hace que siga ejerciendo influencia una vida tras otra.

El sufrimiento de renacer en un reino de sufrimiento: el renacimiento en el reino del deseo, o en los reinos de la forma o sin forma, inevitablemente trae consigo el sufrimiento del envejecimiento, la enfermedad y la muerte.

El sufrimiento de renacer en un estado de engaño: en el samsara, la mente negativa de la ignorancia, el apego y la ira da lugar a la percepción respectiva de objetos de apariencia bella, fea o indiferente. Esto causa, a su vez, que el cuerpo y la mente se vuelvan indisciplinados, estén agitados y descontentos. De este modo es experimentado el sufrimiento.

2. *El sufrimiento de la vejez y la decadencia.* El cuerpo de apariencia atractiva se vuelve cada vez más decrépito con cada año que pasa, y pierde su fortaleza. A medida que envejecemos, nuestra vista y nuestro oído disminuyen. Perdemos el poder de los sentidos.

Perdemos nuestra capacidad de goce. La vejez trae consigo una disminución progresiva de sentir satisfacción con los objetos o materiales placenteros. Obstaculiza la digestión, reduce el goce de nuestras comidas favoritas.

Perdemos el poder de la mente. A medida que envejecemos olvidamos nombres, lugares, ideas, etc.

Nos preocupamos por el acortamiento de la vida y la proximidad creciente de la muerte. Sin Dharma, la vejez es como una naranja podrida, sin belleza en el exterior y en el interior. La vejez está llena de gusanos y tiene sabor a desesperación.

3. *El sufrimiento de la enfermedad.* Cuando la enfermedad nos golpea, nuestros cuerpos se agotan. No somos capaces de utilizarlos como desearíamos. Tampoco la mente. El disfrute de los objetos hermosos a los que habitualmente estamos apegados se ve limitado, y debemos soportar comidas, tratamientos y medicinas no deseadas.

4. *El sufrimiento de la muerte.* Desde el momento del nacimiento, la vida se mueve inevitablemente hacia la muerte, la cual invoca miedo y ansiedad en la mente y en el cuerpo descontrolado. En vez de liberarnos del sufrimiento, la muerte solo trae consigo dificultades. Por ese motivo, la reiterada meditación en la transitoriedad y la muerte es muy importante.

5. *El sufrimiento que supone la separación de objetos hermosos y de aquellos hacia los que sentimos apego.* Durante toda nuestra vida y al final de ella, sufrimos debido a la separación, y al miedo que nos produce la separación de nuestros seres amados, nuestros placeres y posesiones.

6. *El sufrimiento de encontrarnos con objetos desagradables.* La aversión surge como consecuencia del encuentro con objetos feos, o con un enemigo, o debido a la experiencia de una catástrofe o una crisis.

7. *El sufrimiento de no obtener los objetos de nuestro deseo.* Sufrimos debido a que no obtenemos lo que buscamos o no obtenemos satisfacción de nuestras posesiones.

8. *El sufrimiento de este cuerpo creado por el engaño y el karma.* Adoptar la forma de este cuerpo con engaños causa sufrimiento, incluso en vidas futuras, porque continuamos cometiendo actos negativos que producirán resultados similares en el futuro.

Este cuerpo samsárico experimenta todos los sufrimientos de la vida presente, incluidos los de la vejez y la muerte.

Experimentamos el sufrimiento del sufrimiento, como el dolor físico.

El sufrimiento del cambio, en forma de placeres perecederos, ocurre porque el cuerpo está controlado por los engaños y el karma.

El sufrimiento que todo lo invade existe solo porque existen los agregados. Nacimos con la naturaleza del sufrimiento, para descomponernos y perecer.

Por lo tanto, los ocho sufrimientos –el renacimiento humano, el envejecimiento, la enfermedad, la muerte, la separación de aquello que nos agrada, el encuentro con lo que nos desagrada, el hecho de no logar lo que deseamos y los agregados condicionados– tienen la naturaleza del sufrimiento. Además, pese a que encontramos objetos deseables, no logramos una satisfacción duradera a través de ellos.

La insatisfacción es constante, este es uno de los mayores problemas de los seres humanos. Tanto los ricos como los pobres sufren. La riqueza, el poder y el estatus social traen consigo la preocupación de perderlos, y la lucha por la reputación nunca cesa.

Tengo amigos que son músicos afamados internacionalmente. Han logrado un extenso reconocimiento, pero, junto con la fama, experimentan la preocupación de perder su prestigio. Cualquier día puede traer consigo la pérdida de su reputación, la pérdida de la fama. Es fácil comprender que, pese al disfrute que les ofrece la riqueza, la fama e incluso la buena salud, es escasa la paz mental que experimentan.

Las personas ricas están a menudo insatisfechas porque están torturadas con el ansia de poseer más, desean ser más ricas que otras personas, y temen que la riqueza y el estatus de otros las disminuyan. Estas personas pueden estar profundamente angustiadas.

No importa cuán rica sea una persona, incluso si se encuentra cubierta con joyas de oro desde las orejas hasta los pies, si conversas con esa persona, rápidamente descubres que tiene problemas. En samsara, cualquiera que sea el estilo de vida que cultives, el sufrimiento está presente. Solo cuando practicas el Dharma no hay sufrimiento. En todo lo demás, hay sufrimiento. ¡Pero esto no debe deprimirte! Se trata de hechos observables.

Ir a la montaña es sufrimiento. Ir a la playa es sufrimiento. Cualquiera que sea la actividad mundana en la que te embarques, rápidamente revela su naturaleza básica de sufrimiento. Algunas personas envidian a aquellos que parecen tenerlo todo –cantantes renombrados, ricos hombres de negocios, jugadores de fútbol famosos–, pero todo es sufrimiento. Una persona que apareció en la revista *Time*, considerada una de las personas más exitosas del mundo debido a su riqueza, también habló de su experiencia de sufrimiento. Tenía miedo de pasear libremente, prefería estar encerrado, escondido como un animal en peligro, temeroso de ser secuestrado.

Por consiguiente, incluso lo que llamamos el placer de la riqueza tiene la naturaleza del sufrimiento. Este cuerpo, con sus agregados contaminados por los engaños, tiene la naturaleza del sufrimiento compuesto que todo lo invade.

Semidioses

Uno de los principales sufrimientos de los seres de este reino es la envidia incesante que experimentan hacia los seres del reino de los dioses, que poseen riquezas más grandes que las suyas. Esto los lleva a embarcarse en constantes luchas contra ellos. Los semidioses pierden cada batalla que entablan con los dioses, y en cada una de ellas lo pierden todo. Sufren el dolor extremo de ver cómo se llevan sus posesiones y compañeras, y sus miembros son amputados y quemados. Aun así, no pueden controlar su envidia, y esto los conduce una y otra vez a la guerra contra los seres del reino de los dioses, de modo que repetidamente soportan el mismo destino trágico.

Dioses del reino del deseo

Los dioses mundanos viven vidas de dicha sensorial, y su riqueza es un billón de veces mayor de lo que podemos imaginar. Sin embargo, como permanecen en el samsara, tienen que soportar el sufrimiento, en su caso, en la forma de los cinco signos de la muerte que se manifiestan cuando el karma, que les permite vivir la existencia de un ser del reino de los dioses, se termina. Debido a su vida de lujos y placeres sensoriales, no tienen interés en cultivar el Dharma y, por ese motivo, de forma gradual su karma pasado, que les permite experimentar su opulenta existencia como dioses, se consume.

En el momento de la muerte, escuchan sonidos que predicen su inminencia. Son capaces de ver su futuro renacimiento, siempre orientado hacia los reinos inferiores de existencia.

Al tener presciencia de los renacimientos en los reinos inferiores, sienten una profunda angustia y terror. A medida que se acerca su muerte como seres del reino de los dioses, su resplandor habitual disminuye, otros seres del reino de los dioses los rechazan, e incluso las guirnaldas de flores con las cuales se adornan se marchitan. Habitualmente, los seres del reino de los dioses no sudan, pero cuando la muerte se aproxima, comienzan a sudar y a oler. Cuando los seres del reino de los dioses experimentan los signos de la muerte, sufren mentalmente más que los seres de los infiernos con sus padecimientos físicos.

Los seres de los reinos de la forma y sin forma

Algunas personas meditan profundamente sobre la naturaleza sufriente de los reinos del deseo. Sienten repugnancia hacia los sufrimientos burdos del reino del deseo y generan desafección hacia los placeres del reino del deseo. Meditan para liberarse de los sufrimientos burdos.

Sin embargo, hasta que los engaños y sus semillas no sean eliminadas de la mente de esos meditadores, incluso ellos no están libres del samsara. El esfuerzo meditativo puede conducir al logro de *samten*, el primero de los cuatro niveles de la meditación de la calma apacible. El peligro, en este estadio, es que el meditador puede concebir este estado de serenidad como algo maravilloso que perdurará en el tiempo, conduciéndolo a la experiencia de una profunda felicidad. El aferramiento se manifiesta sutilmente.

Aquellos que practican la meditación en la concentración (*shamatha*), con una actitud basada en el anhelo de experimentar la dicha meditativa, pueden renacer en el reino de la forma. En el reino de la forma, continúan meditando, pero a medida que pasa el tiempo comienzan a aburrirse, y desarrollan aversión a la tranquilidad del reino de la forma. Entonces, estos meditadores pueden comenzar a esforzarse por alcanzar el siguiente nivel de la absorción meditativa, con el propósito de lograr una vida mejor y más duradera, creyendo que esto les deparará más felicidad.

De este modo, vemos que los seres del reino de la forma todavía se aferran a los placeres de la paz meditativa. Las sutiles ataduras son difíciles de reconocer por parte de estos seres y, por ello, permanecen intactas. Su anhelo de experimentar los placeres de la meditación causa que renazcan en el reino sin forma, que todavía está atado al samsara.

El nivel superior de los cuatro que componen el reino sin forma se denomina «cima del samsara». Cuando los meditadores no han renunciado a su apego al goce de la meditación, son conducidos a la cima del samsara. Los meditadores que no han cortado este engaño de apego sutil corren el peligro de creer erróneamente que la dicha que experimentan es el propio nirvana. Al final, los meditadores comprenden que este no es el caso y padecen un enorme sufrimiento mental, un profundo sentimiento de inutilidad, y una peligrosa negación de la posibilidad de lograr la liberación. Cuando los meditadores agotan el karma para permanecer en el reino sin forma, mueren y vuelven a nacer en el reino del deseo, para experimentar otra vez los sufrimientos del samsara.

Para evitar este gran derroche de esfuerzo, el meditador necesita generar una renuncia estable del samsara, incluida la cima del samsara, y lograr en su lugar la sabiduría que comprende la vacuidad. Solo entonces pueden romperse las cadenas del samsara para completar el camino de la liberación.

¿Recordáis los tres tipos principales de sufrimiento en el samsara? Son estos: el sufrimiento del sufrimiento, el sufrimiento del cambio y el sufrimiento compuesto que todo lo invade.

Los seres del reino del deseo experimentan los tres tipos de sufrimiento. Debido a sus esfuerzos meditativos, los seres de los tres primeros niveles de la realidad de la forma no experimentan el sufrimiento del sufrimiento, pero sí continúan experimentando el sufrimiento del cambio y el sufrimiento compuesto que todo lo invade.

A partir del cuarto nivel del reino de la forma, incluyendo, por tanto, todos los niveles del reino sin forma, los seres no experimentan los primeros dos tipos de sufrimiento, pero continúan padeciendo el sufrimiento compuesto que todo lo invade. Debido a que sus agregados están aún contaminados por las semillas de la ignorancia y los engaños, los seres en los reinos de la forma o sin forma, tras morir, renacen en alguno de los seis reinos del deseo siguiendo su karma, hasta que el mismo se consume. Estos seres continúan vagando, dando vueltas y sufriendo en el samsara.

Por lo tanto, ¡necesitamos despertar! Permanecer en el samsara es como estar sentado en la punta de una aguja. No hay un solo momento de libertad real. Nosotros, como todos los otros seres sentientes bajo el control de los engaños y el karma, damos vueltas sin cesar en los reinos del samsara, y repetidamente experimentamos todas las formas de sufrimiento. ¿No estamos cansados de todo esto?

No obstante, este ciclo de sufrimiento puede ser detenido gracias a este precioso, óptimo renacimiento humano que tiene el potencial de purificar todos los oscurecimientos, y completar todas las virtudes y realizaciones. Este precioso renacimiento humano tiene el potencial de la iluminación completa. Vale la pena reflexionar sobre este renacimiento humano que tenemos a nuestra disposición.

El precioso renacimiento humano: el vehículo de la liberación

Muchos de nosotros rehuimos la palabra «sufrimiento». Sin embargo, ¿de verdad creemos que, si nos enterramos bajo una montaña de actividades para evitar pensar sobre del sufrimiento, este va a desaparecer por sí mismo? Si no reflexionamos regularmente sobre el sufrimiento de los reinos samsáricos y sus causas, las distracciones y el aturdimiento de nuestra vida diaria puede prevenirnos del uso significativo de nuestro precioso nacimiento humano. Este renacimiento humano es el vehículo a través del cual podemos alcanzar la liberación del samsara y lograr la iluminación para el beneficio de todos.

Ahora mismo, no apreciamos el valor del renacimiento humano. Nos encontramos con problemas cotidianos, e inmediatamente pensamos que nuestra vida es conflictiva e inútil. Esta actitud surge porque no investigamos nuestra situación de la forma correcta, con sabiduría. Comprobémoslo y encontremos la dicha en este precioso renacimiento humano.

Un avión tiene por objeto volar en el aire, no atravesar la jungla. De la misma manera, en este precioso renacimiento humano tenemos el potencial de liberarnos a nosotros mismos y a otros seres del sufrimiento y alcanzar una felicidad duradera. Por lo tanto, no debemos malgastar nuestra vida. Está en nuestras manos cumplir la meta de la libertad. Depende de nosotros conducir nuestro potencial humano.

Cuando queremos viajar a algún sitio, la rapidez con la que consigamos hacerlo depende de nuestra voluntad, preparación y recursos. De modo semejante, el logro de la iluminación depende de nuestra determinación y de la solidez de nuestra práctica, lo cual está enteramente dentro de nuestro control. Cuantas menos equivocaciones cometamos en nuestra práctica, menor será el tiempo que necesitemos para alcanzar la meta de la iluminación. No obstante, la práctica debe ser pura, porque es la pureza la que provee una fundación sólida.

Lo que estoy intentando decir es que no debemos sentirnos satisfechos con el logro de una breve experiencia de serenidad, o con el fin exclusivo de lograr nuestro propósito personal en esta vida. No debemos hacerlo solo por eso. Somos capaces de mucho más. Si queremos lograr una felicidad última y duradera, y liberarnos de todos los sufrimientos del samsara, necesitamos lograr la cesación de los engaños y el karma. Solo entonces seremos capaces de conseguir la gran paz del nirvana.

Por supuesto, lograr nuestra propia liberación es importante, pero incluso este no es el verdadero propósito de nuestra vida. El verdadero significado de la vida, el genuino propósito de estar vivos, es hacer que nuestra existencia sea beneficiosa para otros seres sentientes a largo plazo. Dedicarse en exclusiva a satisfacer las necesidades de la vida presente de otros seres solo produce una felicidad de corta duración. Beneficiar realmente a otros consiste en llevarles la felicidad a sus vidas presentes y futuras, y lo que es aún más importante, ayudarlos a terminar con todos los sufrimientos y sus causas, asistirlos para que logren la liberación total del samsara. Esta es una tarea increíble.

Cuando hablamos de llevarles felicidad a los otros por un período limitado de tiempo, nos estamos refiriendo a darles confort, vivienda, comida, vestimenta y resolver los problemas de su existencia presente. Estas actividades brindan a las personas algún tipo de alivio, pero como el problema subyacente del samsara no ha sido remediado, el problema regresa.

Por lo tanto, llevar a otros seres sentientes una felicidad duradera, para todas las vidas futuras, es mucho más significativo. Ofrecerles una felicidad real significa convertirnos en la causa de su felicidad y ayudarles a terminar con los engaños, liberándolos de este modo para siempre. Imaginemos eso. Este servicio que brindamos a los otros es sumamente urgente, porque si no lo hacemos, innumerables seres continuarán sufriendo.

A menos que las causas del sufrimiento de los otros sean eliminadas –los engaños impresos en el continuo mental y el karma de cada uno de ellos–, cualquier cosa que hagamos por ellos no los librará de las dificultades incesantes que tienen por delante. De manera reiterada se enfrentarán a los mismos problemas: hambre, pobreza, miedo, enfermedad, disgustos y dificultades.

Esta es la razón por la que el Dharma, el método que elimina los engaños, es tan importante. Necesitamos ayudar a los seres a suprimir sus engaños, y eso, por supuesto, supone comenzar suprimiéndolos de nosotros mismos. Este precioso y óptimo renacimiento humano, con sus ocho libertades y diez atributos, tiene el potencial para que logremos la liberación.

Las ocho libertades y los diez atributos

Debido a las dificultades que enfrentamos, puede que seamos escépticos acerca del valor del renacimiento humano y pensemos: «Tengo muchos problemas y muy poca ayuda. ¿Qué tiene de bueno la vida humana?».

Puede que no veamos nada particularmente valioso en nuestra vida. Por supuesto, no todos los renacimientos humanos son preciosos renacimientos humanos, pero es provechoso examinar nuestra propia vida en relación con los criterios que califican un renacimiento humano como precioso. Estos criterios son las ocho libertades y los diez atributos.

Las primeras ocho preciosas libertades humanas son: el no haber nacido como (1) un ser infernal, (2) un espíritu hambriento o (3) un animal. En estos renacimientos desafortunados, incluso los momentos de felicidad temporal son escasos. Pero lo peor de todo es que no hay oportunidad o libertad alguna para perseguir el camino espiritual, la práctica del Dharma.

Las siguientes cinco consisten en estar libres de haber nacido como (4) un dios de larga vida, (5) haber nacido en un lugar donde no haya descendido un Buda o (6) en un lugar donde no haya Dharma, (7) haber nacido como una persona sin facultades completas como la inteligencia o (8) como una persona con visiones erróneas. Si estamos libres de estas cinco condiciones desfavorables, podemos conectarnos con el Dharma, entenderlo, y emprender nuestro viaje para liberarnos del samsara.

Estos son los diez atributos de un renacimiento humano precioso:

El primero es nacer como un ser humano con las ocho libertades y con los otros diez atributos.

El segundo atributo es nacer en un país donde el budismo está presente. Nacer en un lugar donde el budismo no está presente significa que, en ese sitio, no habrá monjes con ordenación completa y, por ese motivo, no habrá ocasión para comprometerse con votos de ordenación. ¿Por qué motivo esto es importante? La ordenación y los preceptos disciplinan profundamente la mente a través de los votos, llamados *dompa* en tibetano. Estos votos protegen la mente frente a las acciones negativas, la mantienen alejada de los engaños y le dan libertad frente a las negatividades.

La ordenación monástica es una vía provechosa para la práctica del Dharma. En la medida en que aumente el número de monjes, aumentarán las enseñanzas del Dharma. Los monjes que conservan su ordenación y sus preceptos nos animan a practicar la moralidad de manera pura.

Somos extraordinariamente afortunados si nacemos en un

país donde hay comunidad monástica. Hay quienes piensan que las personas ordenadas monásticamente no tienen nada que ver con la sociedad actual, que la ordenación es solo una tradición antigua o una costumbre cultural. En realidad, la persona que recibe ordenación monástica es muy afortunada, porque la conservación de los votos es una manera rápida para lograr liberarse del sufrimiento y alcanzar la iluminación. La mera presencia de monásticos en el propio país es algo afortunado, porque las personas que observan los preceptos monásticos nos apoyan en nuestro esfuerzo por combatir los engaños y realizar acciones positivas.

El tercer atributo, nacer con facultades perfectas, es una gran ventaja. Necesitamos estas facultades para cultivar el camino espiritual, con el fin de aprender, contemplar, meditar, investigar y analizar.

El cuarto atributo consiste en nacer libre de haber cometido cualquiera de las cinco ofensas atroces. Estas ofensas son: matar a un Buda, a un *arhat*, a nuestra madre o nuestro padre, o causar un cisma en la comunidad monástica. Si alguien comete alguno de estos muy serios actos negativos sin haberlos purificado, el pesado karma negativo resultante le supondrá grandes dificultades y obstáculos mientras cultiva el camino.

El quinto atributo es tener fe en el Dharma, y en las tres divisiones de las enseñanzas. Estas tres son: los *sutras*, que explican el camino y nos ayudan a desarrollar la concentración; el *vinaya*, que detalla los preceptos y la ordenación; y el *Abhidharma*, que explica la evolución de la mente y del universo.

El sexto atributo se refiere a haber nacido en una era en la que el Buda ha aparecido y ha dado enseñanzas sobre el camino de la liberación y de la iluminación.

El séptimo atributo es que se nos hayan mostrado y enseñado las enseñanzas del Buda.

El octavo atributo es haber nacido en un tiempo en el que aún viven practicantes realizados, es decir, una época en el mundo en la que hay enseñanzas del Dharma basadas en la experiencia. Nuestros gurús actuales recibieron enseñanzas de gurús anteriores. Forman parte de un linaje ininterrumpido que se remonta al Gurú Buda Shakyamuni. Si no hubiera practicantes con experiencia de las enseñanzas en su consciencia, faltaría algo vital. No es suficiente que las enseñanzas existan en los libros. Los practicantes deben conocer en profundidad estas enseñanzas si pretenden guiar a otros.

El noveno atributo consiste en encontrarse con otras personas que siguen las enseñanzas del Buda, porque los practicantes puros del camino del Buda apoyan a los seres sentientes en el camino a la iluminación.

Nuestra futura iluminación y la superación del sufrimiento depende de nuestra mente. Si no miramos dentro de nosotros mismos, malgastaremos incontables eones sin encontrar la solución para nuestros problemas. Del mismo modo que los seres sentientes pueden convertirse en sus peores enemigos, también pueden convertirse en sus mejores amigos en el camino espiritual.

El décimo o último atributo es recibir la bondad y la compasión de otras personas. Por ejemplo, tenemos un gurú compasivo de quien aprendimos el Dharma, familiares y amigos que nos apoyan en nuestros esfuerzos espirituales proveyéndonos con comida y condiciones para la práctica.

En el Tíbet, las vidas de los practicantes del Dharma solían ser propicias para la práctica porque las personas tenían un gran respeto por aquellos que observaban los preceptos o permanecían retirados. Los benefactores con fe ofrecían a los practicantes comida y ayuda, de este modo esos practicantes no se distraían luchando por satisfacer sus necesidades temporales. En estos días, este tipo de apoyo se ha vuelto más difícil de conseguir. Sin embargo, somos afortunados de haber nacido en un período en el que los practicantes continúan recibiendo sostén a través de la bondad de otras personas.

La rareza de un precioso renacimiento humano

Una analogía del texto *Liberación en la palma de la mano* explica cuán raro es lograr un precioso renacimiento humano. Imaginemos un océano inmenso, en cuya superficie flota un anillo dorado. En el fondo de ese océano vive una tortuga ciega. Nada en lo profundo del océano y emerge solo una vez cada cien años.

¿Qué posibilidades hay de que esa tortuga ciega, al nadar hacia la superficie, inserte casualmente su cabeza dentro de ese anillo dorado? Seguramente pienses que prácticamente no tiene ninguna posibilidad.

La historia es una metáfora que ilustra la dificultad de obtener un precioso renacimiento humano. El anillo dorado representa el Dharma del Buda. La tortuga ciega representa a los seres sentientes que, debido a la ignorancia, están ciegos respecto a la sabiduría del Dharma. La tortuga que nada sin dirección en lo profundo del océano nos representa a nosotros y el modo en el cual vagamos en el samsara durante eones. Que la tortuga en raras ocasiones nade hacia la superficie del océano ilustra la dificultad de los seres de los reinos inferiores de lograr un renacimiento superior en el reino humano.

Que la tortuga, finalmente, inserte su cabeza a través del anillo representa lo difícil que es garantizarnos un precioso renacimiento humano con las ocho libertades y los diez atributos.

Meditamos sobre los sufrimientos de los reinos del samsara, en particular, de los reinos inferiores, con el propósito de lograr una comprensión clara de esos estados infelices y cómo en ellos no hay libertad para la práctica del Dharma. Debemos sentir el sufrimiento de esos seres más allá de las palabras. Debemos entender profundamente lo que significa ser ignorante, lo que implica no entender la mente, lo que supone no comprender el mal karma que puede ser creado y con qué resultados aterradores. Si podemos pensar de ese modo, la meditación será muy efectiva y beneficiosa para la mente.

Meditamos sobre esas ocho libertades y diez atributos para comprender cuán afortunados somos como seres humanos que han entrado en contacto con el Dharma. Con esta aprehensión, la mente se alegrará de poder dedicarse al Dharma y tendrá ímpetu para superar los engaños, convirtiendo la liberación y la iluminación plena en metas alcanzables.

Desafortunadamente, pese a que hemos recibido este óptimo renacimiento humano, por lo general no lo utilizamos de la forma correcta debido a que no somos conscientes de su potencial. La práctica del Dharma no parece ser urgente, porque no reconocemos el sufrimiento de la vida y sus diversos reinos. No valoramos la libertad que tenemos de escapar del sufrimiento, ni las herramientas que tenemos para lograrlo.

En cambio, es habitual que busques la felicidad a través de medios externos. Viajas, te abandonas a los objetos sensoriales, te tomas vacaciones, nadas en el océano, escalas montañas, te echas bajo el sol, surfeas olas en tus tablas. Aunque confías en métodos externos para lograr la felicidad, no puedes negar el sentimiento profundo que llevas dentro y que te dice que nada de esto es suficiente.

Ahora mismo, este renacimiento humano calificado con las ocho libertades y los diez atributos es en verdad precioso. Es increíblemente precioso. No malgastes ni siquiera un instante.

Los momentos de práctica de Dharma durante esta vida son limitados, porque la muerte es definitiva, y el momento de la muerte es incierto. La muerte puede ocurrir hoy, incluso en el minuto próximo. Como lo que quieres es la felicidad y lo que no quieres es el sufrimiento, abandona las causas del sufrimiento y practica las causas de la felicidad, la virtud y el Dharma.

La primera cosa que debes hacer es asegurarte de que no nacerás en uno de los reinos inferiores. Necesitas un renacimiento superior, el mejor de los cuales es un precioso renacimiento humano, si quieres continuar practicando el Dharma para actualizar el camino. Sin embargo, lograr un renacimiento superior en el samsara no es suficiente, porque todavía se trata del samsara. Por consiguiente, resuelve que utilizarás este óptimo renacimiento como vehículo para lograr la liberación completa del samsara y alcanzar la última felicidad de la iluminación.

Recuerda siempre que alcanzar la liberación solo por ti mismo no es suficiente. Hay incontables seres que están luchando y sufriendo, y el propósito de la vida es beneficiar a otros. Por consiguiente, aspira a ello pensando del siguiente modo: «Debo alcanzar la iluminación para beneficiar a otros seres, para liberarlos a todos del sufrimiento y sus causas, y conducirlos a la iluminación plena». Piensa de este modo siempre. ¿De acuerdo?

Este es un consejo para lograr equilibrio en tu vida: cuando te encuentres sintiéndote perezoso para reflexionar sobre el Dharma y actuar de acuerdo con las enseñanzas, o cuando estés demasiado excitado con los placeres mundanos, recuerda que la muerte puede llegar en cualquier momento. Cuando te sientas deprimido o desanimado, recuerda nuestro precioso renacimiento humano. Esta es la manera de encontrar equilibrio en nuestra mente.

Espero que ahora resulte claro por qué lo primero que el Buda eligió enseñar fue el sufrimiento, al impartir las Cuatro Nobles Verdades. Si no reconocemos todas las formas que adopta el sufrimiento, y la naturaleza sufriente del samsara, no buscaremos liberarnos de él.

Y deambularemos, ciegos, en el samsara. Repetiremos

nuestros errores y nunca encontraremos la felicidad duradera que anhelamos, nunca actualizaremos nuestro potencial para la iluminación, la fuente de alegría, no solo nuestra, sino de incontables seres vivientes.

Anécdotas de la vida de Kyabje Lama Zopa Rimpoché

Infinita compasión hacia las cabras

Una cabra está esperando frente a la tienda de un carnicero cerca de la colina de Kopan, en Nepal, atada con un lazo muy corto. Está esperando a ser sacrificada por el carnicero. No estoy seguro de que sea consciente de que muy pronto será descuartizada. Rimpoché le pide al conductor del todoterreno que se detenga en cuanto ve a la cabra. Es una cabra joven, muy bonita, de color marrón, con manchas a todo lo largo y ancho del cuerpo.

Inmediatamente, comienza la negociación con el tendero. ¿Cuánto quiere por la cabra? El carnicero discute con su amigo en la tienda y acordamos 8.500 rupias (alrededor de 119 dólares) por la cabra, el costo de un teléfono móvil barato.

El carnicero explica que conseguirán otra cabra porque tienen el compromiso de proveer de carne a los vecinos durante el fin de semana. Inmediatamente, Rimpoché comienza a negociar por la segunda cabra. Me pregunto cuánto tiempo durará todo esto. Establecemos el precio de la segunda cabra. Luego nos dirigimos al convento de Kopan y las dos cabras son llevadas poco después al convento. Rimpoché las bendice y luego las deja libres en el complejo. ¡Parecen felices!

Desde nuestro regreso a Nepal, Rimpoché ha salvado diez u once cabras del sacrificio al que parecían destinadas en la pequeña carnicería, a los pies de la colina de Kopan. En el convento, un nepalí ayuda a cuidarlas. Un santuario animal similar opera más arriba, en la colina, en el monasterio de Kopan.

Bendiciendo cucarachas

Estamos comiendo en Bangalore (India). Rimpoché salta de su silla y corre hacia el centro del restaurante. Se arrodilla y rápidamente protege a una cucaracha del camarero que ¡está a punto de aplastarla con su pie!

La cucaracha se escapa y todos vamos tras ella. Corre bajo el pie de Rimpoché, quien se mantiene inmóvil, protegiéndola bajo sus sandalias y recitando mantras. Mientras esto ocurría, les explicamos a los seis o siete camareros desconcertados que estamos tratando de proteger las cucarachas y bendecirlas.

Salvando incluso a las hormigas más pequeñas

–No puedo moverme –dice Rimpoché.

–¿Por qué? –le pregunta muy sorprendido el psicoterapeuta (que está atendiendo a Rimpoché desde que sufrió su ataque).

–¡Hormigas! Voy a pisarlas –replica Rimpoché desde su cama en el monasterio de Kopan (Nepal).

Comienza entonces el debate entre Rimpoché y su psicoterapeuta Rajesh, quien no comprende por qué motivo está tan preocupado por el hecho de pisar una o dos hormigas mientras está haciendo sus ejercicios. Rimpoché le da una breve explicación acerca del sufrimiento de los seres sentientes y la necesidad de la compasión hacia todos ellos. Rajesh acepta su argumento. Todos ayudamos en apartar amablemente a las hormigas, y solo entonces Rimpoché continua con sus ejercicios.

Grandes oraciones para un pequeño perro

Estamos en el automóvil. Para evitar la ruta en construcción, decidimos tomar las calles secundarias de Varanasi (India). Los callejones son estrechos, concurridos, y en ellos se realizan diferentes actividades.

Nos cruzamos con un cachorro herido. Rimpoché detiene el automóvil y todos nos bajamos en tropel para ver lo que le ocurre al pequeño perro, que está tendido en la carretera y parece muerto. La madre está cerca de él en una condición lastimosa: flaca, coja y aullando, aparentemente alterada por la agonía de su cachorro.

Rimpoché comienza a recitar mantras por el perrito en el medio de la carretera. Intentamos protegernos para que el tráfico no nos atropelle. Los transeúntes, curiosos, quieren saber qué está pasando. En esta parte del mundo, la muerte de un perro no tiene mucha relevancia, por ese motivo les resulta interesante ver lo que ocurre. La madre del cachorro está desesperada, aullando y confusa. Rimpoché continúa orando por el perrito.

En otra ocasión, durante otro viaje, frenamos de golpe.

Rimpoché había divisado un búfalo que parecía a punto de morir y quería recitar mantras para él. La gente del lugar decía que el búfalo había sido atropellado por un camión unos días antes y había sido abandonado al lado del camino desde entonces. Rimpoché estuvo mucho tiempo bendiciendo al búfalo y dándole de beber.

Consejo para liberar animales

Los animales han renacido en el samsara incontables veces y, como otros seres sentientes, han sido nuestras madres, padres, hermanos, hermanas y otros seres queridos. En innumerables ocasiones nos han cuidado y protegido, y han cargado con nosotros. Debido a que mueren y cambian sus cuerpos, no podemos reconocerlos, ya que no somos omniscientes. Sin embargo, eso no cambia el hecho de que han mostrado su bondad hacia nosotros en innumerables vidas pasadas.

Los animales sufren mucho debido a que no pueden expresarse. Son dañados, pero no pueden explicarlo. Por lo tanto, es un acto de bondad por nuestra parte ayudarlos, de esta forma les devolvemos con nuestra ayuda su bondad anterior. El centro de Singapur ha liberado al menos doscientos millones de animales.

Algunas veces les pido a las personas con cáncer que participen en las prácticas de liberación de animales enviando sus nombres y ayudando a comprar animales que de otro modo serán asesinados. Algunas de las personas que lo hicieron se recuperaron de la enfermedad.

La recitación de oraciones breves a favor de los animales es muy beneficiosa porque deja una impresión en la consciencia del animal. Mientras el animal escucha la oración, mucha de su negatividad es purificada, e impresiones positivas son emplazadas en su continuo mental. Estas impresiones le ayudarán a obtener un buen renacimiento en el que encontrará la oportunidad de practicar el Dharma y, eventualmente, logrará la iluminación.

2. La verdad de la causa del sufrimiento

> El origen del sufrimiento como noble verdad debe ser abandonado.
>
> *Dhammacakkappavattana sutta*

Los engaños y el karma

Esta es la gran pregunta: ¿cuál es la causa de todo el sufrimiento? ¿De dónde viene el sufrimiento?

Nuestra mente ha estado dormida cómodamente en el samsara, aunque no tan cómodamente como ocurre cuando dormimos en los hoteles estadounidenses (¡estoy bromeando!). Desde criaturas tan pequeñas que apenas pueden verse a través de microscopios hasta las más grandes de las bestias que viven en la selva, o la persona más famosa del mundo, todos los seres vivientes están condicionados por el sufrimiento y la insatisfacción (en sánscrito, *dukkha*).

Incluso un rey con grandes poderes no tiene otra alternativa, y sufre en el samsara. Por lo tanto, es vital que reconozcamos la verdadera causa del sufrimiento y nos deshagamos de ella.

Todo existe y ocurre por una razón. Podemos pensar que nuestros problemas son causados por enemigos exteriores que nos dañan, que nos engañan, que portan armas o que tienen cuernos que les crecen en sus cabezas.

El verdadero enemigo no es ninguno de esos seres externos, sino el que vive en nuestra mente y nos manipula. Los verdaderos enemigos, las verdaderas causas de sufrimiento, son los engaños y el karma.

Los engaños son las aflicciones mentales de la ignorancia, el apego y la ira, esos estados mentales emocionales, negativos, que nos perturban y destruyen nuestra paz. Esos estados mentales, a su vez, nos empujan a realizar acciones negativas o karma, que ineludiblemente nos conduce al sufrimiento. Estos engaños son estados mentales internos. Por lo tanto, la verdadera y perfecta paz depende de que reconozcamos los engaños y los problemas que estos causan por medio de la acción kármica y, a continuación, en dar los pasos necesarios para detenerlos.

Correr a la montaña en busca de refugio o viajar a la luna son acciones que implican únicamente un cambio de lugar. Son actividades externas que no pondrán fin a la fuente interna de nuestros problemas. Tenemos que investigar dentro de nosotros mismos. Al entender el engaño y el karma, y el modo en el cual causan sufrimiento, podemos abrir la puerta a las soluciones.

Puede que pensemos: «¿Qué sentido tiene meditar sobre

el sufrimiento o recitar mantras? Sería más sensato realizar nuestros quehaceres cotidianos, ayudar en el hospital o viajar a una zona de guerra para aliviar el hambre de los afectados».

Puede que pensemos que es estúpido meditar, en vez de participar en actuar de manera práctica en el mundo. Esta opinión surge porque no hemos pensado correctamente sobre la evolución del sufrimiento. Es un producto del pensamiento, pero no es el resultado de un pensamiento verdaderamente profundo. Es solo el pensamiento acerca del hambre de la persona en ese momento puntual. No estamos pensando más allá de esas circunstancias.

No estamos pensando acerca de la fuente del hambre, de esas enfermedades, de esos conflictos, de esos problemas en las relaciones interpersonales. Estamos atendiendo exclusivamente a la superficie del sufrimiento, deseando tratar los síntomas del sufrimiento, sin prestar atención, sin profundizar, para descubrir la raíz del sufrimiento. Por lo tanto, concluimos que nuestra única solución es dar medicinas o comida para aliviar esos síntomas.

Por supuesto, debemos ofrecer lo que sea que pueda ser de ayuda. La motivación de ayudar a los otros incondicionalmente en estos términos mundanos es sin duda bondadosa; surge de una buena intención. Sin embargo, recordémoslo, una vez que el alivio mundano es ofrecido, el sufrimiento vuelve a surgir como una llama imponente para atormentar a esos mismos seres. Por ese motivo, necesitamos ofrecer una solución a largo plazo; liberar a todos los seres vivos del daño y del sufrimiento para siempre. Y, para ello, debemos enfrentarnos a la causa de todos los problemas y cortar el sufrimiento de raíz. Porque lo que anhelan los seres vivientes es estar completamente libres de la miseria. No hay manera de que esto ocurra, a menos que, primero, identifiquemos las causas del sufrimiento y, luego, erradiquemos esas causas.

No es suficiente la simple asistencia dirigida a que esas otras personas se recobren del dolor de cabeza, dejen de tener hambre durante un tiempo o tengan refugio durante una temporada. Es algo, por supuesto, pero no es suficiente. Ofrecer exclusivamente felicidad temporal no es suficiente. Mientras no ayudemos a esos seres a liberarse de las verdaderas causas del sufrimiento, los engaños y los oscurecimientos, incluso si les damos medicinas y comida, las causas subyacentes de aflicción permanecerán y, por consiguiente, se encontrarán en su camino con más sufrimiento.

Si estamos sufriendo debido a un envenenamiento, necesitamos identificar el tipo de veneno que está causando nuestra miseria antes de poder expulsarlo de nuestro organismo y aliviar el sufrimiento. Si, por ejemplo, olemos algo nauseabundo en nuestro entorno, como *ka-ka*, y queremos deshacernos de la fetidez, debemos encontrar primero la causa del olor. Después de haber identificado la causa del olor, podemos eliminarla.

Si no encontramos la causa del olor, no será suficiente con que deseemos hacerlo, que corramos de un lado a otro arreglando nuestro entorno o que culpemos a otros por lo que está sucediendo. Todas estas estrategias serán inútiles para hacer desaparecer el olor. La estrategia más inteligente consiste en comprender la causa. La comprensión errónea producirá métodos erróneos y acciones erróneas, haciendo que la vida sea muy complicada.

Los engaños y el karma son la causa de todo sufrimiento. Hay seis tipos de engaños primarios y veintidós secundarios. A continuación, atenderemos a los seis tipos de engaños primarios –la ignorancia, el apego, la ira, el orgullo, la duda y las visiones erróneas– y discutiremos sus antídotos.

Los engaños primarios y sus antídotos

Ignorancia

La ignorancia (en tibetano, *marikpa*) es el engaño principal, una mente negativa de la cual surgen todos los otros engaños.

Hay dos tipos de ignorancia. El primer tipo es la visión errónea de un yo verdaderamente existente, el pensamiento erróneo que concibe al «yo» como una entidad independiente. En relación con esta visión errónea, hay un segundo tipo de ignorancia: la ignorancia del karma y el modo en el cual este funciona.

Comencemos con el segundo tipo de ignorancia. La incomprensión respecto a la evolución del karma –acerca del modo en el que se produce y cómo opera– nos conduce a un comportamiento que nos lleva a nacer en el samsara una y otra vez y, por ello, a experimentar todos los problemas propios del samsara. La ignorancia del karma se imprime en nuestra consciencia, lo cual causa que otros engaños surjan influenciando nuestras acciones del cuerpo, palabra y mente.

Las impresiones kármicas de este tipo de acciones son, posteriormente, cargadas en la consciencia a la próxima vida samsárica, sobre la cual, en dependencia de las condiciones apropiadas, maduran como los resultados que experimentamos. La ignorancia respecto a la formación kármica nos lleva a sorprendernos, asustarnos, enojarnos e indignarnos cuando ocurren eventos indeseados en nuestra vida.

Veamos a continuación el primer tipo de ignorancia. Se trata de la concepción del «yo» y de los fenómenos como entidades que surgen independiente y verdaderamente existentes. Estamos convencidos de que hay un «yo» real dentro de nuestro cuerpo. Cuando analizamos erróneamente, creemos que el «yo» existe como un ente independiente, y no solo como una etiqueta puesta por la mente sobre la base de los agregados.

Los cinco agregados de un ser humano (forma, sentimiento, discriminación, consciencia y factores composicionales o impresiones kármicas) son una colección de partes que forman una base. Sobre esa base imputamos la existencia del «yo». El «yo» es construido mentalmente, y está vacío de existencia inherente. Solo hay una base de cinco agregados y la etiqueta mental «yo» imputada sobre esa base. Eso es todo. El «yo» surge de manera dependiente, a partir de una etiqueta mental y una base; no existe independiente o inherentemente.

Así pues, el «yo» está vacío del todo de existencia inherente. Solo hay una agrupación de partes, mientras el resto es exclusivamente el producto del etiquetado de la mente.

Otro ejemplo es el agregado de los sentimientos, el factor mental que corresponde a las experiencias de felicidad, sufrimiento y neutralidad. A partir del encuentro con un objeto o situación, en dependencia de otros engaños dominantes en nuestra consciencia en ese momento –como el apego o la ira–, la mente imputa «sentimiento feliz» o «sentimiento infeliz». Inmediatamente después de ese momento de imputación, las impresiones que ha dejado la ignorancia pasada en nuestro continuo mental proyectan la noción de «existencia verdadera» sobre el sentimiento que nuestra mente acaba de crear.

A partir de allí, concluimos que el sentimiento es real y lo etiquetamos de ese modo. Creemos de forma errónea que el sentimiento existe de manera inherente. No tenemos consciencia de que nuestra mente haya creado la etiqueta.

Esta aprehensión de que un sentimiento tiene una existencia verdadera es del todo falsa, pero nosotros nos aferramos a ella como si fuera verdadera. Hacemos lo mismo con nuestra noción de un «yo verdaderamente existente». Una vez que nuestra mente ha impuesto la etiqueta del «yo» sobre los agregados, creemos que la etiqueta mental del «yo» es verdadera, que es la realidad. Por lo tanto, en vez de ver al «yo» como existiendo de manera dependiente, como una mera etiqueta mental sobre la base de los agregados, la ignorancia cree de forma errónea que el «yo» existe independiente, inherente y verdaderamente. Piensa cuánto sufrimiento hemos experimentado en relación con este «yo» que nos parece una entidad real, y cuántas acciones negativas hemos cometido en nombre de este «yo».

Otro ejemplo que ilustra cómo funciona la ignorancia cuando presenta una falsa impresión de existencia verdadera puede observarse cuando pensamos en el estatuto, el modo de existencia, de la letra *A*.

La ignorancia nos causa que veamos la letra *A* como una *A* real que existe de forma independiente. Pero todo lo que en realidad tenemos allí son tres líneas ordenadas de una manera particular. La *A* es la etiqueta que aprendemos a poner sobre esa base que son las tres líneas. Si investigamos y buscamos dónde está la esencia *A* en esa base conformada por las dos líneas inclinadas y la línea horizontal, no la encontraremos. Esto prueba que la apariencia de una *A* real, independiente y verdaderamente existente es un constructo mental y, por ello, inexistente como una entidad independiente.

Es crucial entender bien de qué manera la ignorancia, el aferramiento al concepto de «existencia verdadera», reside en lo más profundo de nuestra consciencia si queremos identificarla y eliminarla. Todos los engaños se originan en la raíz de la ignorancia, el aferramiento al «yo» entendido como verdadera e inherentemente existente. La cuestión es que no hay un «yo verdaderamente existente» en esos agregados, hay solo un «yo meramente etiquetado», imputado a los agregados.

Podemos decir: «¿Y qué? ¿Cuál es el problema de considerar al "yo" como verdaderamente existente?».

El problema es el siguiente: una vez que concebimos al

«yo» como verdaderamente existente, el apego hacia el mismo emerge de inmediato. Deseamos felicidad para nosotros mismos, para este «yo» que parece real, y estamos preparados para hacer cualquier cosa con tal de lograr esa felicidad, porque la felicidad de ese «yo» es más importante que la felicidad de los otros. Nos aferramos a los cuatro objetos deseables de la ganancia, el confort, la buena reputación y los elogios. Cuando no conseguimos lo que deseamos y, en cambio, experimentamos pérdidas, incomodidad, mala reputación y críticas, inmediatamente nos sentimos infelices, enojados e incluso deprimidos.

Cualquier cosa que impida lo que «yo quiero» dispara el resentimiento, causándonos daño y perjudicando a otras personas. Cuando recibimos algún tipo de reconocimiento, el orgullo del «yo» se infla en nuestro interior y mostramos desprecio hacia otras personas, profundizando con ello la ignorancia. Cuando a nuestros amigos o vecinos les va mejor que a nosotros, sentimos inquietud en el corazón. La envidia se despierta. Al aferrarnos al estatus y a la vida misma, las concepciones erróneas como «desapareceré cuando esta vida se acabe» crean visiones perturbadoras sobre la muerte y la realidad.

Todos nuestros problemas en la vida surgen porque creemos que hay un «yo» real aquí mismo. Esta ignorancia que cree en un «yo» verdadera e inherentemente existente es la raíz de todo sufrimiento y toda angustia emocional.

Debido a que cuidamos de manera egoísta a este «yo», una vez que terminamos con un paquete de problemas, ¡otro conjunto de dificultades viene a nuestro encuentro! El «yo» engañado, el «yo» ignorante, nunca se siente satisfecho. La miríada de sufrimientos que experimentamos en la vida es difícil de soportar debido, justamente, a esto. Luego llega la muerte, seguida por el renacimiento en los seis reinos. Todo esto es el resultado de nuestra creencia equivocada sobre la falsa existencia independiente del «yo». Completamente convencidos de la falsa existencia del «yo», la convertimos en el foco de todas nuestras acciones diarias del cuerpo, la palabra y la mente. Aferrarse a las falsas creencias no puede conducirnos a la verdadera felicidad.

Por consiguiente, si podemos eliminar este aferramiento al «yo» verdaderamente existente, cortaremos la ignorancia de raíz y seremos libres de todo sufrimiento de una vez para siempre. Será imposible que la ignorancia vuelva a emerger, vedándole el espacio a otros engaños para que funcionen y nos perturben. De la misma manera que el sol surge para disipar toda oscuridad, al analizar de qué modo este «yo» en apariencia existente surge, descubriremos cómo hemos sido prisioneros de este peligroso engaño durante todo este tiempo.

Cuando reconocemos el engaño y aplicamos el antídoto, que consiste en constatar la falsedad del «yo» verdaderamente existente, cuando entendemos que el «yo» es solo una proyección mental sobre una base de agregados (y los agregados son de igual modo un producto de imputaciones mentales), la mente, de inmediato, se experimentará a sí misma de manera más liviana, libre y espaciosa. Perseverando en este tipo de contemplación, la mente negativa se irá disipando poco a poco. Y, al final, la mente negativa sencillamente se detendrá.

¿Por qué le tememos a la muerte? Este temor surge porque creemos que el hipotético «yo» real y verdaderamente existente va a morir, va a dejar de ser. Pero el hecho es que la mente no dejará de existir, aun cuando el cuerpo desaparezca. La mente es un continuo. Por consiguiente, hasta que no eliminemos esta creencia basada en la ignorancia acerca de la existencia inherente del «yo», no podremos liberarnos del samsara, no podremos alcanzar la liberación o la iluminación. Esta ignorancia nos ha estado engañando toda nuestra vida, en todos nuestros renacimientos desde tiempos sin comienzo.

Para interrumpir la ignorancia, necesitamos estudiar, analizar y meditar sobre las enseñanzas, con el propósito de desarrollar una comprensión penetrante y profunda acerca de la naturaleza verdadera del «yo», de qué manera el «yo» está vacío de existencia verdadera. Incluso si pensamos que, finalmente, hemos entendido que el «yo» no es inherentemente existente, al momento siguiente, cuando nos lanzan una crítica, un sentimiento sólido de existencia inherente del «yo» surge de nuevo, llevándonos al enfado y las represalias contra la persona que nos critica. Cuando logremos la sabiduría que percibe directamente la vacuidad, acabaremos arrancando de raíz y venciendo a la ignorancia y sus semillas. Solo entonces estaremos libres del samsara y sus océanos de sufrimiento. Esta sabiduría que realiza la vacuidad, cuando es combinada con la intención altruista de liberar a todos los seres sentientes, que es la motivación de la *bodhicitta*, nos permite recoger extensos méritos, completar las *paramitas*, o perfecciones y, a partir de allí, alcanzar la iluminación.

Cuando la ignorancia es purificada o suprimida, los otros engaños no pueden sobrevivir. Sin la tierra no habrá base sobre la cual puedan existir los edificios, los seres vivos y los entes inanimados. Del mismo modo, sin ignorancia no habrá una plataforma para la continuación del resto de los engaños: el apego, la ira, el orgullo, la duda y las visiones erróneas.

La ignorancia es el más peligroso de los ladrones. Nos roba la aprehensión de la naturaleza verdadera de la realidad, obstaculiza los logros potenciales de la mente, como ver el pasado, el presente y el futuro, y especialmente nos niega la posibilidad de alcanzar la felicidad duradera, la iluminación. ¿Cómo hace estas cosas? La ignorancia nos engaña acerca de la naturaleza verdadera de las cosas y la evolución del karma, lo cual, a su vez, hace que cometamos acciones negativas que tienen como consecuencia resultados dolorosos. De este modo, la ignorancia nos roba la felicidad y nos impide alcanzar la sabiduría.

Hemos sufrido durante incontables vidas debido a dos tipos de ignorancia: la ignorancia respecto a la naturaleza de la realidad y la ignorancia respecto a los mecanismos del karma, que nos han llevado a dar vueltas en círculos, ciegamente, creando las causas para experiencias inagotables de miseria y sufrimiento. Habiendo dicho esto, ¡animaos! La ignorancia no es permanente. Puede ser eliminada porque es una alucinación.

Supongamos que entramos en una habitación a oscuras y, después de cerrar la puerta tras nosotros, vemos una serpiente enroscada en la cama. Lo que en realidad tenemos delante es una cuerda enredada, pero, debido a la iluminación insuficiente, creemos erróneamente que se trata de una serpiente. Confiando en que la apariencia de la serpiente es verdadera, nos atemorizamos y salimos corriendo, gritando y asustando a otras personas. En vez de correr, deberíamos empezar por encender la luz para ver qué es lo que hay allí y comprobar si realmente se trata de una serpiente o de otra cosa. Una vez que la luz se ha encendido, veremos que solo es una cuerda enrollada.

En ese instante, la visión engañosa de la «serpiente» desaparece. Somos capaces de ver con claridad qué es lo que en verdad existe allí y qué es lo que no existe allí. De manera análoga, el «yo» verdaderamente existente no existe. Lo que existe es un «yo» etiquetado aplicado a los agregados. Al utilizar la luz de la sabiduría del Dharma, comprendemos que el «yo» verdaderamente existente es una alucinación y que en realidad no existe.

La causa principal del sufrimiento, que es la ignorancia, es creada por nosotros mismos. Podemos decir que somos enemigos de nosotros mismos. Sin embargo, podemos alcanzar la iluminación si nos esforzamos en subyugar nuestra mente y vencer los engaños, lo cual trae consigo una paz perfecta y la iluminación.

Por lo tanto, podemos convertirnos en nuestros propios guías. No hay un ladrón externo de nuestra felicidad. La infelicidad y el sufrimiento los creamos nosotros mismos cuando permitimos que la ignorancia y otros engaños influencien nuestros comportamientos. En otras palabras, podemos decir: «Inicié toda la experiencia del sufrimiento siguiendo a la ignorancia. La completa evolución del sufrimiento, desde sus causas hasta su resultado, es culpa de mi mente ignorante engañada».

Comprender esta evolución es crucial, porque a partir de esta comprensión comenzamos a descubrirnos a nosotros mismos y a conocer dónde estamos en este momento. Podemos pensar: «Todo el tiempo durante el cual sufro me permite descubrir quién soy, ser consciente de mi propia mente y mis circunstancias, entender mi situación».

Esta comprensión trae consigo un sentimiento de paz interior. Impide que nos enfademos continuamente y culpemos a otros de nuestras dificultades, debido a que empezamos a entender nuestro propio rol en la infelicidad que experimentamos.

Cuando una persona entiende la evolución del sufrimiento y el impacto destructivo de los engaños, impresos en la consciencia desde largo tiempo atrás, cae en la cuenta de que ella misma es la exclusiva responsable de sus problemas y, por consiguiente, que solo ella puede salvarse a sí misma. De este modo, la persona revela la traición de los engaños y comienza a encontrar la energía para eliminar la ignorancia y seguir el camino de la virtud. Deja de agitarse frente a los problemas que debe enfrentar y es capaz de asumir la práctica con coraje y perseverancia.

Por otro lado, la persona que elige no pensar en la evolución del sufrimiento y se siente satisfecha permaneciendo ignorante y, por ello, al servicio de los engaños, vive una vida de frustración y confusión. En vez de examinar de qué manera su propia ignorancia le ha traído problemas, acusa a los otros, condena las situaciones que experimenta y hace cosas que exacerban su sufrimiento y el de otras personas. Su mente se ve afectada por el apego hacia sus intereses personales y está preparada para dañar a otros con el fin de lograr sus objetivos. No está interesada en interrumpir lo que origina el sufrimiento –la ignorancia– porque no ha comprendido su existencia, y porque su mente negativa se ha habituado a hacer lo que le place para conseguir lo que desea. Esto conlleva, de forma inevitable, más problemas y más sufrimiento. Hay una enorme diferencia entre estos dos tipos de personas (¿a qué tipo perteneces tú?). Examina esta cuestión cuidadosamente.

Por lo tanto, está claro que, a menos que destruyamos la ignorancia dentro de nuestra mente, por muchos esfuerzos que hagamos para destruir a nuestros enemigos exteriores o para cambiar nuestras circunstancias externas, los problemas continuarán apareciendo. Por otro lado, si prestamos más atención a los engaños y los eliminamos, los astutos ladrones interiores de la felicidad, nuestros verdaderos problemas, disminuirán. Conquistar a nuestro enemigo interior, los engaños, es poner fin a todos los enemigos exteriores y al sufrimiento.

Antídotos contra la ignorancia

¿De qué manera superamos la ignorancia? Cultivando la sabiduría que realiza la vacuidad. Este es el antídoto directo contra la ignorancia, el que la corta de raíz. Ahora bien, la realización de la vacuidad requiere un esfuerzo persistente en la meditación enfocada en el modo en el cual la apariencia del «yo» verdaderamente existente es, en última instancia, una percepción errónea y, por consiguiente, de qué manera la verdadera naturaleza del «yo» y de todos los fenómenos es el surgimiento dependiente, la vacuidad de la existencia inherente.

Apego

Aferrarse exclusivamente a la felicidad de esta vida es la causa de los problemas y la confusión recurrente. Por ejemplo, los miembros de una familia muchas veces discuten sobre cuestiones insignificantes, como el tipo de desayuno que debe prepararse o cosas por el estilo. Uno desea comer panqueques y otro prefiere pan. Incluso si se decidiera que cada uno puede consumir lo que desea, el problema del apego no se resolvería. La mente de apego se apodera de nuevos objetos para aferrarse y discutir sobre ellos. Por lo tanto, estas personas, a lo largo de sus vidas, se encontrarán una y otra vez con su insaciable insatisfacción.

Sobre la base de la ignorancia, surge el apego. El apego es un engaño particularmente evasivo. No es fácil reconocerlo como un engaño porque actúa como si nos sirviera para lograr alguna forma de felicidad. Por ejemplo, cuando prestamos atención a un reloj nuevo, nuestra visión ignorante ve primero que el reloj es un reloj verdaderamente existente que se halla ante nosotros. Esta visión activa el apego, el cual, entonces, convierte al objeto en algo más atractivo de lo que la realidad garantiza, exagerando sus cualidades.

El apego nos hace ver exclusivamente las cualidades más atractivas del reloj. Otros engaños, como el orgullo, por ejemplo, también pueden estar funcionando, persuadiendo a nuestra mente de apego para que anhele la posesión de ese reloj, haciéndonos ver que el adminículo es codiciado por otras personas.

Cuando surge el apego en nuestro interior, emerge un sentimiento de confluencia con el objeto deseado, como una espina que penetra la carne. La mente se absorbe en el objeto de apego, y comenzamos a sentir que no queremos ser separados de ese objeto; lo queremos tener con nosotros todo el tiempo. Este es el modo en el cual el apego capta el objeto deseado y se relaciona emocionalmente con él. Esta es la manera en la cual el apego se arraiga en la consciencia. Si queremos entender cómo opera el apego en nuestra vida cotidiana, observemos cómo funcionan en nuestra vida cotidiana las llamadas «ocho preocupaciones mundanas».

Las ocho preocupaciones mundanas

El objeto de deseo, en sí mismo, no es el problema. Tener posesiones y riqueza no es un problema. El problema es la mente que se aferra a la riqueza. Tener un amigo no es un problema. El problema es que la mente aferrada a un amigo o a una amiga convierte el tener un amigo o una amiga en un problema. El apego se refiere a la mente del deseo y el aferramiento, y es lo que hace que estos cuatro objetos de deseo, comúnmente, sean un problema para nosotros. Los cuatros objetos deseados son: posesiones materiales, comodidad, buena reputación y elogios.

Las ocho preocupaciones mundanas son: querer obtener riquezas y posesiones, y no querer perderlas; querer comodidad y no querer incomodidad; querer una buena reputación y querer evitar ser despreciado; querer elogios y no querer ser criticado. Utilizamos una enorme cantidad de nuestro tiempo y energía persiguiendo estas ocho preocupaciones mundanas.

Investiguémoslas detalladamente.

Querer posesiones materiales y no querer ser separados de ellas. Debido a nuestro apego a la obtención de riquezas, cuando estas no se encuentran a nuestra disposición, nos sentimos infelices. La insatisfacción emerge velozmente. No tendríamos problema alguno si, en primer lugar, no tuviéramos apego a esas cosas. Pero la preocupación mundana de querer riquezas hace que nuestra vida se convierta en una montaña rusa, ¡a veces llevándonos incluso a sufrir un ataque cardíaco!

Cuando no obtenemos lo que deseamos surgen sentimientos de descontento y resentimiento. Cuando obtenemos las cosas materiales que deseamos, sentimos felicidad durante un tiempo, pero rápidamente nos encontramos deseando más. Si analizamos esto con detenimiento, vemos que la naturaleza de la mente que llamamos felicidad no es verdaderamente felicidad, si tenemos en cuenta que una mente que se aferra a un obsequio material no es ni una mente serena ni un deleite no forzado. Por el contrario, es una clase de mente tensa, nerviosa como un nudo, que amenaza deshacerse en cualquier momento. La mente de apego no es una mente relajada y cómoda porque siempre está exprimida por el aferramiento y por el ansia insaciable.

Cuando no obtenemos lo que deseamos, nos golpea primero la decepción y, luego, el enfado. A continuación, actuamos de acuerdo con nuestra mente agitada. Por ejemplo, haciendo sentir infelices a otras personas al discutir con ellas, pronunciando palabras negativas o, incluso, rompiendo cosas. Podemos constatar que tenemos este tipo de comportamientos a lo largo de nuestra vida. Para empeorar las cosas, la mente insatisfecha deja profundas impresiones en nuestro continuo mental, impresiones que después son llevadas a las vidas futuras, produciendo aún mayor descontento. Cuando seguimos al aferramiento y al pensamiento autocomplaciente, ponemos en marcha un ciclo vicioso de miseria.

Aferrarse a la comodidad y la aversión a la incomodidad. Una noche, estando profundamente dormidos, vemos que nuestro sueño queda perturbado de repente por la picadura de un mosquito. Si tenemos una pronunciada preocupación mundana respecto a la comodidad, esto produce en nosotros un fuerte enfado contra ese mosquito. Al instante dirigimos nuestra furia contra ese pequeño insecto y permanecemos alterados toda la noche. Al día siguiente, no dejamos de quejarnos a nuestros familiares y amigos acerca del mosquito, diciendo: «¡Esta noche no pude dormir durante horas debido a ese desgraciado mosquito!». Perder unas cuantas horas de sueño se convierte en algo semejante a perder unos cuantos millones de dólares. Para algunas personas, las pequeñas molestias se convierten en enormes desastres.

Aferrarse a la buena reputación y disgustarse por lo opuesto. Uno de los problemas que sufren las personas corrientes es su apego a la reputación. Renunciar al apego a la reputación es mucho más difícil que renunciar al apego a la comida y a la vestimenta. Tengo amigos que son renombrados expertos en sus áreas de trabajo, pero que siempre se encuentran estresados frente a la posibilidad de que su fama se vea perjudicada o se pierda enteramente. De manera semejante, hay personas que ansían el respeto de otros. Si alguien les ignora o se cruza en su camino sin ofrecerles palabras de respeto, lo consideran un grave insulto.

Semejante sufrimiento surge de esta forma particular de preocupación mundana. Las elevadas expectativas y el intenso aferramiento al respeto hacen que para estas personas cualquier falta de reconocimiento se convierta en una flecha lanzada directamente a su corazón. Cuanto mayor es el aferramiento a la reputación y a la fama, más profundo es el dolor cuando uno se encuentra con lo opuesto.

Aferrarse a los elogios y enfadarse ante las críticas. Si la gente nos dice: «Qué buena persona, qué generosa, qué amable, qué inteligente, qué sabia eres», en el momento en que las palabras tocan nuestros oídos, nuestra mente tiembla. El apego a esas palabras elogiosas nos infla como globos de fiesta. La mente se queda atrapada en esas palabras como pegamento, como si fuera una mosca que sobrevuela una vela y acaba sumergiéndose en la cera; así es la mente que escucha las palabras de elogio.

El apego es exactamente como ilustran esas imágenes. La mente se atasca en el objeto de deseo. Se vuelve insegura, indisciplinada, y cada vez se agarra más a las palabras elogiosas, tornándose infeliz al escuchar cualquier otra expresión. El problema no está en las palabras que se dicen, sino en la mente que las escucha, que siente apego a los sonidos de elogio y admiración.

De manera contraria, cuando alguien nos critica o se queja de nosotros, la ignorancia piensa que hay algo sólido en cada una de esas palabras, que se trata de palabras verdaderamente existentes. La ignorancia piensa que hay un «yo» verdaderamente existente que es criticado, y que la persona que pronuncia esas palabras severas es un enemigo verdaderamente existente. Esto enciende de inmediato nuestro enojo. Nada puede apagar esa ardiente emoción. Todo nuestro ser se angustia cuando estamos enojados.

Cuando nos aferramos a las posesiones, la comodidad, la buena reputación y los elogios, demostramos que estamos apegados a la felicidad exclusiva de esta vida. Esta es la razón por la cual estos cuatro pares son llamados preocupaciones mundanas. Activan nuestros engaños e, inevitablemente, sirven a la insatisfacción y a la infelicidad. El apego es una de las grandes causas del samsara. Nos engaña haciéndonos creer que es nuestro amigo, cuando en realidad es un carcelero.

Por lo tanto, no tenemos que abandonar o tirar los objetos con los que disfrutamos o que valoramos. Lo que necesitamos es analizar nuestra visión errónea respecto a estos objetos y abandonar nuestro aferramiento pegajoso hacia ellos.

Antídotos para el apego

¿Cuáles son las técnicas para superar el apego? El Buda prescribe varios métodos.

Cuando surge el apego al cuerpo, el remedio es meditar en los aspectos menos atractivos del cuerpo. Por ejemplo, piensa de qué manera el cuerpo tiene la naturaleza de la impureza, lleno como está de sangre, pus y excrementos. Al reconocer estos hechos, gradualmente, soltamos nuestro apego hacia el cuerpo. Si estamos apegados a los entretenimientos, pensemos de qué manera estos vacían nuestros recursos y nos distraen de la tarea de desarrollar aversión hacia el samsara. Esta falta de aversión nos mantiene cautivos e interfiere en nuestro progreso espiritual.

Otro antídoto contra el apego es recordar la transitoriedad, ver todas las cosas como una ilusión, como un sueño. Percíbete a ti mismo como en un sueño, y piensa que todas tus posesiones, tu familia, la gente que te rodea forman parte de ese sueño. Hay una enorme diferencia entre una persona que reconoce que todo lo que aparece en un sueño es falso, y una persona que cree que el sueño es real. Cuando comprendes que tu sueño no es real, nada de lo que sucede puede molestarte. Sabes que lo que sea que ocurra en el sueño es irreal y, por lo tanto, no puede incitar en ti fuertes emociones. Incluso si alguien te elogia en tus sueños, no estarás apegado a esas palabras de elogio cuando despiertes, porque sabrás que solo han ocurrido en un sueño. De igual modo, si alguien te critica en el sueño, no te disgustarás con esa persona, porque sabrás que todo ocurrió en un sueño, y por lo tanto se trata de una pura ilusión, una mera reflexión.

Como explicó el maestro Nagarjuna, la vida es como una burbuja, como la llama de una lámpara de manteca que se mueve con el viento y puede apagarse en cualquier momento. Nagarjuna dijo que la vida es más transitoria que una burbuja de agua, ya que la muerte puede ocurrir en cualquier instante. Si esto es así, ¿por qué aferrarse a las cosas como si fueran duraderas y permanentes? Medita en la transitoriedad, porque solo entonces la futilidad del apego a las cosas se hará visible. Contempla todas las cosas y las experiencias como transitorias, como meras ilusiones

Cada mañana, cuando te despiertes, es beneficioso que medites profundamente, aunque solo sea durante unos pocos minutos, en la maravilla que supone despertarse del sueño. La noche anterior mucha gente murió. Se acostaron en la cama con muchos planes para adquirir nuevas posesiones, para hacer cosas al día siguiente o al año siguiente, pero cuando llegó la mañana, sus cuerpos se habían convertido en cadáveres.

Podemos hacer tantas cosas con este precioso renacimiento humano. Somos increíblemente afortunados de haber despertado hoy con esta libertad de practicar el Dharma y usar nuestra vida sabiamente.

Otro remedio frente al apego que sentimos hacia un objeto es investigar su verdadera naturaleza. Si podemos ver que la belleza de un objeto no viene del objeto mismo, sino de nuestra percepción mental y de la etiqueta que le adherimos, es menos probable que generemos apego hacia ese objeto. Antes de investigar, veíamos al objeto como inherentemente bello, como un objeto autoexistente bello por su propio lado. Pero, cuando vemos que la belleza es solo la etiqueta mental que nosotros hemos colocado en el objeto, resulta más fácil poner límite al apego.

Veamos o no un objeto como feo, bello o neutral, es el resultado de nuestro karma pasado. Lo que percibimos surge de nuestra mente, y es el reflejo kármico de nuestra mente. Vemos la condición de nuestra consciencia con todas sus impresiones causadas por las acciones pasadas. ¡Estamos apegados a nuestras propias proyecciones kármicas! Nos aferramos a nuestras propias etiquetas mentales.

No hay una belleza, una fealdad o una neutralidad inherentemente existente allí fuera. El error ocurre cuando nos creemos los pensamientos relacionados con flores hermosas y vacaciones maravillosas que parecen existir fuera de nosotros, y no como emergentes de nuestra propia mente. Este es el error mayor. Y por ello es tan importante saberlo. La consciencia de la realidad de la belleza nos ayudará a controlar el apego y a lograr maestría sobre nuestra mente de aferramiento. Medita sobre esta cuestión.

Percibas lo que percibas y estés donde estés –caminando

por la carretera, paseando, experimentando eventos, personas, objetos, el cielo o las nubes–, practica una atención plena y reconoce la verdadera naturaleza de las cosas. Piensa: «Esta es la visión de mi karma. Esta es la proyección de mi karma. Este es el resultado de mi karma pasado. Hermoso, feo, feliz, infeliz, neutral; todas estas perspectivas no son otra cosa más que proyecciones mentales de mi karma pasado».

Si no puedes reflexionar de ese modo, la manera más sencilla para debilitar el apego es transformar mentalmente nuestro objeto de apego en una piedra, un bloque de madera o cualquier otro objeto neutral que no permita que emerja el apego. Esto propina un golpe a nuestro fuerte aferramiento.

Cuanto menor sea nuestro aferramiento a las ocho preocupaciones mundanas, menores serán los problemas que tengamos que experimentar. Menos aferramiento significa menos miedo, menos dolor, y más deleite. Si cortamos el aferramiento de esta vida, no estaremos en crisis cuando experimentemos pérdidas, incomodidad, falta de respeto o críticas por parte de otras personas. Si no nos aferramos a las expectativas de que un amigo será siempre amable con nosotros o de que siempre nos ayudará o de que siempre se interesará por nosotros, no nos sentiremos heridos cuando el amigo haga lo opuesto. El deseo es muy artero. Pasa virtualmente desapercibido, pero de pronto nos encontramos cautivos en su red.

Sin las ocho preocupaciones mundanas, habría dicha en nuestra mente, paz en nuestra vida. Habría pocos altibajos. Las ocho preocupaciones mundanas son una enfermedad muy seria. Esta enfermedad infecta vidas enteras, hasta que aplicamos los antídotos.

Si alguien nos asesina mientras estamos realizando una acción virtuosa, lo que ocurre es que nuestra consciencia se mueve hacia otro renacimiento humano óptimo o viaja a un reino puro. Pero si nos aferramos a las ocho preocupaciones mundanas, incluso si vivimos cien años, continuaremos experimentando problemas y crearemos de manera interminable las causas para el renacimiento en los reinos inferiores. Por lo tanto, las ocho preocupaciones mundanas son el peligro más grande para nosotros y son mucho más dañinas que una persona que quiere matarnos.

Una historia del famoso Geshe Kadampa Ben Gungyal, quien vivía en una ermita, muestra el furtivo poder de las ocho preocupaciones mundanas.

Un día Geshe Gungyal recibió un mensaje que decía que su benefactor lo visitaría aquel día. Así pues, Geshe Gungyal quiso prepararse para esta visita y limpió su altar y preparó las mejores ofrendas. Luego se sentó para analizar su motivación. Comprendió que había hecho todo eso con el objetivo de impresionar a su benefactor.

Dándose cuenta de que se trataba de una preocupación mundana, y no del Dharma, se puso en pie, recogió un puñado de cenizas de su chimenea y las esparció sobre el altar y luego lo desordenó todo, al tiempo que se reprendía a sí mismo con el siguiente pensamiento: «No mientas. Mantente sin falsedad, no seas un mentiroso».

Cuando el gran yogui clarividente Padampa Sangye escuchó lo que Geshe Ben Gungyal había hecho, expresó su admiración y dijo: «En el Tíbet, en lo que respecta a hacer ofrendas a las Tres Joyas de Refugio, el puñado de cenizas de Ben Gungyal son las mejores ofrendas».

Padampa Sangye reconoció que Geshe Ben Gungyal había descubierto sus propios pensamientos mundanos, había visto de qué modo estos convertían en impuras sus ofrendas en el altar y, sin perder tiempo, había rechazado las ocho preocupaciones mundanas. Este rechazo es la mejor ofrenda de la práctica del Dharma a las Tres Joyas.

Por consiguiente, cualquiera que sea el problema que surja, si podemos recordar que los ocho pensamientos mundanos que nacen del apego son la fuente recurrente de nuestros problemas, experimentaremos los problemas con menos intensidad. Recordar las ocho preocupaciones mundanas nos ayudará a abandonar este corrosivo modo de pensar que es el apego. Esto es psicología básica. Si utilizamos este método, las situaciones adversas no nos perturbarán.

Ira

El enfado es una emoción cuyo espectro se extiende de la furia violenta, pasando por las irritaciones menores hasta la incomodidad. No se trata únicamente de arrebatos explosivos, sino que incluye pequeñas aversiones. Ningún ser sentiente está libre de la ira. Cientos de problemas son creados por el enfado, la mente insatisfecha. Cuando ocurre un fuerte deseo o apego, el enfado surge fácilmente. Cuando alguien hace algo que atenta contra nuestros deseos o interrumpe nuestro disfrute de posesiones, familia y amigos, nuestra mente siente desagrado y el enfado se dispara.

Cuando un hombre siente ansias de deseo hacia su compañera, es probable que se enfade si piensa que ella desea a otra persona. Entonces se le ocurre: «Oh, este hombre está mirando a mi pareja». Y surge la paranoia. ¿Ustedes saben a qué me refiero? El deseo da lugar, sin esfuerzo, al enfado, luego a la paranoia y a muchos otros problemas. Cuando nos encontramos en estado de enfado, inmediatamente vemos un enemigo delante de nosotros.

Esta mente indisciplinada del enfado es extremadamente destructiva. Si no practicamos paciencia para pacificar el enfado, una vez que emerge, resulta muy difícil de controlar. El enfado pone nuestra vida y la vida de otras personas en peligro. El enfado puede llevarnos a dañar, o incluso a matar a nuestra propia madre, pese a que ella ha sido bondadosa y nos ha regalado nuestro nacimiento, ha trabajado duramente por nosotros, alimentándonos y educándonos, proveyéndonos con disfrutes y oportunidades.

Cuando el enfado surge, somos capaces de golpear a alguien con cualquier cosa que tengamos a mano: botellas, piedras, cuchillos, mesas o armas. Si la persona enfadada tira una magdalena, eso sería simpático, ya que la otra persona ¡al menos podría saborearla!

Cuando surge el enfado, la mente se oscurece completamente y solo busca infligir daño. Incluso si tenemos alguna comprensión del Dharma, una vez que el enfado se manifiesta, las enseñanzas sobre el karma se desvanecen o se alejan de nosotros. El enfado tiene una naturaleza nociva que al instante nos hiere, y también daña a otras personas. Es un estado mental agitado, muy sensible y atormentado. Es como tener un clavo largo y afilado penetrando en nuestra carne. La evolución del enfado es tal que, incluso antes de que se manifieste externamente, estamos ya internamente inestables, y olvidados de la moralidad. Cada músculo se siente tenso. La mente es pinchada por millones de espinas.

El enfado es un enemigo terrible que arruina nuestra paz interior e inflige daño a otras personas. Por lo tanto, es crucial ser capaces de controlarlo.

Después de veinte años de buenas relaciones, algunas parejas, de repente, experimentan una crisis. Un buen día, una explosión de ira se manifiesta y en unos pocos momentos todo queda destruido. Veinte años de compañerismo son demolidos. Esa es la fuerza destructiva de la ira.

Algunas personas piensan que la ira es como un café instantáneo que simplemente ocurre, y a la que no hay que darle mayor trascendencia. Sin embargo, el café instantáneo tiene una causa. No se manifiesta repentinamente como por arte de magia, sin una causación interdependiente. Deben reunirse numerosas condiciones para producir una taza de café instantáneo.

De manera semejante, la ira tiene una evolución. Necesitamos entender la ira correctamente y ser conscientes de su surgimiento, sus causas y su actualización plena, la cual es siempre dañina. Por lo tanto, antes de que la ira surja de manera completa, necesitamos reconocerla y entrenarnos para controlarla.

Algunos psicólogos occidentales dicen que es bueno expresar el enfado; consideran la ira como una presión interior que necesita liberarse para restaurar la normalidad. No obstante, la psicología budista está en desacuerdo con esta perspectiva. Si regularmente expresamos la ira, las impresiones de la ira se reforzarán y se arraigarán profundamente en nuestra consciencia. Cada vez que expresamos la ira, la impresión reúne mayor fuerza en nuestra mente.

Este proceso es análogo a la generación de electricidad. Cuanto más prolongada sea la generación de electricidad, más se producirá y más se almacenará. ¿Es esto cierto? Con la ira sucede algo semejante. Cuanto más habitual sea nuestro trato con la ira, mayor será el modo en el cual nuestra mente estará llena de ella, y mayor será el peligro para nosotros mismos y para otras personas.

Al entender cómo funciona la ira, podemos ver sus desventajas y podemos esforzarnos en controlarla y, en última instancia, eliminar la influencia de la ira sobre nosotros. A las personas que están frecuentemente enfadadas les doy este consejo sencillo. Entiende las desventajas que el enfado implica para ti y para otras personas, y establece una fuerte determinación en estas líneas: «Hoy no voy a enojarme».

La determinación es poder. No es el poder del Buda o el

poder de algún otro ser, es tu propio poder, el poder de tu consciencia, el poder de tu mente. Utilízalo.

Una vez que este enemigo interior del enfado es destruido, todos los enemigos externos se disolverán. El gran maestro Shantideva apuntó el siguiente consejo: que mientras no podemos cubrir la totalidad de la tierra con cuero para proteger nuestros pies de las superficies rocosas, podemos cubrir nuestros pies con zapatos para lograr la misma protección. De manera semejante, cuando protegemos nuestra mente del enemigo interior del enfado, todos nuestros enemigos externos desaparecerán.

Antídotos frente al enfado

¿Cómo podemos controlar y superar el enfado? Cuando etiquetamos un objeto o una experiencia negativamente: «No me gusta esto» o «Esto es incómodo», la mente de la aversión está allí, y el enfado también.

Para superar el enfado, necesitamos estar convencidos de sus defectos, necesitamos entender que el enfado causa inmediatamente infelicidad para nosotros mismos y para los otros. El enfado perturba la mente y nos lleva a cometer toda clase de comportamientos negativos, los cuales traen consigo problemas a corto y largo plazo. El enfado produce conflictos. Una mente indisciplinada, propensa a los enfados, es incapaz de tomar decisiones sabias, y las malas decisiones crean aún más problemas. El enfado puede incluso llevarnos al suicidio. Un segundo de enfado puede destruir un millar de eones de virtudes acumuladas a través de la generosidad y los ofrecimientos a los seres santos. Esto para mostrar cuán destructivo es el enfado.

Es raro acumular virtud, pero la habilidad para destruir miles de eones de virtud en un segundo muestra cuán potente es el enfado. Por ese motivo la dedicación de méritos es tan importante. Protege la acumulación de méritos creados anteriormente del poder destructivo del enfado.

El maestro Atisha tenía un ayudante que había llevado al Tíbet desde la India, y este ayudante era increíblemente malhumorado. Cuandoquiera que las personas se acercaban a Atisha con el propósito de conversar sobre sus problemas, el secretario se dedicaba a obstaculizar la reunión o se negaba a arreglar una cita. La gente entonces se quejaba al propio Atisha y le pedían explicaciones acerca del motivo por el cual mantenía a alguien tan terrible a su servicio, alguien que incluso tenía la capacidad de alejar a ciertas personas del Dharma. La respuesta de Atisha era que el secretario permitía a otros realizar su práctica de la paciencia.

La práctica del Dharma no consiste exclusivamente en sentarse sobre un cojín de meditación. Se trata de subyugar nuestra propia mente y cuidar de otras personas más de lo que cuidamos de nosotros mismos. El mérito creado depende de los seres sentientes. Cuando vemos a un pequeño haciendo algo tonto y peligroso, como jugar en la orilla de un río caudaloso, sentimos una preocupación compasiva, porque lo prioritario en nuestra mente es proteger al niño frente al peligro. De la misma manera, cuando vemos a una persona enfadada que se dirige hacia el sufrimiento, debemos sentir compasión e intentar ayudar. Mientras la mente del enfado continúa presente, no hay nadie que pueda experimentar felicidad.

El antídoto frente al enfado, por lo tanto, es la paciencia que comprende las desventajas del enfado. La persona que nos ayuda a practicar la paciencia es la que nos agita, la que está enfadada con nosotros, la que trata de dañarnos o incluso intenta matarnos, y es, generalmente, quien nos discrimina y nos considera su enemigo. Este tipo de personas son una oportunidad para cultivar el antídoto frente al enfado, son la oportunidad para lograr realizaciones y progresar en el camino. Por lo tanto, ¡esta persona nos está haciendo en realidad un gran favor!

Los *bodhisattvas* consideran a una persona enfadada y difícil como la joya más preciosa que pueden encontrar, porque comprenden que el enfado está llevando a esa persona a cometer daño. Los *bodhisattvas*, por tanto, sienten una enorme compasión hacia esa persona porque sus acciones dañinas nunca le darán paz y felicidad. Aún peor, su enfado está conduciendo a esa persona a cometer acciones que le garantizan más sufrimiento en el presente y en las vidas futuras.

Una persona enfada o iracunda puede pensar que su enfado la fortalece, puede creer que dañar a otros le otorgará cierto poder o satisfacción. Es incapaz de ver que está corriendo con ello hacia una hoguera de fuego de brasas kármicas.

Si viéramos a alguien corriendo en la calle distraídamente

con la vista en el cielo, sin notar que delante de él se abre un profundo agujero, no lo animaríamos a que continuara. Por el contrario, lo llamaríamos advirtiéndole de lo que le espera o correríamos a su encuentro con el propósito de detener su marcha hacia el agujero. De manera análoga, en vez de responder al enfado con más enfado, debemos sentir compasión por la persona enfadada. Debemos tratar de ofrecerle ayuda.

Orgullo

Cuando alguien te elogia, tu corazón crece, tu mente emocional se eleva y eleva. Una persona hinchada con el orgullo es como una vasija boca abajo, incapaz de contener líquido alguno. Una persona orgullosa no puede contener el néctar de la sabiduría.

Una persona orgullosa, rica y exitosa puede pensar: «Soy muy hábil. Soy el hacedor de mi propio dinero. Soy grande. Lo hice yo mismo». Ni por un momento este tipo de personas piensan en el rol que otros seres sentientes han desempeñado en su éxito, de qué manera su riqueza y su placer es el producto de la bondad de todos ellos.

El orgullo general surge de compararnos a nosotros mismos con otros. Por ejemplo, una persona de extensa educación formal puede pensar que él o ella es más inteligente que aquellos que tienen una educación limitada o ninguna educación formal o puede sentirse orgullosa porque posee algún objeto más precioso o caro que el que poseen otras personas.

El *orgullo doble* es el pensamiento que dice: «Soy superior a otros» o «Pertenezco a un grupo especial». Incluso dentro del grupo especial, ese orgullo doble es el pensamiento que dice: «Soy el más especial de todos».

El *orgullo de consciencia* surge debido a la creencia errónea en la existencia verdadera del yo, lo cual, a su vez, surge debido a la falta de comprensión de la dependencia entre la etiqueta mental y los cinco agregados psicofísicos.

El *orgullo de haber logrado realizaciones* surge del pensamiento: «He realizado *shunyata*», cuando en realidad nuestra mente está muy lejos de haber logrado la sabiduría de *shunyata,* la sabiduría que comprende la vacuidad. Este pensamiento erróneo es consecuencia de las concepciones erróneas de *shunyata*, lo que nos lleva a pensar que hemos logrado una perfecta realización y eso hace que emerja el orgullo.

Algunas personas piensan: «Ya sé este tema del Dharma o aquella meditación, por lo tanto, no tengo que continuar meditando en ello». Un pensamiento de este tipo se convierte en un gran obstáculo para el logro de realizaciones espirituales. A veces, pese a que nuestras realizaciones no son completas, al observar un pequeño cambio en nuestro comportamiento o frente a cierta experiencia, concluimos que hemos llegado a un nivel superior. Esto, de nuevo, se convierte en un gran obstáculo. Nos vuelve perezosos y amenaza con hacernos perder el pequeño efecto positivo que habíamos logrado.

Aquellos que meditan con una mente sincera durante años, decididos a vivir en retiro solitario por períodos prolongados de tiempo hasta lograr una transformación de la consciencia, no salen precipitadamente de las ermitas donde residen para anunciar a viva voz: «¡Escuchad! ¡Mirádme! ¡He logrado realizaciones! ¡He logrado tal o cual experiencia!». Nunca se muestran a sí mismos como seres superiores o más especiales que otros. Siempre son personas humildes. Nunca tenemos la sensación, estando frente a ellos, de que se sienten orgullosos debido a sus realizaciones.

El *orgullo equivocado* surge cuando malinterpretamos un tema como, por ejemplo, el tantra. Hay personas que, simplemente, leen libros sobre tantra. Estos lectores ven palabras como «kundalini», leen acerca de las energías masculinas y femeninas y piensan, de manera errónea, que el camino tántrico se refiere al acto sexual entre hombres y mujeres. Por ese motivo desarrollan el pensamiento de orgullo: «Estoy practicando el tantra». Esta es una visión completamente errónea y una creencia falsa.

Antídotos frente al orgullo

Hay métodos para controlar el orgullo. En primer lugar, debemos reflexionar sobre cualquier comprensión del Dharma que tengamos y preguntarnos: «¿De dónde viene este conocimiento?». Si no hubiera habido un maestro virtuoso que revelara las enseñanzas, ¿de qué otra manera hubiéramos obtenido una comprensión clara del Dharma como la que tenemos actualmente? Esto ocurre de igual modo con cualquier forma de conocimiento. Sin alguien que nos lo revele, no poseeríamos ese conocimiento.

En segundo término, utiliza la consciencia de la transitoriedad y la muerte para combatir el orgullo. La muerte es cierta, mientras que el momento en el cual la muerte ocurrirá es incierto. Nada es definitivo. Podemos ser parte de la alta sociedad en el presente, con riquezas y amigos, pero un minuto después todo cambia. Ahora mismo puede que vivamos en un hermoso apartamento, que nos acostemos en una cama suave y gocemos con todo tipo de comodidades. De pronto, la muerte acontece, y nos encontramos con nuestro cuerpo atrapado en un infierno con el suelo de hierro candente y paredes ardientes, sin puertas y sin otra salida. No hay manera de escapar hasta que el karma que nos ha llevado a experimentar todo este sufrimiento se acaba. No importa cuánto gritemos, esta casa de hierro incandescente se quema cada vez de manera más intensa, y no tenemos lugar alguno donde buscar refugio, ni guía que pueda ayudarnos.

En un momento estamos comiendo platos delicados y deliciosos, y de pronto, al momento siguiente, llega la muerte. Ahora son nuestros propios guardianes creados kármicamente los que están apuñalándonos, utilizando varillas de hierro candente en nuestras gargantas y volcando hierro fundido a través de nuestra boca, quemando nuestro interior y desgarrando y arrancando nuestros estómagos.

¿Quién sabe? En un momento, nuestra situación puede convertirse en una existencia terrible como las descritas. Incluso ahora mismo puede cambiar nuestra situación en algo semejante. ¿De qué manera nos ayudará nuestro orgullo en ese caso? ¿Cuál es el sentido de tener orgullo?

El tercer dispositivo que podemos utilizar para controlar el orgullo es reflexionar sobre las desventajas de lo que sea que nos causa orgullo. Por ejemplo, puede que seamos personas ricas, pero ser rico tiene sus propios problemas. Cuanto más numerosas sean las posesiones materiales que tenemos, mayor es la preocupación que experimentamos para protegerlas, y mayor es nuestro aferramiento, lo cual nos mantiene cautivos del samsara, haciéndonos más miserables y cerrados de mente.

La mejor actitud es pensar en nosotros mismos como en una persona inferior, utilizando expresiones humildes del tipo: «Solo hay tierra y ríos debajo de mí; no hay ser sentiente que sea inferior a mí». Si puedes recordar esto, lograrás que la humildad eche raíces, una oportunidad para erosionar el orgullo.

Al mismo tiempo, debemos comenzar a apreciar a otras personas recordando su bondad. Debemos respetar a otras personas pensando que puede que tengan un conocimiento superior al nuestro, un conocimiento que, tal vez, nosotros no tengamos. Busca cualquier cualidad especial que los seres sentientes tengan, y siente alegría por ello. Aun cuando la mente de los seres sentientes está llena de errores, si cada día somos capaces de descubrir alguna buena cualidad en ellos, algo positivo acerca de ellos, qué maravilloso será esto para nosotros. ¡Será como encontrar un tesoro todo el tiempo! De esta manera, no habrá lugar para que el orgullo emerja.

Duda

Comencé mencionando que al inicio del estudio del Dharma es bueno tener dudas, porque estamos empezando a investigar y a analizar las enseñanzas del Buda. Estamos ejercitando la mente y desarrollando nuestra sabiduría. Por lo tanto, esta mente crítica que tiene dudas es apropiada. A medida que continuamos con el estudio y la meditación, seremos capaces de eliminarlas de manera creciente.

Pero en vez de vivir una vida de duda y perplejidad, debemos hacer un esfuerzo en el estudio, la contemplación y la aplicación de las enseñanzas, con el fin de probar sus principios y resolver nuestro desconcierto. Es muy valioso hacer todo esto, y en ese sentido las dudas son beneficiosas.

No tiene mucho sentido aferrarse ciegamente a los conceptos de los seres santos respecto al paraíso y no hacer nada con ellos. Un estudiante italiano me contó en cierta ocasión que su abuela, que había sido una devota católica a lo largo de toda su vida, rezaba y asistía a misa todo el tiempo. Sin embargo, en el momento en el cual la muerte comenzó a acercarse, sintió que sus oraciones habían permanecido sin respuesta, y en sus momentos finales de agonía agarró su rosario y lo lanzó al suelo, expresando el sentimiento de futilidad y decepción respecto a las oraciones dirigidas a Dios que entonces experimentaba. Repentinamente fue acorralada por la incredulidad, justo en el momento en el que necesitaba el sostén de sus creencias, en ese momento crítico de su vida.

Esto es peligroso, y puede ocurrirle a una persona interesada en el Dharma que no entienda de qué manera el Buda guía a sus seguidores. La frase «Los poderosos [budas] no lavan el karma negativo con agua» significa que la infelicidad, las dificultades y el sufrimiento de los seres sentientes no pueden lavarlos los budas utilizando agua. La manera en la cual el Buda libera a los seres sentientes no es esa.

El Buda no elimina el sufrimiento de los seres migratorios con sus manos, como quien extrae una espina de la carne. Si el Buda pudiera eliminar la ignorancia y todos los otros engaños primarios y secundarios simplemente lavándolos con agua o extrayéndolos con sus manos, lo habría hecho ya. Y lo habría hecho sin exigir esfuerzo alguno por parte de los seres sentientes. Nosotros simplemente tendríamos que esperar que el Buda hiciera el trabajo.

Si la liberación fuera tan sencilla como eso y dependiera en exclusiva del Buda, todos los seres sentientes tendrían que estar ya iluminados. Esto es así si pensamos en el Buda como un ser de infinita compasión hacia todos los seres sufrientes y, por ello, dispuesto a liberarlos a todos y cada uno. El Buda tiene un billón de veces más compasión y bondad hacia nosotros, los seres sentientes, que la que nosotros podemos sentir hacia nosotros mismos.

Sin embargo, el Buda no puede trasplantar sus conocimientos espirituales como quien trasplanta un corazón. Por el contrario, el Buda libera a los seres sentientes de todo el sufrimiento al revelarles la verdad del sufrimiento, la verdad de su causa, la posibilidad de terminar con el sufrimiento, y el camino o los métodos para poner fin al sufrimiento. Estas son las Cuatro Nobles Verdades.

Por consiguiente, necesitamos entender que, en cuanto tomamos refugio en el Buda, el Dharma y el Sangha, el balón está de regreso en nuestro campo y tenemos que ponernos a trabajar. El Buda ha hecho su trabajo, ha superado el sufrimiento y nos ha mostrado el camino para que podamos alcanzar el mismo resultado. Lo que sea que ocurra con nosotros desde ese momento es algo que está enteramente en nuestras manos. Esto es apropiado y razonable. Podemos ser nuestros mejores amigos o nuestros peores enemigos. Todo depende de aquello que hagamos.

La duda, como uno de los seis engaños primarios, se refiere a los cuestionamientos que socavan nuestra habilidad para progresar en el camino. Incluso si hemos encontrado las enseñanzas del Dharma y las estudiamos, todavía pensamos: «Quizá exista la causa y el efecto, quizá no exista». Dudamos del karma, dudamos de la habilidad de las Tres Joyas de guiarnos a la iluminación, dudamos de la reencarnación, dudamos de la vacuidad, siempre pensando: «Quizá sea así o quizá no».

La duda, sin más examen y análisis, es muy dañina, porque nos niega el conocimiento; obstaculiza nuestra comprensión profunda de las enseñanzas, impide los logros del camino. La duda dificulta nuestro nirvana e iluminación. Si la ignoramos sin intentar clarificar nuestra comprensión y resolverla, acabaremos en estado de una duda perpetua. Esta duda perpetua es como una pesada roca que cuelga alrededor de nuestro cuello, una barricada gigante que obstaculiza el logro de la liberación completa y la iluminación.

Sin embargo, si, por el contrario, perseveramos chequeando y analizando las enseñanzas, intentando clarificar nuestras dudas a través de la consulta a los más versados, nuestros logros serán más profundos y sólidos. Si dudamos, debemos continuar investigando el tema del cual dudamos. No obstante, el conocimiento intelectual y textual no es suficiente para terminar con las dudas. Además, necesitamos la práctica del Dharma para purificar los obstáculos mentales y los oscurecimientos creados por las acciones negativas previas.

Si no purificamos nuestra mente, las dudas continuarán, pese a la buena comprensión intelectual que tengamos de los textos o las explicaciones de nuestros maestros. Si tenemos pesados oscurecimientos, las dudas pueden surgir incluso respecto a los asuntos más sencillos. Podemos tener fe en el karma y otros temas semejantes en este mismo minuto, pero cuando las impresiones negativas del pasado maduran y se manifiestan en forma de problemas, podemos descubrir que nuestra mente se gira y cambia. Cuando ocurre esto, puede que comencemos a descreer del Dharma que hemos estado estudiando y en el cual hemos confiado. Perdemos toda fe en la reencarnación, en el karma, en la liberación o en la iluminación.

De hecho, para separar la mente de la duda, la purificación de los envilecimientos resulta incluso más crucial que el estudio de las enseñanzas. Sin prácticas de purificación, las dudas emergerán acerca de los puntos más básicos del Dharma, y por descontado de los puntos filosóficos más sofisticados.

Por consiguiente, pienso que las prácticas de purificación, las oraciones, la dedicación de méritos para lograr la iluminación de todos los seres son muy importantes en la vida cotidiana, además del estudio y la meditación. Cuando completemos el camino a la iluminación y cesemos todos los envilecimientos burdos y sutiles, no quedará duda alguna en nuestro continuo mental. Las últimas dudas se eliminan completamente a través de la experiencia directa del camino actualizado.

Visión errónea

La visión errónea se refiere a las cinco visiones erróneas o falsas. En tibetano se las llama *jigta. Jig* significa «cambiante» y *ta* significa «visión». De este modo, *jigta* se refiere a la visión de los agregados cambiantes como verdaderamente existentes. Debido a esta visión, nuestros esfuerzos no nos han conducido al nirvana, ni han garantizado nuestra liberación del samsara, no importa cuánto practiquemos. Por lo tanto, es crucial conocer estas cinco visiones falsas, con el fin de evitarlas. Estas son:

La *creencia en que los agregados cambiantes son el «yo».* Los cinco agregados de la forma, los sentimientos, la discriminación, los factores composicionales o impresiones kármicas y la consciencia no son permanentes, sino que son cambiantes. No obstante, incorrectamente, creemos en la existencia de un «yo» concreto, independiente, verdadero, basado en los agregados. Esta visión falsa causa el sentido de «mi» y lo «mío».

Esta es la razón por la cual cuando alguien se dirige a nosotros con palabras amables pensamos: «¡Oh, qué persona fantástica! Esta persona me ha dado esto y aquello. Es un amigo porque me ha ayudado». Creemos que ha ayudado al ilusorio «yo» verdaderamente existente. Debido a esta visión errónea, ocurre el aferramiento al yo y a nuestra propia felicidad, y los engaños como el apego, la ira y el orgullo emergen.

La *visión extrema de la cesación del «yo».* La segunda visión errónea es *chetah,* la visión de la cesación de nosotros mismos. A partir de la falsa concepción de los agregados como un «yo» autoexistente, surge la creencia equivocada de que, cuando la muerte ocurra, el «yo» dejará de existir por completo y no tendrá ninguna continuación. Esta es la visión extrema. Creer en un «yo» que cesa en el momento de la muerte es una concepción falsa. El cuerpo termina, pero no el continuo mental.

Herejía. Aquí herejía se refiere a la falsa visión de que no hay cesación del sufrimiento, no hay causa y efecto (la ley del karma), y no existen el Buda, el Dharma y el Sangha. La herejía es también la creencia de que no hay realizaciones como el nirvana o la iluminación, y la creencia de que no existe una verdadera naturaleza de las cosas, es decir, *shunyata* o vacuidad.

Sostener que los tres enunciados anteriores son supremos implica defender que las tres visiones discutidas más arriba son correctas y las más avanzadas, cuando en realidad son visiones erróneas.

Visión errónea de la disciplina y el modo de conducta. Esta visión es particularmente interesante. Algunas personas tienen una concepción errónea de la moralidad. Creen que ciertas disciplinas de austeridad forman un código de conducta moral que los liberará de todo sufrimiento. Un ejemplo es la práctica de sacrificios de animales, que está basada en la concepción de que estos sacrificios los conducirán a un paraíso sin sufrimiento, cuando en realidad lo que sucede es exactamente lo opuesto.

Un ejemplo de «visión errónea de la disciplina» ocurre cuando las personas insisten en la idea equivocada de que los sacrificios de animales los conducirán al paraíso, cuando no existen pruebas de ello. Otro ejemplo de pensamientos erróneos es el que sostienen algunas personas que creen que el mero hecho de lavar su cuerpo en un río determinado los purificará de todas las negatividades y los llevará a la liberación. Otros creen que, si caminan sobre un tridente y ese tridente atraviesa su cuerpo, alcanzarán la liberación.

No hay prueba de que alguien alcanzará dichos resultados a través de esos métodos extremos, sin embargo, algunas personas sostienen estas creencias con firmeza. De este modo, se denomina a estas visiones formas erróneas de disciplina y conducta, incluso si las personas que sostienen este tipo de visiones consideran que estas disciplinas y conductas son las mejores.

Lo que subyace a estas cinco visiones equivocadas es la ignorancia que cree en el «yo», que es meramente etiquetado sobre los cinco agregados, como si fuera verdaderamente existente. Sin el antídoto de la sabiduría que realiza la vacuidad de las cosas, esta ignorancia no puede extinguirse.

Los seis engaños primarios de la ignorancia, el apego, el enfado, el orgullo, la duda y la visión errónea han estado profundamente arraigados en nuestra mente desde el sin principio de nuestras vidas pasadas. Esto explica por qué motivo pensamos y actuamos del modo que lo hacemos. Y, sin embargo, ¡nos asombramos de encontrar tantos problemas en nuestra vida cotidiana! Estos engaños son la causa del sufrimiento, y frente a los mismos deben aplicarse antídotos para superarlos.

Karma: la ley de causa y efecto

¿Qué hacemos cuando nos enfermamos? Revisamos nuestras acciones pasadas para constatar qué fue lo que hicimos por la mañana, qué comimos y con quién entramos en contacto. Sabemos que, sin revisar nuestras acciones pasadas, no seremos capaces de identificar qué causó la enfermedad y, por ello, tampoco obtendremos cura. Peor aún, podemos enfermarnos nuevamente. De manera semejante, cualquier médico que nos atienda también nos preguntará acerca de nuestras acciones pasadas y nuestro historial médico.

De este modo, podemos ver de qué manera, incluso en nuestra experiencia corriente, es útil ser consciente de nuestro pasado. Si no lo somos, seremos incapaces de entender nuestra situación presente o cómo resolver los problemas presentes. Si permanecemos ignorantes acerca de nuestras equivocaciones pasadas, es muy probable que las repitamos y suframos las consecuencias. Esto es básico.

De hecho, es imposible vivir sin pensar en el pasado. Los pensamientos presentes están en continuidad con los pensamientos pasados, y luego ellos mismos se convierten en pensamientos pasados en el futuro. Por lo tanto, sin comprender el pasado y todo lo que ha ocurrido, no hay manera de entender nuestra vida presente y el modo en el cual evolucionó.

Esta palabra karma significa «acción», y se refiere a dos clases de acciones. Primero, trata de la acción de la mente o consciencia, que es la intención o motivación. Segundo, se refiere a la acción del cuerpo y la palabra que sigue a esa intención. A través de esas acciones del cuerpo, la palabra y la mente, son plantadas semillas en nuestra mente que producirán resultados futuros.

Si plantamos una variedad de semillas, frijoles, maíz y patatas, nuestro terreno dará como fruto esas variedades de cosecha. Si pretendemos que crezca exclusivamente maíz, pero cultivamos una diversidad de semillas, efectivamente haremos que crezca, no solo el maíz, sino también las otras semillas que hemos plantado. Las semillas de patata no producirán maíz; las semillas de arroz no producirán cebada. Sencillamente, las cosas no funcionan de ese modo.

De manera semejante, cualquier karma o acción que llevemos a cabo –virtuosa, no virtuosa o neutral– plantan diferentes tipos de semillas, y el resultado estará en acuerdo con esas semillas. Si actuamos negativamente, no se producirán resultados positivos, no importa cuánto deseemos esos resultados positivos. Si queremos ser felices, tenemos que crear las causas para que ello ocurra. Esas causas no son otras que acciones virtuosas. Si queremos ser felices con toda nuestra fuerza, pero nos permitimos toda clase de acciones no virtuosas, solo se manifestará el sufrimiento. Esto es definitivo. Si arrancamos de raíz las semillas kármicas negativas a través de prácticas de purificación antes de que estas maduren en forma de resultados desagradables, ese resultado puede entonces ser evitado. Pero, si dejamos las semillas allí, cuando se produzca el encuentro de las mismas con las condiciones conducentes, las semillas kármicas madurarán en experiencias negativas resultantes en sufrimiento.

La palabra karma se utiliza a menudo en estos días. Es crucial entender el karma de manera completa.

Las cuatro características del karma

El karma tiene cuatro características: es definitivo, es expandible, no podemos experimentar un resultado si no hemos creado la causa para ello y, una vez es cometida la causa, esta no puede desaparecer por sí misma.

1. *El karma es definitivo.* Es seguro que cada acción de cuerpo, palabra y mente producirá un resultado. Es semejante a una semilla plantada en la tierra que crecerá y se convertirá en una planta y dará frutos una vez que se encuentre con las condiciones favorables, y en dependencia de que, como semilla, no sea comida por gusanos o arrancada de la tierra.

De manera semejante, los frutos positivos y negativos de las acciones son definitivos. Si realizamos una acción con una mente negativa y no es purificada a través de la práctica del Dharma, los resultados negativos del sufrimiento son inevitables. De modo similar, las acciones llevadas a cabo con una mente virtuosa definitivamente conducirán a la felicidad, a menos que el karma sea destruido por el enfado o la visión errónea. O, para decirlo de manera sencilla, las acciones traen consigo sus resultados correspondientes. Sin embargo, esos resultados pueden evitarse si las semillas son arrancadas *ante*s de que maduren en la forma de sus resultados.

2. *El karma es expandible*. Una pequeña acción producirá resultados magnificados y múltiples. Si plantamos una sola semilla de un árbol en condiciones propicias, nacerá un árbol con miles de ramas, miles de flores y miles de semillas. Todo ello gracias a haber plantado una pequeña semilla.

Por supuesto, puede que no veamos los resultados de esta pequeña semilla en una temporada. Lleva tiempo que se den las condiciones para la germinación. Pero, cuando esas condiciones se presentan, el resultado de esa pequeña semilla es mucho mayor que la semilla misma.

Cuando entendemos de qué modo incluso una acción pequeña puede producir resultados que exceden largamente la acción misma, comprendemos cómo los pequeños karmas o acciones positivas pueden conducir a resultados muy positivos. Contrariamente, no debemos ser descuidados acerca de los pequeños karmas negativos, porque ellos también producen grandes resultados negativos. No seáis descuidados ni seáis perezosos.

3. *No experimentaremos un resultado si no creamos las condiciones para que ese resultado se dé*. Es práctico recordar que todas las experiencias son causadas kármicamente.

Sin nuestras acciones que plantaron las semillas kármicas, el resultado no se produciría.

Un tomate no aparece desde ningún sitio. Si sostenemos un tomate frente a nosotros, eso significa que una semilla de tomate fue plantada y que esa semilla encontró condiciones favorables, que dieron lugar al tomate que sostenemos en nuestras manos. Sin crear las condiciones favorables para el tomate tras haber cultivado su semilla, no habría tomate.

Por consiguiente, enfadarse con nuestros problemas o culpar a otros por ellos no es razonable, porque nosotros hemos creado las causas de nuestros propios problemas. Plantemos las semillas cuyos resultados deseamos que se produzcan y eliminemos las semillas cuyos resultados deseamos evitar. Ya sea que suframos o experimentemos felicidad, en ambos casos el asunto depende totalmente de nosotros. La elección acerca del tipo de acciones físicas que emprendemos, el tipo de cosas que decimos y los pensamientos que cultivamos es nuestra.

4. *El karma nunca desaparecerá por sí mismo*. La semilla kármica de los resultados futuros nunca desaparecerá, incluso si las acciones negativas o positivas son pequeñas. Por eones, la semilla kármica permanecerá como la semilla de una planta que permanece inactiva en la tierra hasta que es activada cuando las condiciones son propicias. Cuando la pequeña semilla kármica encuentra esas condiciones favorables, incluso después de un período de tiempo increíblemente largo, la semilla crecerá y el resultado madurará.

A menos que la semilla sea eliminada, el resultado es definitivo. Por consiguiente, lo que sea que experimentemos ahora, los momentos felices y los momentos miserables, todo proviene de acciones pasadas cuyas semillas kármicas no fueron destruidas. Las condiciones se reunieron y las semillas maduraron en aquello que ahora experimentamos. El karma acumulado no desaparecerá por sí mismo. Mientras los karmas negativos no sean purificados a través de los remedios del Dharma, no importa cuántos eones pasen, encontraremos los resultados del sufrimiento. Lo mismo ocurre con los karmas virtuosos. No importa cuán pequeños sean, generarán resultados magnificados.

Como ilustración del fruto del karma positivo: había hace un tiempo un artista muy pobre en Solukhumbu que se ganaba la vida esculpiendo la oración «*Om Mani Padme Hum*», el mantra de Avalokiteshvara, en piedra. La gente le demandaba estas piedras talladas y, en vez de dinero, le ofrecían como contrapartida comida y vino como forma de pago. Aunque la escultura era su manera de ganarse la vida, recitaba el mantra extensamente y les deseaba fortuna a todos.

Cuando el artista murió, su mujer realizó su cremación. Después de la cremación, la mujer notó que, pese a que el hueso de su frente estaba ennegrecido por el fuego, el mantra «*Om Mani Padme Hum*» aparecía grabado en blanco. La mujer ofreció esa reliquia de hueso a un gran lama meditador, quien me pidió que lo guardara en el monasterio.

Como ejemplo de un fruto de karma negativo: un aldeano

moribundo estaba teniendo muchas dificultades. Tantas que un monje fue llamado a la casa para ayudarlo. El hombre agonizante estaba gritando y apretando sus dientes con sus ojos completamente abiertos por el miedo. Continuamente gritaba: «¡Voy a ser asesinado! ¡Me rodean las ovejas! ¡Me están atacando!». Gritaba estas cosas una y otra vez con el rostro expresando un terror manifiesto.

El monje inquirió acerca de la vida del hombre y descubrió que cuando era joven había trabajado como carnicero en el Tíbet y había matado muchas ovejas. Debido a que estos graves karmas de asesinatos no habían sido purificados, empezó a experimentar el resultado de sufrimiento de ese karma negativo justo antes de la muerte. Estaba aterrado. Su muerte no fue pacífica y hubo signos de que renacería en los reinos inferiores para experimentar plenamente el resultado de su karma negativo.

Los cuatro factores para que el karma se complete

Cuatro factores deben estar presentes para que un karma completo se manifieste: la intención, el objeto, la acción misma y la consecución de la intención. Sin todas estas cuatro condiciones, el karma permanecerá incompleto y el resultado será leve o diferente.

Para que el karma de matar se complete, se necesita de una intención de matar, basada en un engaño como el apego, la ira o el orgullo, y también debe haber un objeto hacia el cual se dirige nuestra intención de matar. Este objeto debe ser un ser sentiente que esté vivo y tenga una mente. Por lo tanto, el karma completo de matar requiere de una intención de matar, un ser sentiente para matar, la acción de matar y la consecución del intento: la muerte del objeto decidido.

Si morimos antes de que el objeto intencional muera, el karma de matar no se completa. Aunque hay una negatividad, el karma completo de matar no ha ocurrido. Pero, cuando estos cuatro factores de intención, objeto, acción y consecución de la intención están presentes, el karma actualizado ocurre.

Imaginemos que queremos una pieza de piel animal. Salimos a la caza. Vemos el animal identificado y, debido a nuestro apego a la piel del animal que buscamos, disparamos el arma, llevando a cabo de este modo el acto de matar –el animal efectivamente muere–. Luego sentimos placer al ver que nuestra intención ha sido satisfecha. En ese preciso instante surge el karma completo, la acción no virtuosa completa de matar, comenzando el ciclo que llevará al resultado de nuestro sufrimiento futuro.

Sin embargo, hay situaciones en las que los cuatro factores de intención, objeto, acción y consecución del propósito no están presentes. Por ejemplo, podemos matar a un animal sin intentar hacerlo, lo cual significa que solo algunos de los cuatro factores están presentes. En este caso, la acción de matar ha ocurrido, pero el karma es incompleto.

Los resultados negativos de acciones como matar se producirán, pero serán diferentes a los resultados que habríamos experimentado si los cuatro factores hubieran estado presentes. Las consecuencias diferidas de los karmas completos e incompletos se manifiestan en el tipo de renacimiento y las condiciones del renacimiento. Las enseñanzas se refieren al karma que nos arroja a un tipo concreto de renacimiento y el karma que completa las características de ese renacimiento, respectivamente.

Karma que nos arroja a un renacimiento y karma que lo completa

El *karma que nos arroja* a un renacimiento concreto se refiere a una situación en la que los cuatro elementos de intención, objeto, acción y consecución de la intención están presentes cuando hacemos una acción. El resultado kármico de esto es que somos «arrojados» a un renacimiento dentro de los reinos de sufrimiento. El término suena un poco extraño, pero es la traducción literal de la expresión tibetana *penchey leh*.

En este contexto, *pen* significa algo así como disparar una flecha o un dardo. El karma arrojado nos «lanza» hacia un renacimiento futuro en un reino específico. Por ejemplo, las acciones negativas realizadas bajo la fuerte influencia de cualquiera de los engaños nos lanzarán hacia renacimientos en los reinos infernales.

El karma que *completa o acaba* de dar forma a ese renacimiento, por el contrario, surge cuando los cuatro factores no están presentes en el momento de cometer una acción. El karma que completa afecta las condiciones que experimentamos en un renacimiento futuro. Por ejemplo, una persona puede, a sabiendas, no mantener sus compromisos éticos, pero cultivar generosidad debido a sentimientos de incomodidad que surgen como respuesta a acciones pasadas. El karma negativo arrojado de las infracciones éticas deliberadas causará que la persona renazca en el reino animal, quizá como un perro. Pero el karma positivo de generosidad que completa el renacimiento (aun cuando es realizado con una motivación cuestionable) causará que la persona renazca en condiciones favorables, como vivir con una familia que ama los perros y los trata bien.

Ahora mismo, hemos nacido como humanos. Esto se debe al karma arrojado, positivo, creado por nuestras acciones positivas en las vidas pasadas que nos han propulsado hacia un renacimiento humano. Los placeres que ahora recibimos son el karma acabado o completado de acciones virtuosas del pasado.

Sin embargo, debe entenderse que, a medida que experimentamos estos placeres, el karma positivo pasado que los hace posibles se extingue. Cada vez que somos capaces de comer y beber efusivamente se trata del resultado de karmas positivos previos. Mientras estamos experimentando y gozando con esos resultados de las acciones pasadas, el karma se va reduciendo para poder continuar gozándolos. Esta es la razón por la cual, incluso aquellos que no tienen aspiración alguna hacia la liberación y buscan solo una vida feliz, tienen que continuar comprometiéndose con la virtud.

Karmas graves y karmas leves

Aparte de que el karma sea completo o incompleto, los resultados de las acciones también se ven influenciados por la naturaleza de la acción, sea esta grave o leve. Una acción, o karma, es grave o leve dependiendo de la intensidad del pensamiento que acompaña la acción y la manera en la cual se lleva a cabo. Por ejemplo, insultar a una persona con mucho odio generará un karma negativo que es grave desde el punto de vista del pensamiento. Si la persona mata a un cordero, pero antes de matarlo, lo priva de comida, lo golpea y lo tortura de modo que sufre de manera prolongada, genera un karma grave desde el punto de vista de la acción.

Otro determinante del karma está relacionado con el objeto de nuestros pensamientos y acciones. Por ejemplo, insultar o golpear a personas, como a nuestros padres o monjes y monjas, crea un karma muy grave. Hablar o mirar a nuestros gurús con enfado o faltándoles al respeto crea un karma grave del lado del objeto. El karma puede también volverse grave a través de la acción reiterada (por ejemplo, cuando nos habituamos al cotilleo sin propósito beneficioso alguno). Este tipo de karma se vuelve grave cuando no aplicamos remedio o purificación.

Resultados kármicos

Es muy importante que entendamos los cuatro tipos de resultados kármicos o, al menos, que tengamos una idea acerca de ellos. Aunque ambas acciones, las positivas y las negativas, generan resultados, en vista de cuán fácil resulta que surja el karma negativo en nuestras vidas, vamos a analizar con mayor detenimiento los cuatro tipos de resultados kármicos negativos.

Resultado de maduración. Este se refiere al reino donde renacemos. Los karmas negativos completos harán que renazcamos en un reino inferior –como seres sufrientes del infierno, espíritus hambrientos o animales– y experimentemos un sufrimiento grave durante billones de años, hasta que el karma negativo se consuma.

Una medida preventiva efectiva consiste en vivir de acuerdo con los votos. Puede tratarse de votos laicos, los votos de un día de ocho preceptos o los votos de ordenación, porque nos ayudan a cambiar la manera en la cual hacemos las cosas, y nos permiten abstenernos de matar.

Resultados similares a la causa. Aquí el principio básico es que, si infligimos daño a otros, nosotros mismos seremos dañados. Incluso si, debido a la maduración de un karma positivo, hemos logrado un renacimiento humano, el daño anterior infligido implicará que nuestras vidas sean cortas, que muramos repentinamente, que muramos en el útero de nuestra madre o que nuestras vidas sean interrumpidas por otros o por medio de un suicidio.

Resultados poseídos. Estos resultados también se conocen como resultados medioambientales. Por ejemplo, dañar a otros puede tener como resultado que acabemos viviendo en un lugar escaso en recursos o en un lugar peligroso en el que no haya nadie que nos proteja.

Los lugares peligrosos pueden incluir regiones donde no pueden encontrarse medicinas adecuadas para combatir enfermedades o en las que peligra nuestra vida porque hay guerra o viven personas agresivas, animales feroces o insectos que producen picaduras venenosas. En algunos países africanos, el mayor problema es el clima, y allí la gente sufre graves sequías e inundaciones terribles, lo cual causa que sus hogares se pierdan y sus cosechas se arruinen. En muchos lugares, las semillas plantadas son comidas por gusanos, quemadas por el fuego o, sencillamente, no crecen.

El resultado de crear repetidamente las causas del sufrimiento. Incluso si nacemos en un reino superior como el de los humanos, un hábito negativo previo, como matar a otros seres, puede dar lugar a una afición a matar y crear nuevas causas para el sufrimiento.

Las personas que no entienden el karma y las impresiones kármicas en el continuo mental que nos mueve hacia vidas futuras utilizan palabras como «instinto» para intentar explicar el comportamiento humano. Teorizan que la inclinación a dañar surge de los genes o es el producto de trastornos mentales, pero no hay prueba de ello. Es muy útil comprender de qué manera, repetidamente, cometemos acciones negativas debido a las impresiones y los hábitos dañinos contra otros seres.

Veamos ahora de qué modo esos cuatro tipos de resultados se articulan con las diez acciones no virtuosas, esas diez acciones comunes que todos nosotros hemos cometido en algún estadio de nuestras vidas.

Las diez no virtudes

Cuando examinemos el karma, hemos de usar las cuatro características anteriormente explicadas para comprender mejor la vida. Por otro lado, vale la pena reflexionar sobre las diez no virtudes, acciones que realizamos en nuestra vida cotidiana, muchas veces de manera inconsciente.

La formulación de las diez no virtudes no limita las acciones negativas exclusivamente a estas diez acciones. Sin embargo, al enfocarnos en estas diez no virtudes, podemos adquirir una idea general de nuestros hábitos negativos, de las semillas kármicas que continuamente plantamos en nuestra mente. Necesitamos reconocer nuestras acciones negativas antes de que podamos purificarlas, con el fin de evitar sus resultados de sufrimiento.

De las diez no virtudes, tres se refieren a las acciones del cuerpo, cuatro a las acciones de la palabra y tres a las acciones de la mente. Las tres no virtudes del cuerpo son matar, robar y conductas sexuales inapropiadas. Las cuatro no virtudes de la palabra son la mentira, las palabras ofensivas, el discurso divisivo y el chisme o parloteo sin sentido. Las tres no virtudes de la mente son la codicia, la animadversión y la visión errónea.

Algunas de las no virtudes son más graves en términos de negatividad kármica, mientras que otras son más leves. Generalmente, las no virtudes del cuerpo y la palabra son más graves en karma negativo en orden descendente, de tal modo que, por ejemplo, matar es un karma más grave que robar, y mentir es más grave kármicamente que abandonarse al chismorreo.

Sin embargo, las no virtudes de la mente son más graves en forma ascendente, de modo que el karma más grave es el que produce la visión errónea.

Puede que queramos protestar de este modo: «Pero ¿acaso no soy una persona decente? No he matado a nadie en toda mi vida, y puedo dar cuenta de las muchas acciones positivas que he realizado. Por lo tanto, ¿a qué viene ahora que tenga que experimentar sufrimiento?».

Una razón es que, incluso si hemos creado karma positivo y nos hemos embarcado en acciones virtuosas, esas acciones no han sido perfectas. Para que una acción virtuosa sea perfecta, necesitamos tres elementos: una motivación pura, una acción virtuosa y dedicar la virtud para el bienestar de todos los seres sentientes. Si cualquiera de estos tres elementos está ausente, la acción virtuosa no tiene suficiente poder. Por otro lado, cuando cometemos acciones negativas, tendemos a realizarlas perfectamente. Comenzamos un acto negativo con una intención clara, somos coherentes en lo que intentamos hacer, llevamos a cabo la acción de manera intencionada, y sentimos satisfacción cuando completamos el acto.

Por ejemplo, si una pulga nos pica, al instante decidimos quitarle la vida, la buscamos y la matamos entre nuestras uñas. Mientras la pulga muere, experimentamos satisfacción en nuestra mente, pensando: «Ah, he acabado con esta pulga que me molestaba». Nuestra mente tiende a funcionar de esta manera, y por ese motivo nuestras acciones negativas son kármicamente muy poderosas.

Otra razón es que las semillas plantadas necesitan tiempo para reunir las condiciones que permitirán que aparezcan los tallos jóvenes, y mucho más tiempo para que den frutos. Algo semejante ocurre con las semillas kármicas.

Además, otra razón por la cual tenemos problemas, pese a que hemos creado algún karma positivo, es que hacemos desaparecer los méritos debido al control limitado que tenemos sobre nuestra ira y nuestros pensamientos negativos. Permitimos que el resentimiento o la visión errónea emerjan con fuerza, ¡lo cual destruye la virtud con la que hemos actuado! Como una semilla quemada, la impresión kármica ya no puede producir un buen resultado.

La ira y la mente negativa pueden hacer que los méritos se vuelvan estériles y vaciarlos de su potencial para actualizarse como felicidad. Incluso cuando cometemos virtudes perfectas, el surgimiento de una mente negativa impide que se cristalicen los resultados kármicos rápidamente. La mente negativa pospone un resultado feliz por largo tiempo, incluso cientos de eones. Esto depende de la acción negativa y, también, del tipo de objeto hacia el cual dirigimos nuestro odio, o visión errónea.

Por ejemplo, si desplegamos una visión errónea o nuestro odio hacia una persona con logros espirituales superiores a los nuestros, obstaculizaremos durante mucho tiempo que pueda madurar la felicidad creada por las virtudes que hemos cultivado. Como no tenemos la habilidad de reconocer quién es espiritualmente superior a nosotros, es sabio por nuestra parte ¡evitar que emerjan pensamientos negativos dirigidos a cualquier persona!

El hecho de que un acto sea o no positivo no está determinado por la acción misma. Es el pensamiento o la motivación que subyace al acto lo que es importante. Si actuamos con una motivación pura, la acción traerá consigo beneficios para nosotros; por el contrario, si nuestra acción es realizada con apego o enfado, producirá resultados problemáticos.

No obstante, hay excepciones. Por ejemplo, si hacemos ofrecimientos a objetos sagrados, como la estatua de un Buda o una estupa, que es la representación de la mente iluminada, entonces, aunque nuestra mente esté en un estado negativo mientras hacemos la ofrenda, gracias al poder del objeto sagrado, el ofrecimiento continuará siendo una acción positiva.

Mientras la motivación distingue la virtud de la no virtud, la sola motivación pura no es suficiente para garantizar que la acción resulte apropiada. Necesitamos, además, de la sabiduría. Por ejemplo, puede que desees ofrecer té a tu maestro del Dharma, pero, sin saberlo, le ofreces un té contaminado que acaba enfermándolo. Aunque tu motivación fue buena, no tuviste la sabiduría suficiente para conocer la condición de tu maestro, ni la sabiduría para descubrir que el té estaba contaminado. Por consiguiente, tanto la buena motivación como la sabiduría son necesarias para que la acción sea positiva y apropiada.

Por ese motivo, es útil reflexionar regularmente sobre estas diez no virtudes para ver cuán fácilmente las cometemos. Nos permite reconocer: «¡Oh, he hecho esta (particular no virtud) anteriormente! Debido a que el karma es definitivo y expandible, ahora debo enfrentarme a este problema, el cual no desaparecerá a menos que purifique su causa».

Esta perspectiva puede ofrecernos una explicación respecto a nuestra vida muchas veces confusa. Demuestra que tenemos la libertad de elección, y nos anima a aplicar de manera más seria los antídotos frente a los engaños. Nos alerta acerca de la necesidad de la purificación y nos ayuda a evitar la repetición de las acciones negativas.

Miremos ahora a los cuatro tipos de resultados kármicos para cada una de las diez no virtudes del cuerpo, la palabra y la mente.

Matar

- Nacemos en los reinos infernales.
- Si nacemos como humanos, somos víctimas de enfermedades mortales o tenemos una vida breve.
- Puede que renazcamos en un país donde los conflictos y las guerras sean habituales, y donde la comida y las medicinas sean escasas.
- Nos habituamos a matar.

En cierta ocasión visité Nueva Zelanda, y allí me enteré, a través del artículo de un periódico, de que tenían un grave problema con los conejos que atacaban las cosechas y tierras de labranza. Esto era el resultado del karma de las personas del lugar. Las autoridades pensaron que la mejor solución era matar a los conejos. No obstante, pensemos un momento: ¿cuál es la conexión entre los conejos que se comían la cosecha y las personas que vivían en aquel lugar?

Algunos pensaron que, matando a los conejos, podrían una vez más disfrutar de sus propiedades. Sin embargo, lo que habrían debido preguntarse era cómo había ocurrido todo aquello en primer lugar. Dañando a los seres vivos creamos las causas para ser dañados nosotros mismos. Por lo tanto, si las personas han creado el karma que resulta en el ataque de los conejos a las cosechas, esto es justamente lo que ocurrirá. La solución no consiste en continuar matando.

Robar

- Nacemos en el reino de los espíritus hambrientos.
- Si nacemos como humanos, experimentamos extrema pobreza o nos roban frecuentemente nuestras posesiones.
- Nacemos en un país en el que se experimenta enorme destrucción y granizadas.
- Nos habituamos a robar.

Las personas que pierden cosas o se las roban a menudo deberían pensar: «Lo que estoy experimentando es el resultado de mis acciones pasadas de tomar lo que no me pertenece».

Conducta sexual inapropiada

- Nacemos en el reino animal.
- Incluso si renacemos como humanos, nuestra esposa o pareja será hostil hacia nosotros e infiel. Las discusio-

nes con los seres queridos serán frecuentes e incluso los miembros de la familia aparecerán como enemigos. Habrá desarmonía a nuestro alrededor.

- Nacemos en un lugar que es sucio, huele mal, está lleno de excrementos y basura. Nuestro entorno y nuestra morada serán poco higiénicos y desagradables.
- Nos habituamos a la conducta sexual inapropiada.

Y si no vivimos en un lugar sucio, deberemos caminar o conducir por lugares sucios para ir al trabajo y regresar a casa, o cuando nos dirigimos a cualquier otro sitio. Este también es el resultado de nuestra conducta sexual inapropiada en el pasado.

Mentir

- Nacemos en el reino animal.
- Si nacemos humanos, somos constantemente acusados y nuestras afirmaciones no resultan creíbles a otras personas, incluso cuando decimos la verdad.
- Nacemos en un lugar peligroso.
- Nos habituamos a mentir.

Palabras ofensivas

- Nacemos en los infiernos.
- Si nacemos como humanos, estamos sometidos a un trato de palabra abusivo y angustiante.
- Nacemos en un país desértico, con recursos limitados.
- Nos habituamos al uso de palabras ofensivas.

Muchas personas viven en lugares donde abundan los arbustos espinosos, los terrenos son rocosos y es difícil acceder o salir, lugares que ofrecen escasa comodidad. Este es el resultado de la utilización de palabras ofensivas en el pasado.

Las palabras ofensivas no se refieren exclusivamente a las palabras negativas, abusivas, sino también a las palabras que suenan bien, pero que tienen la intención de dañar la mente de la otra persona.

El discurso divisivo

- Nacemos en los infiernos.
- Si nacemos como humanos, somos separados de los seres amados y rodeados de personas mentirosas y de poca confianza.
- Nacemos en un lugar con calles irregulares y agrietadas.
- Nos habituamos al uso de discursos divisivos.

Son ejemplo de discursos divisivos decir cosas que causan que las relaciones se rompan o que debilitan las relaciones ya problemáticas y crean gran desarmonía y sufrimiento. Esto explica los graves resultados.

Chismes y parloteo sin sentido

- Nacemos en el reino animal.
- Si nacemos como humanos, no tenemos credibilidad, ni disciplina, ni virtud alguna en nuestro discurso. Nadie respeta lo que decimos.

- Nacemos en un lugar en el cual las estaciones del año están revertidas, donde los pozos se secan.
- Nos habituamos a chismorrear o parlotear sin sentido.

Un resultado del parloteo sin sentido es que, en el lugar donde vivimos, los árboles no producen frutos. Y cuando lo hacen, las frutas no aparecen en el momento adecuado o cuando las necesitamos. Las frutas pueden parecer maduras, pero cuando las recogemos descubrimos que están verdes. Nuestros árboles frutales y nuestras cosechas no tienen raíces estables, y por ello no duran.

Codicia

- Nacemos en el reino de los espíritus hambrientos.
- Si nacemos como humanos, sufrimos insatisfacción constante, y en todo lo que hacemos, fallamos.
- Nacemos en áreas aisladas, sin ayuda o recursos.
- Nos habituamos a ser personas codiciosas.

Esta mente codiciosa produce graves consecuencias kármicas de pobreza, de modo que aquello que es precioso para nosotros va disminuyendo o desapareciendo. Cada año, nuestras cosechas y nuestras posesiones son menos abundantes. Año tras año, un mes detrás del otro, las oportunidades disminuyen. Por consiguiente, debemos proteger nuestra mente cuando salimos de compras, porque el apego hacia los objetos sensoriales exhibidos genera codicia, conduciéndonos a comprar esos productos con una mente codiciosa.

Cuando vayas de compra la próxima vez, debes mantenerte atento frente a esos peligros kármicos, renunciando al samsara y comprando con una motivación compasiva con el propósito de ayudar a los seres sentientes, en vez de actuar exclusivamente en pos de tu propia felicidad personal. Comprar de este modo elude la codicia. Lo mejor es si puedes comprar con la visión recta, contemplando de qué manera nuestra mente crea etiquetas mentales y cómo todas las cosas están vacías de existencia inherente.

Maldad y animadversión

- Nacemos en los infiernos.
- Si nacemos como humanos, siempre estamos en peligro de ser dañados.
- Renacemos en lugares donde solo podemos obtener alimentos nauseabundos.
- Nos habituamos a la animadversión.

Debido a nuestra animadversión, experimentamos resultados kármicos que incluyen las enfermedades contagiosas con riesgo de muerte, guerras o mordeduras de serpientes, escorpiones e insectos que producen picaduras venenosas. Cuando los animales o insectos nos muerdan o piquen, reflexionemos de qué manera estamos experimentando los resultados kármicos de nuestras acciones negativas pasadas dirigidas hacia otros seres. ¿Por qué enfadarse? El insecto es solo una condición, no causa nuestra experiencia de incomodidad. La mordedura y nuestra experiencia de incomodidad fueron causadas por una acción anterior basada en los engaños.

Recuerdo cuando el pueblo indio de Dharamsala se inundó y se publicaron noticias sobre la propagación de una enfermedad mortal. Su Santidad el Dalai Lama aconsejó a las personas a que oraran sinceramente con el fin de evitar la enfermedad, y que dedicaran sus oraciones para beneficio de todos los seres vivos. Muchos laicos se dirigían a la estupa próxima a McLeod Ganj después del horario laboral para hacer girar ruedas de oraciones y recitar ruegos dirigidos a Lochama, la deidad de la curación. La enfermedad nunca se convirtió en epidemia en Dharamsala. Este tipo de enfermedades surgen como producto de karmas negativos pasados de animadversión.

Visión errónea

- Nacemos en el reino animal.
- Si nacemos como humanos, experimentamos miedo en muchas ocasiones a lo largo de nuestra vida, y nuestra ignorancia se profundiza.
- Nacemos en un lugar donde las cosechas o los frutos no nos nutren.
- Nos habituamos a las visiones erróneas.

Después de analizar estos resultados kármicos, resulta evidente que debemos tener cuidado y evitar las diez acciones no virtuosas. En contraposición, debemos llevar a cabo acciones virtuosas. De ese modo, nuestra vida será sana y plena, y podremos establecer buenas relaciones con todos y viviremos en entornos placenteros y amables. Cada día, debemos reconocer de qué manera el disfrute que experimentamos en nuestra vida es el producto de nuestro buen karma del pasado y si nuestros problemas surgen de nuestro karma negativo. *Nosotros* creamos todas nuestras experiencias de vida. El reconocimiento de esto nos animará a abandonar el karma negativo y a practicar la virtud, lo cual es la base de toda felicidad.

Alejarse de las diez acciones no virtuosas es mucho más valioso que poseer muchas joyas. Las posesiones materiales nunca producen una felicidad duradera, ni logros espirituales ni la iluminación. De hecho, en manos de aquellos a los que les falta la comprensión del Dharma y la atención plena, las posesiones solo causan más engaños, aferramiento y sufrimiento.

Necesitamos ser honestos. Reconocer nuestro karma negativo, purificarlo y vivir nuestra vida siguiendo el camino de la ética y la virtud. Del mismo modo que una semilla de arroz puede ser quemada y arrancada de raíz, las semillas dañinas del engaño pueden ser expulsadas a través de la reflexión sobre el proceso del karma. Esta es la razón por la cual es clave observar la ley de causa y efecto si queremos encontrar la felicidad y deseamos evitar problemas.

Dromtompa, un gran maestro kadampa, y un discípulo devoto de Lama Atisha, dijo en una ocasión a su maestro: «¿Qué consecuencias tendrán las acciones creadas con ignorancia, codicia e ira?». La respuesta de Atisha fue: «Un renacimiento en los reinos del sufrimiento del infierno, de los espíritus hambrientos o de los animales». A la inversa, las acciones realizadas de una manera pura, sin ignorancia, codicia o ira resultan ser la causa de toda felicidad.

Por lo tanto, renunciar al sufrimiento y vencer los engaños es el verdadero Dharma, el cual se convierte en un campo de cultivo para toda la felicidad de nuestra vida presente y nuestras vidas futuras, y la causa de la iluminación. No dañar a otras personas y hacer solo aquello que los beneficia tiene como consecuencia la felicidad inmediata y la paz en nuestra mente. Los problemas de la vida, sencillamente, se disuelven. El Dharma es la medicina que pone fin a todo sufrimiento.

En una ocasión, un yogui laico, con familia, descubrió que padecía lepra. Sus heridas estaban muy extendidas. Su grave enfermedad se había prolongado durante mucho tiempo. Su propia familia había comenzado a temerle y lo mantenía alejado. Al comienzo, estaba muy alterado por esta situación. Fue abandonado por su familia y nadie lo cuidaba. Sin embargo, tomó entonces una decisión: «Si he sido expulsado de la familia, que así sea. No hay necesidad por mi parte de estar apegado o enfadado con persona alguna. Viviré al lado de la carretera, recitaré oraciones para el beneficio de todos los seres sentientes y mendigaré comida a la gente con la que me cruce».

De este modo lo hizo. Había una cueva cerca de aquella carretera, y allí pasó la primera noche, en la que soñó que una persona se le acercaba y lo ponía sobre una roca bajo una lluvia intensa. Cuando el hombre despertó, todo el pus en sus heridas había supurado, dejándolo mojado, pero totalmente curado. Su decisión de renunciar al sufrimiento y enfocar su mente en el Dharma lo sanó y le llevó felicidad a su vida.

Almacenaje de impresiones kármicas

¿Dónde se almacenan todas las impresiones kármicas producidas por nuestras acciones de cuerpo, palabra y mente? Están almacenadas en nuestra mente o consciencia. La mente contiene todas las impresiones, almacena todas las semillas kármicas y el potencial que ha dejado el karma debido a nuestras acciones. El potencial de las semillas determina el crecimiento de una planta de buena o mala calidad. De manera semejante, todas las impresiones para la felicidad y el sufrimiento samsárico están contenidas en nuestra consciencia o continuo mental.

Todas las impresiones para el renacimiento están contenidas en nuestra consciencia, sean estos renacimientos los de un ser del reino de los dioses o los de un ser humano. Todas las impresiones para un renacimiento de sufrimiento como un animal con escasas oportunidades para la felicidad temporal, o como un espíritu hambriento sujeto a los intensos sufrimientos del hambre y la sed, o como un ser infernal, obligado a soportar los sufrimientos más intensos de calor o de frío, están contenidos también en nuestra consciencia. El tipo de semillas plantadas en nuestra mente es algo que nos atañe solo a nosotros.

El ansia y el aferramiento actúan como el calor y el agua, nutriendo la germinación de las semillas kármicas que plantamos en nuestra propia consciencia como cultivadores en el campo del karma. Cuando la consciencia que carga una impresión confluye en el siguiente renacimiento, siendo ese renacimiento el de un ser humano, la consciencia entra en el útero materno, y cuando el niño finalmente nace, se encuentra en posesión de esa impresión.

Esta es la razón por la cual el Buda enseñó que cada experiencia de los seres vivos, de objetos o situaciones surge de la propia mente que carga las impresiones. Debemos recordar esto cada día, cada hora, cada minuto de esta vida. Tu cuerpo, de la cabeza a los pies, se ha originado de tu propia consciencia. Hay causas cooperativas externas, como tus padres, pero tu existencia surge de tu continuo mental en el que están incrustadas las impresiones que tú mismo has creado en el pasado.

De esta manera, nuestro cuerpo es el resultado de nuestra propia mente. Todo lo que es hermoso y deseable, todo lo que es feo e indeseable, todo lo que es neutral y hacia lo cual somos indiferentes, todo lo que encontramos cotidianamente, ha surgido de nuestra propia mente. ¿Recordáis el ejemplo del vídeo y el proyector? La memoria del vídeo tiene muchas imágenes guardadas, pero estas pueden verse si tenemos un proyector, electricidad y una pantalla. Lo que es proyectado depende completamente de lo que es capturado por el dispositivo.

Algo semejante ocurre con las impresiones en la consciencia. Hay impresiones que han sido dejadas en nuestra mente por nuestras acciones. Cuando esas semillas kármicas, en su momento, encuentran condiciones adecuadas, son actualizadas y experimentadas. Llamamos a esto la «maduración del karma». Cuando esto ocurre, percibimos una experiencia de inmediato frente a nosotros. Puede tratarse de una persona, un objeto o una situación, de manera análoga al modo en el que vemos el vídeo sobre la pantalla.

Por consiguiente, cuando tenemos problemas o nos sentimos infelices, culpar a las circunstancias resulta totalmente desacertado e inapropiado. Del mismo modo que sin imágenes grabadas no habría nada para proyectar, sin las impresiones kármicas que nosotros mismos hemos recabado ¡no habría experiencia alguna para percibir!

El karma es una acción que surge de un pensamiento influenciado por los engaños y las impresiones kármicas. A ello siguen consecuencias. Cada situación que experimentamos nace del karma. Toda la diversidad de los mundos nace del karma. Todas las apariencias buenas y malas, desde el nacimiento hasta la muerte, incluido el modo en el cual percibimos nuestro propio cuerpo y nuestro mundo, surgen del campo del karma.

Todas las apariencias son proyecciones kármicas

La visión kármica específica de una persona es tal que lo que la persona ve no es compartido de una manera idéntica por otros. Por ejemplo, en un país de temperatura elevada, algunas personas sufren el calor, mientras que otras lo disfrutan. Ambas experiencias son el resultado determinado por el karma individual.

La experiencia de una persona no depende de las condiciones externas, sino, en su mayor parte, de su mente. La mente de una persona puede ser completamente feliz con una situación dada, mientras que la mente de otra persona puede ser completamente miserable en una situación análoga. No depende de las circunstancias. Depende de la mente del perceptor. De este modo, todo es creado por la mente, por la perspectiva kármica del individuo.

Por consiguiente, la totalidad de nuestra vida y de nuestras experiencias surge de nuestra propia mente. Así pues, no hay nada ni nadie a quien culpar. Cualquiera que sea el problema que tengamos, no hay nadie a quien responsabilizar, excepto a nosotros mismos, al karma negativo que creamos en el pasado, que ahora nos fuerza a percibir la situación como problema. Al seguir las concepciones erróneas y los engaños, acumulamos ese karma, creamos nuestra propia película, nuestra experiencia de vida. ¡No hay nadie más a quien culpar!

Si alguien nos critica, nos daña o incluso nos mata, en realidad no hay nadie a quien culpar, excepto a nosotros mismos. La apariencia de esta persona dañina surge de nuestra propia mente negativa que nos llevó a cometer un karma negativo. Y en lo que respecta a nuestros placeres y disfrutes, las personas que nos respetan y nos ayudan, todo esto también viene de nuestra mente, de los pensamientos buenos y el karma bueno que hemos realizado.

¿Podéis ver ahora por qué motivo no hay razón alguna que justifique que nos enfademos con alguien o nos aferremos a alguna cosa? Las apariencias surgen de nuestra mente, son nuestra propia creación. No tiene sentido aferrarse a nuestras propias creaciones. Nosotros las hicimos y nos colgamos a ellas, y eso nos ha traído aparejado incontables problemas.

De manera semejante, no hay razón para estar celosos u orgullosos. Podemos pensar en todos esos otros engaños de igual modo. Si nosotros no hubiéramos creado el karma que dejó esta impresión de ignorancia particular en nuestra mente, no tendríamos ahora todos esos problemas en nuestras relaciones de pareja, fracasos, críticas y perjuicios por parte de otras personas. Nosotros plantamos la semilla y, por lo tanto, ¿por qué culpar a otros por lo que nos toca vivir?

Nuestra mente turbulenta se serena cuando entendemos, razonando y analizando, que somos responsables de todo lo que nos ocurre, que todo se origina en nuestras acciones influenciadas por los engaños impresos en nuestra mente. Esta comprensión trae una forma de paz para nosotros y, por consiguiente, para las otras personas. Es un tipo de alivio, debido a que los problemas que experimentamos han dejado de ser un misterio. Ahora sabemos de dónde salen los problemas y cómo liberarnos de ellos. Esto se convierte en la mejor razón para practicar la paciencia que subyuga el enfado que emerge de la mente insatisfecha del apego.

Alguna personas pueden ver un lugar como increíblemente bello, mientras otras lo perciben como un lugar feo. Si cien personas miran un lugar particular, cada persona tendrá una percepción diferente. Esto se debe a las diferentes proyecciones kármicas. Toda esta diversidad de apariencias surge de la mente. La percepción que tenemos de una persona o un lugar surge de nuestra propia mente. Cada hora y cada minuto vemos diferentes cosas: árboles, flores, carreteras, personas, situaciones. Cada apariencia individual o visión surge de nuestra propia mente. Incluso la palabra «visión» está relacionada con cómo piensa nuestra mente.

Todas las apariencias son como sueños, y la única responsable de que sean placenteras o desagradables es la mente. Por ejemplo, una experiencia desagradable puede surgir de las impresiones negativas no purificadas, las cuales permanecen latentes hasta que encuentran condiciones secundarias que las actualizan como apariencias o experiencias negativas. Cuando esto ocurre, vemos algo negativo, como, por ejemplo, alguien que nos daña. Aunque la otra persona no nos esté dañando y aunque se trate de un ser iluminado, debido a que nuestro karma está teñido por la negatividad, la visión que generamos de esa persona es negativa y, por consiguiente, tendremos problemas con ella.

De igual modo, debido a las impresiones kármicas previas de enfado, cuando encontramos un objeto particular que dispara la aversión, el enfado surge porque la semilla de la ira no ha sido erradicada. Incluso cuando el más estimado de nuestros amigos, ese amigo del cual no podemos separarnos, cambia su manera de mirarnos o de hablar, en ese preciso instante, se convierte en el objeto de nuestro enfado. Previamente, puede que hayamos pensado: «Nunca me enojaré con él. ¿Cómo podría enojarme con mi mejor amigo?».

Sin embargo, las semillas de la ira pueden transformar un objeto, en algún momento de apariencia favorecida, en algo indeseable. El punto clave es que la impresión negativa no ha sido eliminada. La segunda razón es que esa apariencia indeseable surge de nuestro karma. Y la tercera es que, debido a que no practicamos regularmente la paciencia, el amor bondadoso y la compasión, nuestra mente es vulnerable y resulta abrumada por la ira. El fracaso a la hora de aplicar antídotos frente a los engaños cuando estos se manifiestan pone en peligro constantemente nuestra paz mental.

Por consiguiente, esforcémonos en eliminar las impresiones negativas de los engaños. Sin ellos no se cometerán karmas negativos y no habrá, por lo tanto, resultados de sufrimiento que experimentar. Deshacerse de los engaños es una solución definitiva. Sin las impresiones de los engaños no experimentaríamos daño alguno.

La ignorancia, el apego y la ira producen estados emocionales aterradores. Se originan en dependencia de las impresiones kármicas negativas. Nuestra percepción de un objeto se debe exclusivamente a nuestra mente. La base sobre la que discriminamos, nos guste o no, surge de nuestra mente. Este es el resultado del karma pasado, de nuestros pensamientos y acciones. El samsara es creado por el surgimiento de engaños y por las acciones que fluyen de los mismos.

Un médico en Delhi que investigaba las causas de los ataques cardíacos descubrió que muchas enfermedades están relacionadas con mentes poderosamente negativas, mentes que piensan que otras personas son malas, y habitualmente las etiquetan negativamente. Estoy seguro de que hay muchas personas cuyos intensos pensamientos negativos las han llevado a la muerte por un ataque cardíaco.

Una vez que hemos puesto una etiqueta negativa a una persona o una situación, creemos de todo corazón en esa etiqueta. Desde ese momento, la persona o la situación representan algo malo para nosotros. Esto nos causa trastorno e incomodidad. Hemos olvidado que nosotros somos los autores de la experiencia.

La meditación realizada mientras caminamos es muy útil. Normalmente, cuando paseamos, miramos a nuestro alrededor, pero cuando lo hacemos meditando tomamos consciencia de que lo que vemos es nuestra propia proyección kármica. Seamos conscientes de nuestros seis objetos sensoriales, y de qué manera nuestra percepción de cada cosa singular que encontramos –personas, objetos, flores, lugares– está influenciada por nuestro karma y nuestros pensamientos. Esta consciencia de que somos los creadores de nuestra propia felicidad y de nuestros problemas es un punto esencial en el budismo. Ningún otro ser crea nuestra felicidad y nuestro sufrimiento. Solo nosotros somos los responsables.

Ahora tenemos una idea acerca de cómo el sufrimiento y las causas del sufrimiento surgen de manera dependiente. Una vez que hemos logrado la completa cesación de los engaños y el karma, el sufrimiento y la causa del sufrimiento no pueden reaparecer. Como todo surge de nuestra mente, necesitamos cuidar esa fábrica mental interior que nunca descansa utilizando la atención plena para prevenir que los pensamientos negativos nos controlen y, en la medida de lo posible, mantener nuestra mente en la virtud, infundida con una actitud positiva.

Lo esencial es tener un buen corazón, nunca dañar a otras personas y, en la medida de lo posible, beneficiarlas del mejor modo. La consciencia y todas las impresiones que carga unieron tu vida pasada con esta vida presente y te unirán a tu próxima vida. Este proceso será explicado de manera más detallada en la próxima sección, donde hablamos de los doce eslabones de origen interdependiente, también llamados «los doce eslabones».

Los doce eslabones de origen interdependiente

¿De qué manera los engaños y el karma causan la vida en el samsara y su continuación en diferentes cuerpos?

A lo largo de vidas sin principio, las impresiones de la ignorancia han dominado nuestra consciencia. Cuando cometemos acciones (karma) sobre la base de la ignorancia, esas acciones dejan una impresión o una semilla en la consciencia. A medida que se aproxima el final de la vida, el ansia y el aferramiento emergen y nutren las semillas kármicas. El ansia es un pensamiento engañoso que consiste en no querer ser separado del objeto. El aferramiento es un pensamiento engañoso que realza el ansia, por ejemplo, aferrándose a la visión errónea de un «yo» verdaderamente existente.

El ansia y el aferramiento, al actuar sobre las semillas kármicas, dan lugar al devenir, generando el potencial para su actualización. El renacimiento es lo siguiente. La vida comienza cuando la consciencia entra en el útero de la madre. El óvulo fertilizado es la forma, mientras que el nombre se refiere a la consciencia, los sentimientos, la cognición y los fenómenos internos. Debido al nombre y a la forma, surgen los seis sentidos, que luego contactan con otros bajo la influencia del engaño. A partir de este contacto, los sentimientos de engaño emergen y les siguen la vejez y la muerte.

Los engaños y el karma quedan impresos en la consciencia que atan la mente al cuerpo, como un costal atado a la espalda de la persona. Cuando cortamos la carga de los engaños y el karma, la mente se libera. Solo entonces terminan los problemas. Con el fin de cortar los grilletes que nos encadenan al samsara, debemos entender el proceso de los doce eslabones de origen interdependiente.

En el *Sutra de la siembra del arroz*, el Buda explicó los doce eslabones de origen interdependiente en la evolución del samsara y el modo en el que uno nace en el samsara. La ignorancia es como un campesino que siembra la semilla en la tierra, mientras que la consciencia es como el campo donde crece una variedad de cultivos.

Las semillas kármicas impresas en la consciencia se llevan de una vida a la siguiente. A partir de una única y pequeña acción en la que sembramos una pequeña semilla, emerge un árbol enorme, con su tronco y miles de ramas y hojas. De una pequeña semilla puede crecer una higuera de Bengala, que en la India puede tener tantas ramas que su extensión llega a cubrir numerosos carruajes tirados por caballos detenidos bajo su sombra. La consciencia que lleva las semillas kármicas es semejante. El ansia y el aferramiento actúan como nutrientes de esas semillas kármicas, preparándolas para que se conviertan en resultados. Cuando el resultado brota, adquiere nombre y forma.

De esta manera, los tres engaños de la ignorancia, el ansia y el aferramiento, combinados con las dos acciones –la acción compuesta y el devenir–, dan lugar a los siete resultados que son el nombre y la forma, las seis bases sensoriales, el contacto, los sentimientos, el nacimiento, la vejez y la muerte. Todos estos resultados tienen la naturaleza del sufrimiento. Los siete resultados se originan en la ignorancia impresa en la consciencia y por la acción kármica compuesta. Para nosotros, ahora mismo, lo que queda de los siete resultados es la muerte. Nuestra vejez comenzó desde el útero de nuestra madre, inmediatamente después del nacimiento. El único resultado pendiente es la muerte.

Estamos actualmente en el estadio de la vejez. La ignorancia y sus semillas operan dentro de nuestra consciencia, mientras que experimentamos los resultados de los doce eslabones, los cuales hacen que continuemos creando muchas formaciones kármicas diariamente. Esto producirá renacimientos futuros, que serán diferentes tipos de seres samsáricos.

Piensa en todo esto. En un solo día podemos comenzar

múltiples conjuntos de doce eslabones para renacer como un insecto, un espíritu hambriento, un ser infernal, un ser del reino de los dioses o un semidiós. La mayor parte del tiempo creamos el karma para renacer como seres sufrientes de los reinos inferiores, lo cual ocurre con gran facilidad. Por consiguiente, lo que hace que demos vueltas en círculo en el samsara son los engaños y el karma. El maestro Nagarjuna comentó sobre este punto:

Dos de ellos derivan de tres,
siete de ellos derivan de dos,
y de los siete, tres ocurren nuevamente.
Esta es la Rueda de la Vida, y de este modo gira y gira.

Examinemos el dibujo de la Rueda de la Vida que explica la naturaleza del samsara y los doce eslabones de origen interdependiente.

La Rueda de la Vida está siempre sostenida en la boca de Yama, cuya figura simboliza la muerte. La ilustración de la Rueda de la Vida muestra de qué modo los seres vivos son controlados por la muerte y el renacimiento, viven transitoriamente y dan vueltas en el ciclo de la muerte y el renacimiento. Los dos pares de miembros que sostienen la Rueda de la Vida representan el sufrimiento y la causa del sufrimiento.

El dibujo de los doce eslabones aparece en el borde exterior de la Rueda de la Vida.

1. *Ignorancia.* Hay dos tipos, la ignorancia acerca de la naturaleza de la realidad y la ignorancia respecto al karma. Cuando la ignorancia respecto a la naturaleza de la realidad cesa, la ignorancia acerca del karma también cesa. La ignorancia del karma (simbolizada por el hombre ciego) surge de la ignorancia básica sobre la naturaleza de la realidad.
2. *Formación kármica.* Esta es la acción bajo la influencia de la ignorancia. La ignorancia crea muchos tipos de karma, del mismo modo que un alfarero hace diferentes clases de vasijas.
3. *Consciencia.* Del mismo modo que un mono salta de un árbol a otro, la consciencia va de un renacimiento al siguiente, de una vida pasada a la vida presente, y de allí a la siguiente. El viaje de la consciencia depende del karma. La consciencia o mente es el lugar donde las acciones kármicas dejan impresiones o huellas.
4. *Nombre y forma.* Esto se refiere a los agregados físicos y mentales de la forma, la consciencia, los sentimientos, la discriminación y los factores composicionales/huellas kármicas.
5. *Seis órganos sensoriales.* Debido al nombre y a la forma, surgen los seis sentidos. Hay dos aspectos a considerar en este caso: los seis objetos de los sentidos y la consciencia desnuda de cada uno de los seis órganos sensoriales.
6. *Contacto.* Cuando ocurre el contacto y los seis sentidos se encuentran con sus objetos respectivos, surgen percepciones agradables, desagradables y neutrales.
7. *Sentimientos.* Hay tres clases de sentimientos: lo agradable

que causa que surja la codicia, lo desagradable que hace surgir la aversión y la ira, y la indiferencia que origina la ignorancia.

8. *Ansia*. Después de que un ser experimenta lo agradable y lo desagradable, surge el ansia por no querer separarse del objeto del deseo o el ansia por ser separado de lo desagradable.
9. *Apego*. La mente del apego profundiza el ansia e incluye el aferramiento a conceptos erróneos como un «yo verdaderamente existente». De acuerdo con una historia, una vez en la India había un hindú que, a través de la meditación, fue capaz de recordar su vida inmediatamente previa como un perro y concluyó que debía actuar como un perro para renacer nuevamente como un humano. De ese modo, el hombre se arrastraba en el suelo y se comportaba como un perro. Podemos ver de qué modo el apego es un engaño.
10. *Devenir*. Esto se refiere al potencial para la actualización o la preparación para que un resultado se manifieste. Esta preparación para el renacimiento siguiente es alimentada por el ansia y el apego.
11. *Renacimiento*. El estado del devenir da lugar al renacimiento. Los seres sentientes nacen de cuatro maneras: a través del útero, a través de huevos, a través del calor y a través de un renacimiento intuitivo que no depende de progenitores.
12. *Vejez y muerte*. Estos dos eventos se ponen juntos porque la vejez y el pasaje a la muerte comienzan con el nacimiento. Los signos de vejez no suceden siempre, porque muchos seres mueren antes de manifestar los signos de la vejez.

La cita del maestro Nagarjuna nos ayuda a reflexionar porque muestra de qué manera funcionan los doce eslabones de origen interdependiente, cómo el ciclo gira una y otra vez. Las dos acciones engañosas son la formación kármica y el devenir; las tres causas engañosas son la ignorancia, el ansia y el apego; y los siete resultados descontrolados surgen de ello. Este es el modo en el cual la vida en el samsara se despliega continuamente.

Nuestra consciencia es como una canasta con millones y millones de huellas, impresiones potenciales y semillas de todo tipo. Esto hace que adoptemos toda clase de renacimientos samsáricos, algunos de ellos raros, como cuerpos que nunca hemos visto en nuestra vida o cuerpos de apariencias espantosas, que pueden ser enormes o diminutas. Hay un número inconcebible de semillas ahora mismo en nuestra consciencia. Las semillas se manifestarán de acuerdo con las complejidades del karma; por ejemplo, las huellas kármicas más graves primero, seguidas del karma al que estamos habituados, el karma que hemos realizado en primer lugar, etc.

De modo semejante a lo que ocurre cuando plantamos diferentes tipos de semilla en un campo –como maíz, arroz o trigo–, la ignorancia y el karma cultivados en vidas previas ponen en movimiento los doce eslabones de un número inconcebible de cuerpos futuros. Si fracasamos a la hora de disciplinar la mente y apartarla de las acciones negativas, si no somos capaces de crear un karma positivo poderoso ahora mismo, en esta vida, los resultados de los doce eslabones de cada uno de esos billones de huellas se manifestarán, trayendo consigo vidas de sufrimiento samsárico como animales, espíritus hambrientos, seres infernales, semidioses iracundos, etc.

En este mismo momento, tenemos la oportunidad de embarcarnos en un camino mejor. Aún tenemos esa alternativa. Podemos hacerlo creando un karma positivo más poderoso que el karma que hace que renazcamos en un reino animal, por ejemplo, como serpiente o cocodrilo. Podemos crear un karma positivo más poderoso que el karma negativo que nos causará un renacimiento animal creando en contraposición la causa para un nuevo renacimiento humano.

Estamos en camino de completar los siete resultados de los doce eslabones del presente cuerpo humano. La causa para ello fue creada en una vida previa, por lo tanto, ahora, estamos acabando los resultados. Aun así, para que termine, falta la muerte.

Sin embargo, incluso si podemos detener el resultado de un renacimiento inferior como animal y, en su lugar, nacemos como humanos, esto no significa que los doce eslabones de ese renacimiento animal hayan cesado. Hasta que la semilla kármica que precipita un renacimiento animal sea completamente arrancada, el potencial de experimentar los doce eslabones de un animal permanece latente. Por lo tanto, nuestra única oportunidad es renacer como un ser humano para prevenir que el ansia, el aferramiento y el devenir de un animal se actualice al final de esta vida.

Por consiguiente, habiendo nacido como ser humano, necesitamos pensar con cuidado cómo fortalecer nuestra resolución de practicar el camino que interrumpe la cadena del samsara y destruye la ignorancia, el camino que detiene el karma y todas las semillas kármicas negativas. Si no hacemos esto, un número infinito de problemas, de renacimientos samsáricos, estarán a la espera de manifestarse en el futuro.

Ahora tenemos cierta idea acerca de cómo estamos profundamente atrapados por el samsara. Es como si nos halláramos aplastados por una enorme masa de hierro candente. Incapaces de movernos, experimentamos la presión y el dolor que produce el calor intenso. La presión y el calor intenso forman parte de la naturaleza del samsara. Los doce eslabones terminan en la segunda vida o en la tercera. Pero pueden pasar eones entre la formación kármica, el ansia y el aferramiento, el devenir y los siete resultados.

Para comprobar por qué y cómo maduran las semillas kármicas en las vidas subsiguientes, es útil ver de qué manera los eslabones operan conjuntamente. La ignorancia motiva el karma, dando lugar a la actividad composicional y a las impresiones kármicas, que son como semillas abandonadas en la consciencia. En ese momento, la consciencia es llamada «consciencia en el momento de la causa», ya que carga la impresión o huella de una acción realizada recientemente. Estos tres eslabones (los eslabones 1, 2 y 3) de la ignorancia, las impresiones kármicas y la consciencia en el momento de la causa son llamados «el miembro de proyección o de lanzamiento», en tanto nos arrojan a un futuro renacimiento. El ansia y el aferramiento (los eslabones 8 y 9) nutren a continuación la impresión kármica y, como resultado, producen el devenir (eslabón 10).

El ansia surge debido al apego a los tres tipos de sentimientos –agradable, desagradable y neutral– que van incrementando su intensidad y llevándonos al aferramiento. El efecto combinado del ansia y el aferramiento lleva a la impresión más cerca de su actualización o cristalización en un resultado. Estos tres eslabones, ansia, aferramiento y devenir, se conocen como «miembros de establecimiento». Si el karma madura en dos vidas, estos seis eslabones ocurrirán en la primera vida.

El miembro proyectado consiste en la consciencia en el momento del resultado, es decir, los agregados madurados representados por el nombre y la forma, los seis sentidos, el contacto y los sentimientos (eslabones 4, 5, 6 y 7). Después la consciencia, el nombre y la forma, y los seis sentidos contactan con un objeto y surgen los sentimientos agradables, desagradables y neutrales. El resultado o el miembro establecido es el «eslabón de nacimiento» (eslabón 11), que resulta en la vejez y en la muerte (eslabón 12).

Desde el momento del nacimiento comienza el envejecimiento y la decadencia. El envejecimiento no solo se refiere a las arrugas y al cabello blanco. La muerte puede ocurrir antes de lo que las personas llaman corrientemente la edad de la vejez. La muerte puede ocurrir en cualquier momento. Muchos mueren incluso en el útero materno.

En el momento de la muerte, la consciencia, que todavía está bajo el control del karma y los engaños, se separa del cuerpo. El cuerpo cesa, pero la consciencia continúa, cargando consigo cualquier huella marcada en ella a la vida futura. Esas huellas causan posteriormente que tengamos pensamientos y cometamos acciones en concordancia con los engaños, condenándonos de ese modo a experimentar de nuevo los sufrimientos resultantes. Estos doce eslabones explican el proceso del samsara.

Sin duda, es muy útil meditar en los doce eslabones y en cómo hemos comenzado ya innumerables conjuntos de doce eslabones en el pasado y seguimos haciéndolo en el presente. Solo cuando comprendamos plenamente el ciclo de sufrimiento del samsara, nos hartaremos del mismo y estaremos preparados para renunciar a él. Cuando renunciamos al samsara, no hay lugar en nuestra vida para las corrosivas ocho preocupaciones mundanas o para el apego a los placeres samsáricos.

Algunas veces nos decimos: «Sé lo que es el samsara». No obstante, si no hay un cambio en nuestra mente y en nuestro modo de actuar no habremos renunciado por completo al samsara, sino que tendremos solo una renuncia parcial, poco entusiasta.

Como señalaba Lama Tsongkhapa: «Cuando hay un deseo intuitivo, día y noche, de buscar la liberación, alcanzamos la mente de la renuncia del samsara». Del mismo modo que un ser atrapado en una superficie de fuego incandescente intenta constantemente liberarse, deberías buscar la liberación del samsara.

Los doce eslabones ilustran el modo en el que se da el sufrimiento del samsara y, al mismo tiempo, explican la verdadera cesación del sufrimiento. Los siete resultados surgen debido a la fuerza del engaño y el karma. Detener el sufrimiento de la muerte, la vejez y el nacimiento depende de detener el estadio del devenir. Esto, a su vez, depende de detener el ansia y el aferramiento, lo cual depende de interrumpir la formación kármica (también llamada «actividad composicional»), lo cual, por su parte, depende de cesar la ignorancia.

Este es un punto muy importante que debemos entender. Eliminar la ignorancia es la clave para evitar todas las experiencias de sufrimiento. La causa original de cada pequeño problema que emerge en el samsara es la ignorancia.

¿Cuál es el método para destruir la ignorancia? Darse cuenta de cómo todas las cosas surgen de manera dependiente y, por ello, están vacías de existencia inherente. A través de este camino podemos ser liberados del samsara y de todo sufrimiento.

La consciencia dominada por la ignorancia comete acciones contaminadas por la misma y por un conjunto de otros engaños, lo que deja más huellas de ignorancia en nuestra consciencia. Durante la vida, y en el momento de la muerte, el ansia y el aferramiento emergen muy fácilmente, haciendo que las impresiones se encuentren listas para manifestarse como otro cuerpo de renacimiento samsárico. Como nuestros agregados son fruto de los engaños y el karma, causan a su vez las experiencias de sufrimiento del renacimiento, la vejez, la muerte, las enfermedades y el resto de problemas.

Soportamos el sufrimiento del sufrimiento, que consiste en el dolor y los problemas ostensibles. Experimentamos temporalmente los placeres samsáricos, que muestran el sufrimiento del cambio. Estos dos sufrimientos son consecuencia de la fundación del sufrimiento compuesto que todo lo invade y que son nuestros agregados, contaminados por el karma y los engaños.

Cualesquiera que sean las apariencias que percibamos, cualesquiera que sean las perspectivas que tengamos, cualesquiera que sean nuestros entornos, todo viene de nuestra consciencia. Estos fenómenos incluyen a las personas positivas, las personas negativas, lo que es hermoso, pero también lo que es feo, lo sucio o lo limpio, lo que es sabroso y lo que sabe mal, los sonidos desagradables, los sonidos interesantes, las críticas, los elogios; todo lo que nos rodea, lo que cada uno de los sentidos percibe, la totalidad de las cosas. Los fenómenos que surgen de nuestra consciencia incluyen seres vivientes y seres inanimados, el buen y el mal tiempo, cualquier apariencia que tengamos, cualquier entorno, sea desértico o no, y todas las apariencias que nos circundan.

Antes hablé acerca del proceso de etiquetaje mental, el modo en el que, dependiendo de ello, nuestras vidas son felices, infelices o neutrales. ¿De dónde viene todo esto? ¿Por qué etiquetamos a las personas y a las experiencias? Todo surge de los doce eslabones interdependientes que generamos a partir de las semillas kármicas, de las impresiones negativas, positivas o neutrales en nuestra consciencia. Por lo tanto, es muy beneficioso practicar la atención plena en cómo vemos y experimentamos las cosas, sabiendo que todo surge de nuestra propia mente.

Con esta comprensión, si alguien se enfada con nosotros o si surgen algunos problemas cuando estamos trabajando o caminando, no nos sentiremos afectados, porque sabremos que los problemas vienen de nuestra propia mente, de nuestro propio karma, de nuestra propia ignorancia. Cuando no somos capaces de pensar de este modo, resulta fácil enfadarse y culpar a los demás o a las circunstancias exteriores, y por ello, acabamos creando más karma negativo o, incluso, dañando a otras personas.

El Buda dijo que nosotros creamos nuestra propia felicidad y sufrimiento. Depende de nosotros, depende de nuestra propia mente. Ahora mismo, tenemos libertad, libre albedrío. Al transformar nuestra actitud, producimos un futuro de felicidad, en vez de un futuro de sufrimiento.

Utilizar la verdad del sufrimiento para lograr la felicidad

Estudiar el sufrimiento nos equipa para enfrentar las causas del sufrimiento –nuestros engaños y el karma– y aplicar los antídotos, ¡para acercarnos de ese modo a la felicidad real y a una vida significativa!

El método más efectivo y práctico para combatir la pereza para aplicar antídotos y practicar el Dharma, y así extraer lo mejor de nuestras vidas, consiste en pensar: «Hoy puedo morir». Lo que nos traiciona, lo que nos engaña, lo que nos esclaviza al apego y a la aversión es el pensamiento: «Hoy no moriré».

La mayoría de nosotros sentimos osadamente: «Hoy no moriré, continuaré viviendo». Esta es nuestra presunción. Este es el modo en que pensamos cuando nos levantamos cada mañana.

Si el pensamiento opuesto, que la muerte puede ocurrir en cualquier momento, surgiera con suficiente fuerza, sin duda tendríamos la habilidad de eludir las insignificantes preocupaciones mundanas y estaríamos inspirados para dar pasos concretos al fin de superar los engaños que nos torturan. Hemos de despertar al hecho de que los engaños no llevan a la felicidad y, por tanto, no tienen valor alguno. Para que nuestras acciones cotidianas tengan una significación mayor, necesitamos mantener continuamente este pensamiento acerca de la inminencia de la muerte.

Si lo analizamos con detenimiento, podemos ver lo poderoso que es recordar el carácter transitorio y efímero de la vida y la muerte, para despertarnos, como un martillo que destruye la piedra de la complacencia y la convierte en fragmentos. La meditación en la transitoriedad y en la muerte tiene un poder enorme sobre todos los engaños de la mente.

Al estudiar, reflexionar y meditar sobre la Segunda Noble Verdad, acerca de cómo el sufrimiento es causado por los engaños y el karma, y cómo nuestra vida cotidiana está llena de ambos (engaños y karma), nos volvemos más sabios. Comenzamos a reconocer los engaños cuando aparecen, vemos de qué modo cada infelicidad que experimentamos surge debido a ellos, y nos acercamos a la comprensión de lo que necesitamos abandonar y practicar.

Así empezamos a entender lo que significa la liberación, lo que necesitamos lograr, lo que debemos hacer, lo que falta en nuestra vida ahora mismo. Nos convertimos en personas más resueltas a controlar nuestra mente y guiarla hacia la felicidad. Renunciando a la mente del aferramiento y el ansia, se abre al fin la puerta de una paz y una felicidad duradera. Familiarizándonos con los métodos para superar los engaños, cortamos las raíces del sufrimiento.

Cuando comamos, bebamos té, caminemos, escuchemos música, sintamos calor o frío, siempre, hagamos lo que hagamos, necesitamos ser conscientes de cómo los engaños influencian profundamente nuestros pensamientos, nuestras palabras y nuestras acciones. Solo entonces seremos capaces de hacer desaparecer a este enemigo interior.

En nuestra vida diaria y en nuestro entorno, las apariencias malas, las apariencias buenas, las experiencias felices y las experiencias de infelicidad, todas dependen de nuestra propia mente. Por culpa de la ignorancia que cree en la existencia inherente del «yo» y de la ignorancia acerca de cómo opera el karma, permanecemos cautivos como esclavos kármicos. No obstante, aunque no hemos logrado aún la liberación, la práctica de la consciencia acerca de cómo la ignorancia nos engaña, cómo el deseo alimenta la insatisfacción y cómo la ira arruina la paz de todos nos favorece y nos ayuda a ser más felices que el común de la gente que no posee esa consciencia.

Observemos a la persona que no entiende la causa del sufrimiento y no tiene consciencia del origen interdependiente, que cree de manera absoluta en la alucinación de un «yo» inherentemente existente. La vida de este tipo de personas es agitada, está llena de altibajos y tiene muy pocos momentos de felicidad y muchos pensamientos perturbadores. Además, la falta de comprensión interfiere en todas las habilidades de la persona para beneficiar a otros. Esto es una verdadera lástima.

¡Felicidad! Venciendo a los engaños, surge la felicidad, generamos buen karma y abandonamos el karma negativo. A medida que dejamos de crear las causas del samsara, nos acercamos a la meta de la liberación, a alcanzar la iluminación más rápidamente. Incluso mientras estamos en el samsara, iremos de la felicidad a una felicidad mayor. De este modo, piensa cuán beneficioso es vencer a los engaños.

Una historia que involucra a Shariputra, uno de los discípulos del Gurú Buda Shakyamuni, quien poseía clarividencia, ilustra cómo los defectos del samsara producen consecuencias terribles y trágicas.

Un día, Shariputra pasó frente a una casa de camino al pueblo hacia donde se dirigía a pedir limosnas. Cuando se volvió hacia el jardín de la casa, vio a un hombre comiendo pescado, mientras su bebé recién nacido descansaba en su regazo y, muy cerca, un perro de compañía comía el esqueleto del pescado, lo cual llevaba al hombre a atizarlo.

Gracias a su clarividencia, Shariputra pudo ver las relaciones de vidas pasadas de esos seres: el pescado que estaba consumiendo el hombre había sido su padre, quien solía pescar en un lago próximo a la casa y había renacido como un pez en ese mismo lago. El perro había sido la madre del hombre, quien había estado tan apegada a la familia que, después de su muerte, había renacido como el perro mascota de la casa. El bebé era en realidad una persona que el hombre había matado por violar a su mujer.

Debido al fuerte deseo del violador hacia la mujer del hombre, había renacido como hijo de la mujer. El hombre había pescado a su padre (entonces un pez) y, mientras se lo comía, su antigua madre (ahora un perro) comía el esqueleto (de su marido anterior), haciendo que el hombre le pegara por ello (al perro). El bebé (el violador) se había convertido en el amado hijo sentado en el regazo del hombre. Viendo todo esto, Shariputra se lamentaba:

Come la carne de su padre y golpea a su madre.
El enemigo que mató se sienta en su regazo.
La mujer mastica el esqueleto de su marido.
¡Samsara es una farsa trágica!

Esto muestra que nada en el samsara es lo que aparenta ser. El problema es que no podemos reconocer nuestras relaciones pasadas. Por consiguiente, cuando encontramos a otros seres sentientes, tenemos un sentimiento de distancia entre nosotros y los demás. No tenemos un sentimiento de proximidad. Sentimos que no tenemos nada que ver con ellos, y que ellos no tienen nada que ver con nosotros. Pero nada es lo que parece. Muy pocas cosas son lo que aparentan ser.

¿Cómo podemos superar los desafíos de nuestra vida mientras permanecemos ignorantes acerca de la naturaleza de la mente, acerca del hecho de que la mente es la creadora? Nuestros problemas continuarán mientras sigamos señalando a los fenómenos externos como causa de nuestra felicidad e infelicidad. Nuestros problemas continuarán mientras pensemos que la felicidad no la creamos nosotros mismos, sino alguien diferente o una circunstancia externa.

A través de una contemplación frecuente sobre la Primera Noble Verdad del sufrimiento y la Segunda Noble Verdad sobre la causa del sufrimiento –el modo en el cual los engaños y el karma producen todos los sufrimientos inconcebibles que padecen los seres sentientes–, no podremos evitar que se despierte algún nivel de compasión en nuestros corazones. Es especialmente significativa la meditación sobre el sufrimiento de los seres sentientes y sus causas. Como un fuego que comenzó con una pequeña chispa, esta comprensión puede crecer hasta convertirse en algo que ofrezca calidez y confort a muchos seres.

Nací en una familia *sherpa* en los Himalayas, muy lejos de Katmandú. Se necesitan muchos días de caminata para llegar a mi primer hogar, cruzando las montañas nevadas, subiendo y bajando a través de profundos pasos. *Sher,* en tibetano, significa «Este», y *pa* significa «persona». Por lo tanto, *sherpa* significa «una persona que vive en el Este».

Los *sherpas*, originalmente, llegaron de la parte baja del Tíbet, la región de Kham. Llegaron con sus animales, en su mayor parte cabras y ovejas, las cuales proveían la carne que los *sherpas* comían. Pero las rocosas montañas del Himalaya pueden ser muy duras, por lo cual, después de un tiempo, se quedaron sin animales con los que alimentarse. Entonces los *sherpas* tuvieron que explorar cómo producir alimentos en las montañas, que descubrieron de acuerdo con su karma. Se cruzaron con las patatas y aprendieron a plantarlas en pequeños terrenos, y de este modo la patata se convirtió en su alimento básico. Hacía mucho frío en las montañas.

Recuerdo cuando era aún muy pequeño, que con mis hermanos nos apiñábamos para dormir bajo la *chuba* de mi padre (la *chuba* es un abrigo de estilo tibetano que tiene mangas muy largas). Esta *chuba* estaba hecha de cuero animal y nos protegía del frío. Mi madre trabajaba muy duro durante todo el día. Tenía que ir al bosque, en lo alto de la montaña, para recoger la leña para el fuego. Pasaba muchísimas horas en el bosque. No teníamos fósforos, y por ese motivo continuábamos encendiendo el fuego de manera primitiva. Unas pocas chispas era lo que necesitábamos para encenderlo, y una vez que estaba encendido, esas chispas se convertían en una fogata enorme y caliente. Así fue como crecí.

Del mismo modo, podemos encender el fuego de la compasión dentro de nuestros corazones. A medida que contemplemos la Primera y la Segunda Noble Verdad cada día –cómo los seres vivos sufren sin entender las causas de su propio sufrimiento, cómo anhelan la felicidad, pero no saben qué pueden hacer para crear las causas para lograrla–, nos volveremos más y más bondadosos. Este año nos descubriremos más bondadosos y mejores que el año anterior, con menos ego, con menos autocomplacencia.

Después de dos o tres años, notaremos que tenemos menos ego, menos egoísmo y más compasión. Por consiguiente, como al encender un fuego, primero necesitamos generar las chispas de la comprensión. Una vez que esta se ha encendido, la calidad de la bondad se manifestará. Con un esfuerzo persistente, el fuego de la compasión crecerá y crecerá. Cuando la gran compasión se combina con la sabiduría que comprende la realidad, la felicidad infinita se convierte en algo posible para nosotros y, entonces, podremos ser realmente beneficiosos para todos los seres vivientes.

Anécdotas de la vida de Kyabje Lama Zopa Rimpoché

Deambular sin rumbo en un sueño

Nos detenemos para cenar en una zona de comidas en Kaohsiung, Taiwán. Era cerca de medianoche, y no resultaba fácil encontrar un puesto de comida vegetariana que estuviera abierto a esa hora. Resolvimos aceptar la única alternativa disponible para los vegetarianos a medianoche: té y unos sándwiches hechos de un delicioso pan blanco. Rimpoché estaba sentado frente a la mesa contemplando a la multitud moviéndose entre las tiendas que permanecían abiertas.

Entonces sacudió su cabeza y dijo con una mezcla de tristeza y compasión: «Cuando las personas no piensan en la próxima vida..., deambulan como si estuvieran en un sueño, creyendo que el sueño es real. Esto es como una ilusión o como un espejismo [...], creyendo que todo es real. Imaginaos deambulando de ese modo, sin idea alguna acerca de vuestra próxima vida, y que esta no será lo que esperáis, sino el resultado del karma que habéis creado. Lo más probable es que vuestra vida sea la de un insecto, una medusa [...]. ¡Cuánto sufrimiento!».

Por lo tanto, ¡conocer el Dharma es enormemente beneficioso! Somos tan afortunados de haber encontrado el Dharma. Conocer el Dharma nos permite abrir los ojos; en comparación, la necesidad de dinero en esta vida resulta insignificante.

Bendiciendo los gusanos

Rimpoché terminó su autoiniciación en el centro de California alrededor de las cuatro y media de la madrugada. Pidió que el automóvil que lo llevaba se detuviera a un lado del camino cerca de su casa porque estaba lloviendo. Rimpoché estaba preocupado porque hubiera gusanos en la carretera debido a la lluvia. Eran entonces las cinco de la mañana. Rimpoché y Sangha salieron del automóvil bajo la lluvia y se dedicaron a coger cuidadosa y delicadamente a los gusanos y ponerlos en un balde para ser bendecidos con mantras, hacerles circunvalar reliquias y luego volver a dejarlos cuidadosamente en el jardín.

Sabemos que es muy difícil no pisar gusanos y aplastarlos hasta la muerte. Rimpoché dijo que incluso matarlos sin querer mientras conducimos conlleva un resultado kármico. Por ello,

Rimpoché está construyendo diez estupas, cada una de alrededor de veinticinco centímetros de altura, para los gusanos que maten accidentalmente durante la temporada de lluvias.

Dar a largo plazo

Rimpoché dice que el sufrimiento de la enfermedad, la pobreza y la desesperación en los países pobres es el resultado de las acciones no virtuosas del pasado. Por ese motivo, ayudar a las personas a evitar este tipo de acciones negativas es la manera más efectiva de terminar con su sufrimiento.

De acuerdo con Rimpoché: «Si uno tiene la capacidad para ello, debe ayudar a los pobres dándoles cosas materiales, pero eso solo no cambiará la mente de esas personas, no les hará volverse hacia la virtud, entender el apego, el buen corazón, etc. [...]. No obstante, si las personas no cambian su perspectiva mental y no ponen freno a sus acciones negativas, continuamente crearán las causas para la pobreza. Detener las causas del sufrimiento depende de las enseñanzas, y la existencia de las enseñanzas depende de la existencia del Sangha y de objetos sagrados como estatuas, escrituras y estupas. Cuando ayudamos a otras personas, pensando en el corto plazo, dándoles medicina y vivienda, también tenemos que asegurarnos de que les facilitamos lo que necesitan para alcanzar la meta de la liberación del sufrimiento».

3. La verdad de la cesación

> La noble verdad de la cesación del sufrimiento es la siguiente: es la cesación completa del ansia misma, lo cual significa abandonar, renunciar, desprenderse uno mismo de ello.
>
> *Dhammacakkappavattana sutta*

¿El sufrimiento es para siempre?

Puede que nos preguntemos: si la mente no tiene comienzo y, por consiguiente, la mente no iluminada siempre ha sido ignorante, ¿hay alguna posibilidad de eliminar el sufrimiento si erradicamos la ignorancia?

Esto, definitivamente, es posible. Al eliminar el engaño de la ignorancia acabamos también con todos los otros engaños que dificultan nuestra liberación e iluminación. ¿Cómo es esto posible? La respuesta es que la mente misma, la naturaleza misma de la mente, no es una con la ignorancia. La naturaleza de la mente no está fusionada con la ignorancia. La mente está solo temporalmente oscurecida por la ignorancia.

Por lo tanto, es erróneo creer que estamos atrapados en el samsara para siempre, que no hay libertad posible frente al sufrimiento y no hay medio alguno para alcanzar la liberación, para abandonar el cautiverio de la existencia cíclica. *No* estamos atascados en el samsara para siempre.

Aunque un tejido blanco cubierto con tierra parece oscuro y sucio, la blancura está oscurecida solo temporalmente por la suciedad. Mediante una limpieza adecuada, las manchas pueden ser eliminadas. De manera semejante, la naturaleza de la mente es clara, y sus estados afectados por la ignorancia, el apego y la ira no están fusionados a ella. El estudio, la meditación y el hábito cotidiano de vivir de acuerdo con la ética y con el Dharma, todo ello funciona para dirigirnos hacia la erradicación de las manchas de los engaños que ahora dominan nuestra mente.

Algunas personas piensan que alcanzar la liberación, alcanzar la felicidad duradera, significa hacer cesar su mente. Esta es una idea completamente errónea. Es imposible parar la mente, cesar la mente. La mente es un continuo. Eso significa que la mente no tiene principio, no tiene fin, y no hay un período de tiempo en el cual no haya mente. El nirvana y la iluminación son estados mentales, pero no son la nada. La mente no se termina, pero el sufrimiento sí que lo hace.

Aplicando la meditación para entender mejor la naturaleza de la mente, esta se vuelve mucho más poderosa y mejor equipada. Adquirimos más sabiduría para destruir rápidamente los engaños y las concepciones erróneas que nos hacen ver las cosas de manera equivocada, distorsionada. A medida que avanzamos en los diferentes niveles de la meditación, en particular la meditación que penetra en la verdadera naturaleza del «yo» y de la realidad, los peligros a los que nos exponen los engaños se debilitan, hasta que eventualmente son erradicados.

Cuando el Gurú Buda Shakyamuni impartió a sus seguidores en Sarnath su primera enseñanza sobre las Cuatro Nobles Verdades, o lo que a menudo se describe como «el primer giro de la rueda del Dharma», el punto de partida fue la verdadera naturaleza del sufrimiento, a lo cual siguió la verdadera causa del sufrimiento, antes de embarcarse en la revelación del verdadero camino que conduce a la cesación o nirvana. ¿Por qué razón? Lo hizo de este modo porque, al comienzo, necesitamos entender el sufrimiento que aparece en una variedad de formas, de modo que podamos entonces tener una idea clara de las causas de sufrimiento; es decir, de los engaños y el karma.

Una vez que hemos reconocido los engaños y el karma como las fuentes u origen del sufrimiento, nuestra mente es capaz de erradicar las causas del sufrimiento y lograr que cese. Advirtamos que aquí no estamos hablando solo de un alivio temporal de nuestros problemas de salud, nuestros problemas de dinero, las dificultades con las que nos encontramos en nuestras relaciones interpersonales o incluso la muerte. Estamos hablando de alcanzar una paz y una felicidad duradera. No obstante, mientras permitamos que las verdaderas causas del sufrimiento se perpetúen dentro de nuestra mente, no podremos alcanzar la felicidad última de la paz verdadera.

Por consiguiente, nos preguntamos: ¿qué es la paz verdadera? La verdadera cesación del sufrimiento, o nirvana, es la paz verdadera. Esta solo puede surgir cuando terminamos con la tortura de los engaños y el karma. El nirvana es la naturaleza absoluta de nuestra mente, que se manifiesta de forma plena cuando purificamos los engaños. Solo entonces se manifiesta la libertad total, solo entonces nos liberamos del sufrimiento. Lograr la verdadera cesación del sufrimiento es la razón por la cual nos embarcamos en el camino. El camino a través del cual cesamos los engaños es la realización de la sabiduría plena que comprende la naturaleza de la realidad.

Cortar de raíz el sufrimiento

El gran descubrimiento de la vida comienza cuando comprendemos que la raíz de nuestros problemas es la ignorancia que aprehende el «yo» y todas las cosas como verdaderas e inherentemente existentes. Cuando comprendemos esto, la raíz venenosa de la ignorancia puede ser cortada de una vez para siempre.

Los océanos de sufrimiento y penurias han surgido de esta visión profundamente arraigada de la existencia inherente que alimenta todos los otros engaños. Para ser libres del samsara, debemos lograr la sabiduría que comprende la vacuidad, que perfora la alucinación de existencia inherente y es el antídoto directo de la ignorancia.

Aun cuando la bondad y la compasión son virtudes importantes que necesitamos en nuestra vida diaria, la práctica exclusiva de ambas no acabará con el engaño de la ignorancia. Solo la sabiduría de la vacuidad puede eliminar la ignorancia. Entender la vacuidad y meditar sobre ella hasta que podamos experimentarla directamente es imperativo si queremos asegurarnos la libertad frente a la ignorancia.

La mera práctica de la meditación enfocada en la respiración durante toda una vida no nos llevará a ningún sitio. La meditación cuyo objetivo exclusivo es lograr algún tipo de descanso para la mente, algún tipo de relajación, tranquilidad interior, no conduce a la paz interior, porque no se enfoca en la superación de los engaños. La meditación que tiene el propósito exclusivo de la paz mental personal y nada más se convierte en otra forma de preocupación mundana, centrada en el alivio de esta vida. No se convierte en una causa genuina de felicidad, ni para nosotros, ni para los otros.

Por lo tanto, necesitamos tener el coraje de examinar la motivación que hay detrás de nuestra meditación. Si descubrimos que estamos meditando solo por razones mundanas, estamos infrautilizando y malgastando nuestro esfuerzo. Sería mucho más significativo utilizar la meditación para examinar los defectos del samsara y de los engaños, y desarrollar una determinación genuina, inquebrantable, para lograr la liberación.

La meditación en la concentración, también llamada meditación en la serenidad o calma apacible, tiene el propósito de desarrollar una atención estable en el objeto de la meditación, el cual debe ser vívido, claro, energético y libre de distracción. Si el agua en una laguna está sucia, no podremos ver lo que hay en el fondo. Para que podamos ver a través del agua, esta debe estar limpia, y además tiene que estar en calma. De manera análoga, para nosotros, si queremos ver con claridad y comprender la naturaleza de la mente, la naturaleza absoluta de nosotros mismos, necesitamos una mente concentrada y sin distracción que podamos controlar y apartar de la agitación, el aletargamiento y otros obstáculos mentales.

Actualizar la concentración depende de controlar la mente dispersa y el embotamiento mental. El éxito en esta empresa nos permite tener control sobre nuestra mente, que entonces puede estar en calma, mantenerse clara y enfocada. Sobre esta base, debemos aplicar la meditación analítica enfocándonos en los temas que contienen las Cuatro Nobles Verdades, porque sin ellos seremos incapaces de reconocer los factores, incluida la impermanencia de todo lo que existe y el samsara.

Sin la meditación analítica, no reconoceremos el impacto de la ignorancia en nuestra mente, que ha creado concepciones erróneas sobre el yo y todo lo que nos rodea. Mientras permanezcamos inconscientes acerca de estas concepciones erróneas, no seremos capaces de disiparlas o detenerlas. Si no disipamos las concepciones erróneas del «yo», no podremos realizar la naturaleza absoluta. Para lograr la liberación del samsara y encontrar la felicidad imperecedera, debemos realizar la vacuidad de las cosas, de la naturaleza última de todas las cosas.

Habiendo establecido una mente serena y apacible, podemos realizar fácilmente la vacuidad. El factor subyacente para este logro es mantener inmaculados nuestro cuerpo, palabra y mente, y de estos tres, lo principal es mantener nuestra mente clara. Alcanzamos esta pureza protegiéndonos de las acciones negativas del cuerpo, la palabra y la mente. El fracaso en nuestro esfuerzo por disciplinar nuestra mente es semejante a batir el agua, lo cual crea un obstáculo para la claridad y la realización de la naturaleza de la mente.

El gran yogui Milarepa dijo en sus versos: «Tenía miedo de la muerte y escapé a la montaña. Desde entonces he realizado la naturaleza de la mente, que es la vacuidad. Ahora, aunque llegara la muerte, no me sentiría alterado, no me preocuparía».

No obstante, no basta con alcanzar la liberación. No podemos estar satisfechos exclusivamente con nuestra propia liberación, porque eso solo garantiza nuestra propia felicidad personal, lo cual no es nada especial. Después de todo, incluso los animales, hasta el más diminuto de los insectos, busca su propia felicidad. No hay nada especial en esta actitud.

Nuestro precioso renacimiento humano es capaz de mucho más que el mero logro de una felicidad personal. Debemos ampliar nuestra perspectiva, reflexionar sobre que todo valor que poseemos nos ha sido dado amable y bondadosamente por otros seres. Esto incluye la bondad de innumerables seres infernales, espíritus hambrientos, animales, seres humanos, semidioses, seres del reino de los dioses, seres en el estadio intermedio, y todos los demás seres. No somos capaces de comprender esto porque no podemos ver a esos seres con nuestros ojos desnudos, y por eso mismo no podemos recordar su bondad.

¿Pensáis acaso que es correcto buscar la felicidad exclusivamente para vosotros mismos? Incluso las personas difíciles, las personas que nos disgustan o que sienten disgusto hacia nosotros, las personas que nos odian, que nos provocan o que actúan de forma abusiva con nosotros, que nos faltan el respeto o nos amenazan, han sido bondadosas con nosotros, comenzando por el hecho de que hemos aprendido mucho gracias a ellas. Aprendemos de nuestros errores, descubrimos nuestras fortalezas. Pretendan o no beneficiarnos, estas personas contribuyen a la profundización de nuestro autoconocimiento. Esto nos ayuda a lograr una compresión más penetrante de los engaños, a desarrollar más empatía, más compasión y más sabiduría, y nos permite practicar la virtud y reunir méritos; la fuente de la felicidad futura.

Pensando en estas posibilidades de crecimiento y en la generación de una mente positiva, podemos lograr una mayor felicidad temporal mientras permanecemos en el samsara, además de la felicidad en las vidas futuras. Por otro lado, cuando practicamos el buen corazón y meditamos de manera consistente en la vacuidad y en el sinsentido del aferramiento al «yo», la iluminación entra dentro de nuestro horizonte.

Nuestra iluminación se convierte en algo posible gracias a los seres sentientes. Sí, *gracias a* los seres sentientes, especialmente a los seres más difíciles y dañinos. Intenten o no beneficiarnos, los seres sentientes, con sus comportamientos «problemáticos», nos dan la oportunidad de enfrentarnos a nuestros engaños y poner en práctica las enseñanzas. Nos ofrecen los medios para que ganemos el premio mayor: nuestra iluminación. Esta es la razón por la cual los seres sentientes son lo más precioso, lo más bondadoso, lo más especial, por ello debemos esforzarnos constantemente en beneficiarlos.

El final de todo el sufrimiento del samsara se conoce como la cesación porque ya no estamos cautivos de los engaños y el karma, las causas de nuestra existencia cíclica en la miseria. Eliminar las causas del sufrimiento será un evento extraordinario, asombroso, una experiencia completamente nueva para nosotros.

Hasta ahora, todos nuestros éxitos y entusiasmos mundanos no nos han ofrecido nada significativo. Los hemos experimentado en incontables ocasiones en el samsara. Los hemos obtenido y perdido, una y otra vez, durante el curso de nuestras innumerables vidas sin principio. Los premios de la vida ordinaria son rancios. Al aferrarnos a los placeres mundanos, hemos mantenido fresca y activa nuestra ignorancia, nuestro apego y nuestra ira; hemos creado las causas para regresar de manera reiterada al samsara, para sufrir, morir y repetir el ciclo. Todavía miramos al cielo con desesperación y nos preguntamos por qué razón este es nuestro destino.

Cuando conquistamos nuestros engaños, detenemos la causa del sufrimiento. Es como empuñar un cuchillo gigante que corta la vasta expansión del sufrimiento. Esta cesación es verdaderamente lo que debemos conseguir, la más gozosa de las metas, ya que los engaños, incluidas sus semillas, no se manifestarán nuevamente.

Imaginemos que no tenemos que volver a sufrir. Cuando los engaños y sus semillas son arrancadas de raíz, ¿sobre qué base germinará el sufrimiento y dará frutos? Debido a esto, la eliminación de los engaños es una tarea que realizamos una vez y para siempre. Esforzarse por alcanzar el logro de la liberación es una tarea con resultados definitivos. ¿No deseáis comenzar ahora mismo?

Esta tarea empieza con la comprensión plena de la Primera Noble Verdad del sufrimiento, que consiste en reconocer que la existencia es como estar en el centro de un fuego terrible. Es como habitar un nido de serpientes venenosas. No debemos sentir atracción alguna dentro del samsara, ni siquiera durante un instante. Al igual que una persona atrapada entre llamas o en medio de un nido de víboras intenta por todos los medios escapar de esos peligros, nosotros necesitamos generar una firme determinación para liberarnos del samsara. Habiendo reconocido la Segunda Noble Verdad acerca de la causa del sufrimiento, y habiendo identificado los engaños y el karma como esa causa, debemos perseverar, día y noche, para alcanzar la liberación.

Si no analizamos cuidadosamente, si no comprendemos que el logro de la paz perfecta, o nirvana, requiere de una cesación total de los engaños y del karma, si no comprendemos esto, no tendremos interés en trabajar en pos de ese logro.

Aun así, si no nos esforzamos, nunca lograremos la paz perfecta, y regresaremos al punto de partida del sufrimiento ¡y a quejarnos de los problemas! Los seres sentientes permanecen en el samsara porque no ven el valor que supone hacer que los engaños cesen. Gurú Buda Shakyamuni enseñó primero el sufrimiento con el propósito de que investigáramos su causa, de modo que pudiéramos volvernos hacia su cesación. Cesar la causa del sufrimiento trae consigo el fin del sufrimiento, y por consiguiente lleva a la completa y eterna felicidad.

Después de que el Buda enseñó la naturaleza del sufrimiento, seguida de la verdadera causa del sufrimiento, reveló la Tercera Noble Verdad de la cesación del sufrimiento. Esto se refiere al nirvana o la liberación, la verdadera libertad y la felicidad última. El nirvana es la mente que se ha purificado de los engaños y que ha logrado la sabiduría que aprehende plenamente la naturaleza absoluta de la mente.

El Buda Maitreya, en sus enseñanzas del *Uttararatantra,* utilizó la analogía de la enfermedad para referirse al sufrimiento. Dijo que necesitamos entender la enfermedad, evitar la causa de la enfermedad, comprender completamente la cura y aplicar la medicina en la que podemos confiar para alcanzar la curación. Así es cómo el Buda nos guía. Cuando reconocemos que estamos enfermos, consultamos a un médico para que nos ayude. El médico prescribirá la medicina, pero si el paciente no toma la medicina, no habrá recuperación.

De manera semejante, sufrimos en el samsara, y los engaños y el karma son la causa. El Buda es como un médico que prescribe el camino del Dharma como medicina para remediar la enfermedad de los engaños. Sin embargo, si no utilizamos el Dharma que aprendemos, nuestra mente afligida no será sanada y nuestro sufrimiento continuará. Solo cuando nos recuperamos de las verdaderas causas del sufrimiento, lograremos la cesación del sufrimiento.

Gurú Buda Shakyamuni enseñó la Tercera Noble Verdad de la cesación para explicar el nirvana, el estado de libertad del sufrimiento, el estado de paz perfecta. Lo hizo con el fin de ofrecer razones para embarcarse en el camino. Si nuestra mente y nuestro cuerpo son cautivos de los engaños y el karma, la mente no tiene libertad, no tiene paz, y no está bajo nuestro control. Esto es puro sufrimiento. Hemos creído durante largo tiempo que lograr algún placer mundano nos contentaría y nos haría felices. Sin embargo, hemos visto de qué modo esos placeres no solo son temporales, sino que, de hecho, generan aún más insatisfacción.

Cuando las personas se vuelven hacia métodos temporales o mundanos para eliminar el sufrimiento, como cambiar de casas, cambiar de parejas, conseguir un nuevo trabajo y comprar más cosas, el alivio no dura, y el sufrimiento emerge de nuevo.

Esto es así porque los métodos mundanos dejan intacta la causa raíz de los problemas, el engaño y el karma. El método del Dharma erradica permanentemente el sufrimiento porque ataca cada engaño con un antídoto directo. Si esto no fuera así, la práctica del Dharma no tendría sentido alguno, no habría seres iluminados, y cualquier exposición de las enseñanzas por parte de los seres iluminados sería absurda.

Un niño que comienza la vida con muy poco conocimiento, cambia cuando estudia en el colegio al desarrollar comprensión y sabiduría. De manera semejante, por medio de la práctica del Dharma y la purificación mental, podemos lograr todo el conocimiento sin excepción, la completa omnisciencia. Podemos alcanzar, de manera definitiva, la mente iluminada que nos permitirá ver claramente a cada ser sentiente, conocer cada aspecto del karma creado alguna vez por cada ser sentiente, conocer cada segundo de cada día de la vida de cada ser, y ser capaces de indicar el remedio preciso que necesita cada ser sentiente para resolver sus problemas.

Ahora mismo no poseemos esta habilidad. Solo podemos pensar en una cosa por vez, de modo que, cuando escuchamos con atención a alguien, no podemos escuchar claramente lo que otras personas están diciendo. Cuando nuestra mente está preocupada, no podemos centrarnos en la lectura de un libro y recordar todos sus detalles. En este momento, nuestra mente tiene muchas limitaciones.

La mente omnisciente no tiene este tipo de obstáculos. Solo el intento de entender la mente iluminada ya expande nuestra comprensión. La mente iluminada ve todas las existencias del pasado, del presente y del futuro. Consideremos el número de seres sentientes que habitan en el planeta Tierra. El número de humanos es insignificante. Hay innumerables seres sentientes, incluyendo a los animales e insectos, en todos los sitios imaginables: en árboles, casas, bajo tierra, en los océanos, en el estómago, algunos visibles y otros invisibles. Sin embargo, la mente omnisciente es consciente de cada uno de ellos en un milisegundo, al tiempo que es consciente de cada átomo de materia inanimada.

Nunca debemos sentirnos descorazonados pensando que la iluminación está más allá de nuestro alcance. Si fuéramos incapaces de iluminar la mente ignorante, seríamos incapaces de educar a un niño. La mente ignorante no es eterna. Después de todo, la mente de la persona que inventó los cohetes no siempre poseyó ese conocimiento. Comenzó aprendiendo lo básico, cómo diseñarlos y cómo construirlos, y gradualmente eliminó su ignorancia sobre el tema.

De la misma manera, podemos alcanzar la cesación de la ignorancia, incluida la ignorancia de la iluminación. Tenemos los medios para experimentar directamente la iluminación a través del estudio del Dharma, las acciones virtuosas, la práctica de purificación, la reflexión y la meditación. Si lo hacemos lograremos una profunda sabiduría, al igual que adquirimos más conocimientos en nuestra educación corriente.

Mantener nuestra ignorancia es peligroso, porque la ignorancia causa más ignorancia. Sin embargo, una vez que la ignorancia es eliminada, no puede volver, sencillamente porque no hay causa para ella. La cesación de la ignorancia no puede dar lugar a una nueva ignorancia. Por el contrario, la erradicación de la ignorancia elimina todo sufrimiento y nos conduce a la paz perfecta del nirvana.

Oscurecimientos a la liberación y oscurecimientos a la omnisciencia

¿Qué bloquea nuestros logros de liberación e iluminación? Es la mente afligida por los engaños u oscurecimientos burdos y sutiles. Los obstáculos impuestos por la mente afligida tienen dos aspectos. El primero es el aspecto de los oscurecimientos a la liberación (tibetano: *nyöndrip* –la palabra *nyön* se refiere a los engaños y *drip* significa «oscurecimiento»–). El segundo aspecto es el oscurecimiento a la ominisciencia (tibetano: *she-drip* –la palabra *she* se refiere a la existencia–), las impresiones sutiles que ha dejado el engaño del aferramiento a la existencia verdadera, que a su vez dificulta la omnisciencia o budeidad plena. Estos engaños nos dificultan el logro de la liberación respecto al samsara.

Estas impresiones sutiles son tan refinadas que se dice que son meras inclinaciones o tendencias que nos llevan a la creencia de la existencia inherente. La visión dualista es el envilecimiento sutil que oscurece la omnisciencia. Cuando finalmente esta visión es eliminada, la mente alcanza la iluminación completa.

El oscurecimiento a la liberación surge cuando los engaños, como los tres venenos de la ignorancia, el apego y la ira, se manifiestan, particularmente la ignorancia, que se aferra al «yo» y a las cosas como si fueran verdadera o inherentemente existentes. Esta ignorancia deja en la mente una fuerte impresión. Hemos discutido ya de qué modo el «yo» que parece existir verdaderamente es solo una etiqueta sobre la base de los agregados. En otras palabras, el «yo» existe de manera dependiente y no inherentemente. Sin embargo, debido a conceptos erróneos e impresiones negativas dejadas en el continuo mental, la ignorancia proyecta la apariencia alucinada de un «yo» verdadera e inherentemente existente. Esta apariencia errónea causa que creamos en la existencia verdadera.

A partir de aquí emergen todos los otros apegos engañosos respecto a este «yo» verdaderamente existente, como la ira, el orgullo, la envidia y los celos. ¿Cómo ocurre esto? Recordemos la evolución de la visión errónea. Cuando creemos que un «yo» verdadero existe aquí mismo, el deseo de satisfacer las necesidades y las demandas de ese «yo» emergen. De ahí surge el apego, seguido por el enfado si el apego no puede ser satisfecho, el orgullo ante la importancia que concedemos al «yo», y la envidia dirigida a aquellos que poseen lo que el «yo» demanda.

Todos esos pensamientos engañosos y perturbadores comienzan con el concepto erróneo de un «yo» cuya existencia se aprehende verdadera e independientemente. Olvidamos que el «yo» solo está designado por la mente sobre los agregados; es solo un constructo mental. La mente ha sido oscurecida y no puede aprehender la realidad de las cosas, que es justo la ausencia de existencia inherente, la vacuidad de todas las cosas.

La ignorancia y otros engaños nos atan al samsara. Cuando fallamos en la aplicación de antídotos, no podemos liberarnos de los engaños, no podemos ir más allá del samsara para alcanzar el nirvana, lo cual explica la razón por la cual estos engaños, sobre todo la ignorancia, son llamados los oscurecimientos de la liberación. La interferencia primaria surge de las impresiones que ha dejado la ignorancia que se aferra a la existencia inherente. Sin la erradicación de la ignorancia que se aferra a la existencia inherente, no podemos lograr el nirvana o la liberación.

Incluso si este primer nivel de oscurecimiento es eliminado, las impresiones sutiles continúan manchando la mente en la forma de la visión dualista. Esto hace que veamos los objetos y los seres como si existieran por su propio lado, sin participación alguna de nuestra parte en su aparición. Mientras estas impresiones permanezcan en nuestra mente, las concepciones erróneas de autoexistencia, o existencia verdadera, también continuarán.

Por consiguiente, el siguiente nivel de oscurecimiento es el oscurecimiento de la omnisciencia o el conocimiento pleno de toda existencia. Esta es una parte sutil de las huellas dejadas por la ignorancia, que se aferra a la idea de existencia inherente, la cual produce la apariencia de existencia inherente. Nuestra mente etiqueta la apariencia del objeto, pero este no está inherentemente allí. Sin embargo, nosotros creemos que está verdadera e inherentemente allí donde aparece, existiendo de forma independiente. Como el proyector que produce imágenes sobre la pantalla, la ignorancia hace que veamos todos los objetos sensoriales como verdaderamente existentes.

Tomemos el ejemplo de un helado. Cuando se nos ofrece un helado, tendemos a verlo como autoexistente. Sin embargo, si lo analizamos de manera cuidadosa, podemos preguntarnos: ¿cómo surgió la noción de «helado»? Primero apareció la base material, y solo después de esto nosotros fijamos la etiqueta «helado». La base y la etiqueta no surgieron al mismo tiempo. Hubo una intervención mental.

Otro ejemplo: vemos a alguien que parece un antiguo amigo en la calle. Primero vemos una persona. Luego observamos la apariencia de la persona, la voz, la forma, el tamaño y, poco a poco, nuestra memoria se manifiesta y pensamos: «¡Oh! ¡Se trata de mi viejo amigo!». Aquí ocurre algo semejante, primero vemos la base (la forma de la persona), y luego, una vez que reconocemos características familiares en esa base, las etiquetamos como nuestro viejo amigo. La base se convierte en la razón que persuade a la mente a fabricar la etiqueta «viejo amigo».

Como ocurría con el caso del helado, la base y la etiqueta no surgen conjuntamente, simultáneamente. Sin embargo, si no lo analizamos, parece que la base y la etiqueta emergen en la existencia al mismo tiempo. Creemos que la etiqueta y la base son lo mismo, son inseparables, y entonces reaccionamos ante el objeto.

Por consiguiente, ahora mismo todas las cosas que vemos a nuestro alrededor –las apariencias de las personas, del suelo, de la alfombra, de todos los fenómenos– son etiquetas que nuestra mente atribuye o imputa, y en las que luego cree. Todo nuestro mundo depende de causas y condiciones, y de las etiquetas que nuestra mente pone sobre diferentes bases.

Todo surge de manera dependiente. Como todos los fenómenos existen como etiquetas mentales, no hay nada que exista de manera inherente en ellas. Tenemos una libertad total, podemos cambiar. Podemos eliminar las causas del sufrimiento que están impresas en nuestra mente y liberarnos del sufrimiento.

En breve, tenemos la capacidad de actualizar el camino y alcanzar la liberación y la iluminación. Cuando esta comprensión llegue directamente a nuestro corazón –cuando entendamos que las proyecciones de nuestra mente ignorante nos han hecho caer en la trampa de creer en la existencia verdadera o inherente–, veremos de qué manera nos hemos aferrado a la mayor de las supersticiones, al rey de los engaños: la creencia en la existencia verdadera, que ha sido dejada en nuestro continuo mental a lo largo de incontables vidas.

Si tienes puestas unas gafas con cristales rojos, verás todo lo que aparezca con un tono rojizo. Incluso si el color es blanco, aparecerá rojo. De manera semejante, la impresión sutil de la ignorancia que cree en la existencia inherente influye en toda nuestra percepción. Por consiguiente, con el fin de cortar esta ignorancia, debemos cultivar la sabiduría que realiza la vacuidad, que aprehende que todo existe exclusivamente en nombre, que es la mente la que lo nombra, y que, por lo tanto, está totalmente vacío de existencia independiente.

Cuando digo que las apariencias de existencia verdadera son falsas, incluyo al «yo» verdaderamente existente. El «yo» que existe es el que surge de manera dependiente, no el que existe de manera independiente, que la mente establece etiquetando al «yo» sobre la base de los agregados: forma, sentimientos, consciencia, discriminación e impresiones kármicas.

Como ocurre con todo lo demás, el «yo» es etiquetado por la mente. Ahora bien, ¿por qué razón las cosas siempre nos aparecen como si fueran inherentemente existentes, pese a que en realidad no existen de ese modo? ¿Por qué ocurre esto, desde el primer segundo en el cual la consciencia se manifiesta en el óvulo fertilizado en el útero de la madre, en el que ese ser percibe al «yo» como verdaderamente existente y se aferra a su percepción con ignorancia?

Después del nacimiento, cuando los seis sentidos comienzan a funcionar, ¿por qué nuestro cuerpo y todo lo demás aparece como verdaderamente existente? El Buda explicó que todo es simplemente etiquetado por la mente, pero no aparece ante nosotros de ese modo. Las cosas aparecen como si fueran concretas, independientes y verdaderamente existentes. ¿Por qué?

La respuesta es que hemos estado atrapados dentro de la caja de hierro de la ignorancia, creyendo en la existencia verdadera desde el sin principio de nuestros renacimientos. Las huellas dejadas por la ignorancia en la consciencia no fueron arrancadas en cada una de esas vidas a medida que se sucedían y nos dejaron firmemente atascados en esa alucinación, de tal modo que estamos abrumados por la ignorancia que cree en la existencia inherente. La ignorancia funciona como una droga, de modo que la manera en la que vemos las cosas es lo opuesto a su verdad.

Esa parte de la huella dejada por la ignorancia en la consciencia que hace que creamos que las cosas existen verdaderamente –ambas, la apariencia y esa impresión– se conoce como *shedrip* u oscurecimiento sutil. Este tipo de oscurecimiento no interfiere en el logro del nirvana porque es tan sutil que permanece después de la liberación. Incluso los *arhats* que han logrado la liberación ven las cosas como si estas fueran verdaderamente existentes. Por consiguiente, a menos que *shedrip* sea completamente eliminada, este oscurecimiento sutil interferirá en el logro de la omnisciencia.

Los *arhats*, como los *bodhisattvas* de los niveles octavo y noveno que no se encuentran en el estadio de equilibrio meditativo en la vacuidad, poseen este tipo de oscurecimiento sutil. Este dificulta el logro final de la omnisciencia o iluminación. Por eso lo llamamos el oscurecimiento que impide la omnisciencia. Es muy positivo recordar esto.

Por consiguiente, los sinónimos de cesación, nirvana o liberación del samsara, se refieren al fin del sufrimiento y a sus causas. Todo aquello a lo que los seres aspiran –a la libertad respecto al sufrimiento y al logro de la felicidad– está a nuestro alcance si cultivamos exitosamente los métodos para eliminar los engaños y el karma, que son las causas del sufrimiento.

Dos nirvanas: liberación e iluminación

En la mente de todos los seres sentientes existe un anhelo de estar libres del sufrimiento y de lograr la felicidad suprema y eterna. Para que esto ocurra, necesitamos eliminar el sufrimiento. Sin embargo, hasta ahora hemos tenido una comprensión limitada de lo que significa el sufrimiento. Pensamos que el sufrimiento está relacionado exclusivamente con la pobreza, la enfermedad, los problemas de relaciones o la falta de trabajo. Tendemos a considerar solo una parte del sufrimiento del samsara y no su carácter integral.

Como resultado, la cesación del sufrimiento que los seres buscan es muy limitada. Lo que intentamos es acabar inmediatamente con lo que nos molesta y, quizá, también, con lo que amenaza nuestro futuro próximo. Apenas prestamos atención a la necesidad de eliminar el sufrimiento para siempre, y debido a esto cometemos errores en nuestros objetivos espirituales. La liberación que queremos conseguir la mayoría de nosotros es incompleta. Consecuentemente, nuestros esfuerzos no producen la liberación final, no resultan en el nirvana.

El nirvana es la cesación de las causas del sufrimiento, los engaños y el karma. Al cesar las causas del sufrimiento –la ignorancia, el apego, la ira, etc.–, podemos detener por completo el sufrimiento, todos los problemas. ¡Qué extraordinario sería algo semejante! Esta y no otra es la felicidad última o la liberación.

En nuestra vida cotidiana, cuando hagamos esfuerzos para disminuir o, eventualmente, eliminar el poder que tienen los engaños sobre nosotros, descubriremos que nuestra mente se vuelve cada vez más serena y se reduce nuestra insatisfacción. El mayor obstáculo para la liberación es la falta de satisfacción, la mente insatisfecha. Al poner un límite a esta mente quisquillosa, podremos perseverar y completar el trabajo para alcanzar la felicidad última.

El camino para experimentar la felicidad en esta vida se despliega dentro de nuestra mente, transformando la consciencia marcada por los engaños y el karma, reorientándola hacia la virtud, que es la causa de la felicidad y la causa del éxito. La práctica del Dharma consiste en acabar con los engaños y transformar la mente en fuente de la felicidad y del éxito.

¡Podemos hacerlo! Cuando logremos la liberación, cuando alcancemos la iluminación plena, el trabajo habrá sido completado. No necesitaremos continuar recurriendo a los placeres samsáricos dependientes de objetos externos; generaremos dentro de nosotros la felicidad, los logros y la dicha.

Cuando hablamos de la cesación o el nirvana en la tradición Mahayana, hay dos nirvanas que tenemos que considerar. El primero es el nirvana inferior, que consiste en superar los engaños y alcanzar la liberación del samsara para uno mismo. El segundo es el gran nirvana, que consiste en superar los engaños, incluidos los oscurecimientos sutiles que impiden la omnisciencia, para alcanzar de ese modo la iluminación completa para el beneficio de todos los seres sentientes.

Una oración breve que el maestro Buda Shakyamuni enseñó a un meditador *arhat* contenía la siguiente línea: «Evita el polvo, evita el olor». Si atendemos a estas palabras superficialmente, no parecen muy significativas. Sin embargo, contienen una profunda significación respecto a los métodos del Buda, el camino que enseñó.

«Evita el polvo» se refiere a eliminar la ignorancia, el apego, la ira y otros engaños, que impiden el logro del nirvana inferior, la liberación del samsara para uno mismo. Sin la práctica de la realización de la vacuidad, resulta imposible cortar de raíz el samsara, es decir, la ignorancia.

«Evita el olor» se refiere a acabar con el engaño sutil que es el obstáculo u oscurecimiento que impide el logro de la iluminación completa. ¿En qué consiste este engaño sutil? Es la mente dualista que se aferra a la existencia inherente. Este envilecimiento es tan refinado y tan sutil que es descrito como una mera tendencia de la mente a ver la existencia inherente. Podríamos decir que es una tendencia de la mente sujeta al «olor» de lo que parece tener existencia verdadera. Esta visión errónea bloquea nuestro logro de la omnisciencia: la mente iluminada.

La cesación de los engaños y, por lo tanto, del samsara, para nuestro propio beneficio, se alcanza siguiendo el camino del Hinayana o del Pequeño Vehículo, y puede ser denominado «nirvana inferior» o «cesación inferior». La recitación sincera de oraciones puede convertirse en la causa para que nosotros mismos alcancemos el nirvana inferior, el logro de una paz perfecta. Sin embargo, sin la mente de la *bodhicitta*, que es la mente altruista que tiene en el corazón el bienestar de todos los seres vivientes, nuestras acciones no se convierten en la causa del logro de la cesación superior o gran nirvana de la iluminación. Por lo tanto, la eliminación de los engaños sutiles requiere el añadido del elemento de la *bodhicitta*.

Después de que un practicante logra el nirvana inferior, la

mente es absorbida en un estado de gozo. Es como un músico que se pasa la mayor parte del día tocando una melodía encantadora, escuchándola con una atención apasionada, ajeno a cualquier otra cosa, completamente enfocado en ella.

De manera semejante, el *arhat* permanece en un estado meditativo gozoso durante muchos eones. Después de un largo período de tiempo, el Buda persuade a la mente del *arhat*, a través de una energía de luz o algo similar, a que siga el camino del Mahayana para beneficiar a otros seres sentientes. Por consiguiente, vale la pena que nuestra aspiración vaya más allá de la mera meta personal de alcanzar un estado de paz gozoso o nirvana inferior. Lo importante es no solo beneficiarnos a nosotros mismos, sino beneficiar a todos los seres sentientes que sufren de manera tan profunda en el samsara. Por lo tanto, debemos esforzarnos por alcanzar el gran nirvana, la completa iluminación, con el propósito de beneficiar a todos los seres sentientes. Esta es la motivación del Gran Vehículo o el camino del Mahayana, el camino del *bodhisattva*.

En breve, la cesación inferior o nirvana inferior se refiere a la liberación, como liberación de los engaños que nos oscurecen. La cesación superior o gran nirvana se refiere a la gran liberación o iluminación completa, en tanto que elimina los dos oscurecimientos, es decir, los oscurecimientos que impiden la liberación (los engaños) y los oscurecimientos que impiden la omnisciencia (la visión dual sutil). Cuando estos dos oscurecimientos son eliminados, el estado puro, sublime y gozoso de la iluminación completa es alcanzado.

La iluminación implica que hemos purificado todos los oscurecimientos, burdos y sutiles. Mientras cultivamos el camino, trabajamos en la purificación de diferentes niveles de oscurecimientos, los cuales se vuelven más y más sutiles a medida que progresamos.

Primero purificamos los oscurecimientos más burdos de los engaños. Cuando limpiamos un cazo grasiento, primero limpiamos las partes burdas de aceite y suciedad, y luego limpiamos las manchas que han quedado en el cazo. De la misma manera, debemos purificar los diversos niveles de oscurecimientos internos gradualmente. Al final, llegaremos a un estadio en el cual ningún aspecto del conocimiento estará exento, en el que habremos perfeccionado todo conocimiento y purificado todos los obstáculos y oscurecimientos, incluso, los más sutiles para el logro de la omnisciencia.

Nuestra mente es como un espejo en el que podemos ver el mundo entero y todo lo que contiene, pero que ahora está oscurecido por la suciedad y el polvo. Nuestra mente está temporalmente oscurecida por las impurezas mentales que han depositado los engaños. Pero el espejo –nuestra mente– no es en realidad transformada fundamentalmente por la suciedad y el polvo, solo está oscurecida por ellas de forma temporal. Si el espejo estuviera fusionado con la suciedad y el polvo, no habría manera de limpiarlo. Cuando toda la suciedad mental y los oscurecimientos sean purificados, esta mente se convertirá en la mente omnisciente. El momento en que la mente alcanza este estado se denomina iluminación.

¿Por qué la iluminación es imperecedera? Porque una vez que los oscurecimientos son eliminados, los engaños, sus semillas y las impresiones que causan todo sufrimiento desaparecen. De este modo, resulta imposible que vuelva el sufrimiento, imposible que la felicidad degenere. Y es imposible porque ya no hay una base para que la causa de sufrimiento reemerja e interfiera en la felicidad. Por ejemplo, hoy nuestra mente está controlada por los pensamientos perturbadores de la ignorancia, la ira y el apego. En el presente, la mente está oscurecida por estas aflicciones debido a que ellas mismas son una continuación de las aflicciones mentales que existieron ayer. No hemos eliminado los pensamientos perturbadores de ayer, y por ese motivo continúan hoy.

Lo mismo ocurre con la vida anterior. Si hubiéramos eliminado completamente los engaños, actualizando el remedio del camino en nuestra mente en vidas pasadas, sería imposible que naciéramos con estas aflicciones mentales en esta vida. No habría pensamientos perturbadores si esos engaños hubieran sido detenidos y, por tanto, no habría infelicidad, ni problemas en esta vida. La lógica es evidente: si ayer hubiéramos limpiado completamente un tejido sucio, hoy estaría limpio, ya que no tendría la «suciedad almacenada» de ayer. De manera semejante, una vez que eliminamos los engaños y los oscurecimientos de manera completa, deja de haber continuidad de engaños y de oscurecimientos que nos molesten.

Me gustaría reiterar que, incluso si somos capaces de lograr la cesación de los engaños y alcanzar la liberación para nosotros mismos, no es suficiente. Ese no es el verdadero propósito de la vida; no es la razón por la cual hemos adoptado este precioso cuerpo humano. El significado real de la vida, la meta real, el propósito real que nos ofrece la posesión de este precioso renacimiento humano es conducir a todos los seres sentientes a la felicidad eterna e incomparable de la completa iluminación, a través de la liberación respecto a los engaños y las manchas mentales de los oscurecimientos.

¡Qué maravilloso! Esta es la manera de devolver la bondad a todos los seres.

Alcanzar el nirvana

El camino para lograr el nirvana y la iluminación completa se trata en el capítulo sobre la verdad del camino, sin embargo, aquí ofrecemos un breve bosquejo de ambos.

Debido a la ignorancia, surge la errónea concepción del «yo» como verdaderamente existente y, a partir de allí, emerge la ignorancia sobre el karma. Debido a que esta ignorancia sobre la apariencia de existencia verdadera no tiene principio, tampoco tiene comienzo la ignorancia sobre karma. Como la ignorancia ha prevalecido en nuestro continuo mental, hemos estado dando vueltas en los seis reinos del samsara durante vidas sin principio, experimentando dolor y miedo, una y otra vez hasta el presente. Habiendo acumulado semejante cantidad de karma a través de la ignorancia, nacemos repetidamente en los reinos de sufrimiento. ¿Puedes ver ahora cuán crucial es liberarse de la ignorancia de la existencia inherente y de la ignorancia del karma?

La liberación comienza con una genuina y sincera renuncia del samsara. A través de la observación y el análisis, nos convencemos de todos los defectos y el terrible sufrimiento que los engaños traen a nuestras vidas. Si somos poco entusiastas en nuestros esfuerzos, a veces reunciando al samsara, pero en otras ocasiones anhelando el samsara, nuestro progreso hacia la liberación será lento y difícil. Nuestra determinación estará siempre en peligro de debilitarse.

Somos conscientes del valor del Noble Óctuple Sendero –palabra recta, acción recta, rectos medios de vida, esfuerzo recto, recta atención, recta concentración, recta visión y recto pensamiento– y ponemos esfuerzo en esta dirección. El Óctuple Sendero también puede agruparse en los tres entrenamientos superiores de la moralidad, la concentración y la sabiduría. El entrenamiento en la conducta moral forma la base para la actualización de los otros dos entrenamientos: concentración y sabiduría.

Hay una razón para describir la moralidad, la concentración y la sabiduría como entrenamientos superiores. Otras religiones incluyen su propia moral estándar, como, por ejemplo, evitar el asesinato de seres humanos, y también puede que incluyan algunas prácticas para desarrollar la concentración de la mente. Sin embargo, en el budismo, la moralidad cubre un amplio espectro de conductas. Incluye evitar las diez acciones no virtuosas que discutimos anteriormente: abstenerse de dañar a cualquier ser vivo, matar, robar, tener un comportamiento sexual inapropiado, mentir, utilizar un lenguaje ofensivo, divisivo y banal, la codicia, la animadversión y la visión errónea. La moralidad budista también incluye adoptar preceptos y votos, como los votos laicos y la ordenación monástica, los cuales deben ser protegidos, incluso a costa de la propia vida.

En el Tíbet tenemos un animal que se llama yak, un animal grande y fuerte que se parece al buey. El yak se caracteriza por proteger especialmente su cola. Si cuando transita a través del bosque la cola del yak se enreda en un arbusto, no se apresura a liberarse a sí mismo. Incluso si un cazador está a punto de dispararle, no se apura, porque no quiere dañar su cola, porque no quiere arrastrarla por los arbustos. Para el yak, ¡perder un mechón de su cola para ser libre parece un precio demasiado elevado!

De manera semejante, el santo Lama Atisha protegía sus votos, desde los preceptos menores a los votos mayores, sin excepción. Protegía sus votos de la misma manera que un yak protege su preciosa cola, cuidando más sus votos que su propia vida. La moralidad es una premisa del refugio en las Tres Joyas del Buda, el Dharma y el Sangha. Por lo tanto, los tres entrenamientos superiores implican la práctica de la moralidad con el refugio, la práctica de la estabilidad meditativa con el refugio, para analizar las enseñanzas del Buda, y la práctica de la sabiduría o la comprensión profunda con el refugio, para lograr la realización directa de la vacuidad y la no dualidad.

Alcanzar la iluminación plena

Debemos entender que la aprehensión de la naturaleza absoluta del yo como vacía de existencia inherente no implica la interrupción automática de la autocomplacencia. El antídoto a la ignorancia es, de manera indiscutida, la sabiduría que realiza la vacuidad de todas las cosas, pero la autocomplacencia solo puede disiparse a través de la *bodhicitta.* Mientras el pensamiento de la autocomplacencia no sea destruido, la realización plena de la vacuidad solo nos permitirá permanecer en el horizonte del nirvana individual durante mucho tiempo, pero no nos inclinará a trabajar por todos los seres sentientes.

Por consiguiente, el practicante que aspira a hacer más, que abandona el anhelo exclusivo de la autoliberación y busca la realización completa para beneficiar a todos los seres, como hacen los *bodhisattvas*, primero debe desarrollar una renuncia inquebrantable del samsara. Luego necesita practicar las seis *Paramitas* o Seis Perfecciones: la generosidad, la moralidad, la paciencia, la perseverancia, la concentración y la sabiduría, que forman la conducta del *bodhisattva*, y debe continuar con la práctica del tantra, tal como veremos en el próximo capítulo.

Las cualidades diferenciales del nirvana y la iluminación

Mencioné anteriormente que el nirvana puede ser categorizado como nirvana inferior o liberación, y gran nirvana o iluminación completa. Estos dos estados son diferentes, lo cual significa que también son diferentes las cualidades de los logros.

El nirvana o liberación es la cesación de todas las formas concebibles de sufrimiento. En este estado, ya no estamos sujetos al sufrimiento del sufrimiento, al sufrimiento del cambio y al sufrimiento compuesto que todo lo invade. Logramos liberarnos del samsara y experimentamos una felicidad eterna para nosotros mismos, pudiendo de este modo permanecer en soledad, en un estado de gozo, durante eones.

La iluminación o gran nirvana es, asimismo, la cesación de todas las formas de sufrimiento y, más allá de ello, es la compleción de todos los logros espirituales, incluido la erradicación del aferramiento sutil de la existencia inherente. Es un estado de felicidad incomparable en el que las cualidades perfectas del cuerpo santo, la palabra santa y la mente santa de la persona iluminada, motivada por el bienestar de todos los seres, es ahora capaz de beneficiar y guiar a todos los seres sentientes sin la más mínima de las equivocaciones.

Al alcanzar la iluminación, un ser se convierte en una persona plenamente despierta, un buda, cuya mente santa de sabiduría trascendental es llamada el *dharmakaya*, y cuyo cuerpo es llamado el *rupakaya*.

Los cuatro *kayas*

Cuando alcanzamos la iluminación, la mente se convierte en *dharmakaya*, la mente omnisciente. La naturaleza de esta mente es el cuerpo de verdad, el *svabhavikaya*, libre de manchas. En otras palabras: la mente iluminada lo conoce todo, y su naturaleza absoluta es la pureza completa, libre de todos los engaños burdos y sutiles. De este modo, la mente iluminada no es como un cielo vacío, sino que es todo conocimiento y completa pureza.

La santa mente del *dharmakaya* está completamente purificada de la visión dual sutil, libre de las apariencias de existencia verdadera y de los oscurecimientos que impiden la omnisciencia. Para siempre permanece en estado de equilibrio meditativo en la vacuidad, viendo directamente la vacuidad de toda existencia, sin dualidad de sujeto y objeto. La realización de la mente omnisciente de la vacuidad es como verter agua en el agua.

La durabilidad de la realización de la mente omnisciente de la vacuidad es distinta a la del practicante que ha realizado la vacuidad de todas las cosas directamente, quien, durante el tiempo de su equilibrio meditativo, concentrado directamente en la vacuidad, subyuga la visión dual sutil. A pesar de haber sido subyugadas, las manchas de la visión dual sutil permanecen como un oscurecimiento que impide la omnisciencia. Por lo tanto, este practicante no puede meditar en equilibrio para siempre sobre la vacuidad, algo que sí puede hacer la mente omnisciente. La realización de la vacuidad de todas las cosas de esta persona no es como verter agua en el agua, porque esta persona tiene necesidad de salir de esta meditación. Durante las pausas de la meditación, la visión dual suprimida vuelve a emerger, y una vez más ve la aparición de existencia inherente.

En contraste, la mente santa del *dharmakaya* está completamente liberada de esto y de todas las manchas, incluso de la visión dual.

Sin embargo, no podemos guiar a los seres sentientes permaneciendo sencillamente en el *dharmakaya*, en un estado mental. La mente omnisciente debe manifestarse en una forma que pueda ser percibida por los demás seres. Los seres sentientes tienen diversos niveles mentales, y eso significa que, para guiar a cada uno de ellos, los seres omniscientes deben manifestarse en diferentes formas: como un rey, como un líder, como un trabajador, como un vagabundo, como un maestro virtuoso, como un carnicero, como una prostituta, como un juez, etc.

Por consiguiente, el aspecto de la forma del Buda que los seres vivientes pueden percibir se llama el *rupakaya*, e incluye dos aspectos: el *samboghakaya* y el *nirmanakaya*. La forma del *samboghakaya* es visible solo para los *arya bodhisattvas*, esos seres realizados que han percibido la vacuidad directamente. La forma *nirmanakaya* es visible para los seres sentientes corrientes, y es la forma adoptada por el Gurú Buda Shakyamuni cuando hizo girar la rueda del Dharma y reveló el camino.

El estado iluminado del santo cuerpo, la santa palabra y la

santa mente del Gurú Buda Shakyamuni tiene infinitas buenas cualidades.

Los seres sentientes obtienen muchos beneficios por el simple hecho de contemplar el cuerpo santo del Buda. Un ser que contempla la apariencia del Buda, con sus treinta y dos marcas mayores, y sus ochenta marcas menores, siente de inmediato una paz interior y experimenta el dominio de la serenidad. Mirar sencillamente al Buda purifica enormes cantidades de oscurecimientos y karma negativo. Además, al realizar ofrendas al Buda, al tiempo que mantenemos en nuestra mente sus cualidades, como su conocimiento, sabiduría y compasión, creamos una conexión y un karma positivo. Esto nos ayuda en nuestra vida corriente y nos pone en camino de la actualización de nuestro potencial pleno de la budeidad.

La santa palabra del Buda es tan extensa que una simple oración de consejo es escuchada por incontables seres sentientes en sus propias lenguas y contiene consejos adecuados para enfrentar las necesidades y el karma de cada ser sentiente. La santa palabra del Buda nos guía, además, a través de las palabras que aparecen en los libros, las enseñanzas y los registros de diálogos. Aunque hay muchos métodos para revelar el Dharma a los seres sentientes, estos no pueden realizar las enseñanzas hasta que la mente alcanza el nivel kármico o las condiciones adecuadas para recibirlas. Por lo demás, las enseñanzas tendrán escaso beneficio, ya que la mente no es capaz de digerir lo que le es revelado. Por ejemplo, los seres del reino de los dioses no tienen karma suficiente para recibir enseñanzas de una manifestación de un buda. Muy pocos seres del reino de los dioses tienen afinidad con el Dharma, y solo escuchan enseñanzas en días especiales, como los días de luna llena, y solo en la forma de golpes de tambor del Dharma, que proviene de los tambores del reino de los dioses que no están hechos para los seres corrientes.

La mente santa del Buda es infinita y precisa en su conocimiento. Por ejemplo, si uno corta diversas plantas en diferentes países en pequeños pedazos y luego esparce esas partículas en el océano durante cien años, la mente omnisciente del Buda será capaz de identificar perfectamente el tipo de planta de cada partícula y de dónde ha venido. Esto ilustra los increíbles poderes psíquicos, la clarividencia y el perfecto conocimiento de la mente del Buda.

La mente omnisciente del Buda ve toda existencia. La mente santa del Buda está en todos lados. Omnisciente significa que la mente del Buda conoce cada situación, cada mente individual de los seres sentientes, cada karma de los seres y cada característica, fortaleza, debilidad y deseos, en completo detalle, de todos los seres. Esto implica, además, que la mente del Buda conoce el tipo de orientación precisa o guía conveniente para que cada ser sentiente, de acuerdo con su nivel de mente y su condición kármica, pueda lograr una mente más pura y más desarrollada. La mente santa del Buda conoce todos los métodos para guiar a cada ser sentiente a la iluminación.

En mi propia experiencia, ha habido muchas ocasiones en

las que intentaba clarificar un punto del Dharma y, de algún modo, siempre encontraba el texto o el pasaje que me daba la explicación que necesitaba. Esto ocurría incluso cuando era inconsciente de que la respuesta estaría en el texto. Empecé a tener la sensación de que algo me estaba dirigiendo a las fuentes del Dharma que estaba explorando. Así es como la santa mente del Buda funciona. De modo similar a la lluvia que permite que los cultivos crezcan, la mente omnisciente alimenta el campo de la mente de los seres sentientes y ayuda a que crezcan en virtud, guiándolos para que se alejen del sufrimiento y orientándolos hacia la iluminación.

Los Cinco Caminos

A través de la ciencia aprendemos de dónde vienen las cosas, cómo funcionan, cómo resolver problemas por medio de métodos de recuperación y cómo los átomos, al encontrarse con otros átomos, producen poder, etc. De manera semejante, el Dharma explora de qué manera funciona el samsara, cuáles son sus causas y consecuencias, y cuáles son sus remedios. El Dharma examina el potencial de la mente cuando se encuentra con el Dharma, y los resultados subsecuentes de la liberación y la iluminación completa. Por consiguiente, progresamos espiritualmente eliminando las capas de oscurecimientos y logrando realizaciones más profundas en el camino hacia la meta de la cesación del sufrimiento.

Los Cinco Caminos son estadios en los que se eliminan diferentes tipos de oscurecimientos y en los que se logran diversas clases de realizaciones. Los Cinco Caminos permiten al practicante entender mejor el proceso completo hacia la liberación y la iluminación.

Comencemos primero con una idea general de los Cinco Caminos. Los primeros dos caminos se refieren a la rememoración de la virtud y a la preparación para la realización directa de la vacuidad. Esta realización ocurre en el tercer camino, también llamado el camino del ver o de la recta visión, en el que los oscurecimientos a la realización de la vacuidad de todas las cosas quedan eliminados. A continuación, el practicante desarrolla de manera sistemática la sabiduría que ve la naturaleza absoluta de las cosas y alcanza el siguiente nivel, en el que los oscurecimientos sutiles son superados. Este progreso gradual prosigue hasta que se erradican todos los oscurecimientos burdos y sutiles.

Por consiguiente, un practicante no se sienta en meditación y de repente todos los oscurecimientos son eliminados. Sencillamente, no ocurre de ese modo. Por el contrario, los oscurecimientos van siendo erradicados por capas, a través del cultivo de un camino gradual de aprendizaje y meditación.

Ahora, nuestra mente se encuentra temporalmente oscurecida y es impura porque está obstruida por los engaños y las acciones y los pensamientos negativos producidos por los engaños. A través de la purificación de estas poluciones que llevamos a cabo por medio de la práctica de la virtud, las prácticas de purificación y la meditación en la naturaleza absoluta de las cosas, la mente puede restaurar completamente su estado puro.

Que una pieza de tela blanca esté sucia no significa que el color blanco que subyace a esa suciedad haya desaparecido. La blancura continúa estando, lo que ocurre es que está temporalmente tapada por la suciedad. De manera semejante, la esencia de cada ser sentiente es la naturaleza clara, luminosa y pura de la mente, aun cuando se encuentra temporalmente ensombrecida por los engaños. Esta naturaleza pura de la mente explica por qué razón el logro de la iluminación es posible: sencillamente, porque nuestra mente no está manchada de manera permanente por la ignorancia y los engaños. Esto es importante recordarlo.

Los Cinco Caminos son:

El camino de la acumulación (o mérito).
El camino de la preparación (o conjunción).
El camino del ver (o el camino de la recta visión).
El camino de la meditación.
El camino del no-más-aprendizaje.

Tanto el vehículo del Hinayana, como el del Mahayana o vehículo del *bodhisattva*, utilizan el término «Cinco Caminos», pese a que difieren respecto al modo en el cual los oscurecimientos son eliminados y las realizaciones que implican.

De acuerdo con el vehículo del Hinayana, debemos avanzar a través de los Cinco Caminos para alcanzar el nirvana, definido en este caso como liberación del samsara. Como la meta del practicante del Hinayana es la liberación personal o nirvana inferior, esta persona entra en los Cinco Caminos del Hinayana generando una renuncia estable y pura del samsara.

Una persona cuya meta es la iluminación plena del vehículo del Mahayana o vehículo del *bodhisttava* también persigue los denominados Cinco Caminos. Pero, como la meta del vehículo Mahayana es el bienestar de todos los seres, una persona entra a los Cinco Caminos del Mahayana renunciando al samsara y generando la *bodhicitta*, la intención altruista de lograr la iluminación para el beneficio de todos los seres sentientes.

Los Cinco Caminos del Hinayana

Cuando un practicante se esfuerza, día y noche, por liberarse del samsara, y finalmente alcanza este objetivo, entonces él o ella entra en el Pequeño Vehículo o en los Cinco Caminos del Hinayana. El primer estadio se conoce como camino de acumulación, en el cual el practicante recolecta méritos por medio de la práctica virtuosa. De este modo, a través de una conducta virtuosa y con la práctica de la meditación, la persona entra en el camino de conjunción, también denominado camino de preparación, en el que logra una comprensión profunda sobre la verdadera naturaleza de las cosas, y prepara la mente para lograr la liberación de los engaños, la fuente del samsara.

A ello sigue una vida de virtud y más esfuerzos meditativos, lo cual conduce al camino de la visión recta, en el que la persona logra una aprehensión directa de la ausencia de existencia inherente de todos los entes.

Dentro de este camino del ver hay dos estadios: el estadio sin obstáculos y el estadio de la liberación. Cuando el estadio sin obstáculos es completado, el estadio de la liberación se alcanza simultáneamente, y en él se eliminan 112 engaños. A continuación, el practicante entra en el camino de la meditación, en el que se erradican los restantes engaños burdos y sutiles. Cuando esto se completa, el practicante alcanza el camino de no-más-aprendizaje, y logra el nirvana, convirtiéndose de ese modo en un *arhat*.

El vehículo del Hinayana se refiere a dos niveles de practicantes. El «oyente» (sánscrito: *shravaka*) recibe enseñanzas de un gurú y luego explica las enseñanzas a otros. El «buda solitario» (sánscrito: *Pratyekabuda*), después de recibir esas enseñanzas, entra en un estado de soledad para meditar hasta lograr realizaciones.

Los Cinco Caminos del Hinayana conducen a la liberación, que es la cesación de los sufrimientos samsáricos y de sus causas. La ignorancia, la causa raíz del sufrimiento, se elimina por la aprehensión de la naturaleza última, vacía, del yo. A través del desarrollo de esta sabiduría, todos los otros engaños son erradicados, de modo que las acciones producidas por los engaños cesan, e incluso las semillas de la ignorancia implantadas en la consciencia quedan eliminadas. Cuando las semillas de la ignorancia desaparecen, nos liberamos del samsara, y con ello de todos los problemas, incluida la muerte ordinaria y el renacimiento en el samsara.

Al completar los Cinco Caminos, el practicante detiene los

engaños en su continuo mental y alcanza el nirvana o la liberación, el estado de paz sin dolor.

Sin embargo, si pensamos en los innumerables seres sentientes que permanecen atrapados en el gran sufrimiento, vemos que no es suficiente con que un individuo logre la completa libertad respecto a su propio sufrimiento y sus causas. Por ese motivo, los practicantes necesitan entrar en el camino del Mahayana, el camino del Gran Vehículo, cuyo objetivo es liberar a todos los seres sentientes del sufrimiento y llevarlos a la dicha de la iluminación.

Los Cinco Caminos del Mahayana

Cuando exploramos la naturaleza y la extensión del sufrimiento del samsara y vemos cómo nosotros mismos e innumerables seres somos víctimas, nos acercamos al establecimiento de una renuncia firme del samsara. A partir de esa base de renuncia, generamos *bodhicitta*, la intención altruista de beneficiar a todos los seres vivientes, con el propósito de embarcarnos en los Cinco Caminos del Gran Vehículo o Mahayana. Estos son los caminos del Mahayana de la acumulación, de la conjunción/preparación, del ver, de la meditación y del no-más-aprendizaje. Completando estos caminos, conjuntamente con el compromiso de embarcarnos en las acciones del *bodhisattva* de las Seis Perfecciones o *Paramitas*, logramos la iluminación completa. Solo en ese momento seremos capaces de beneficiar a todos los seres.

El primer estadio, el camino del Mahayana de la acumulación o camino del mérito, está dividido en tres fases: pequeña, media y grande. El primer paso es la realización de la *bodhicitta*, el cultivo constante de la intención altruista de guiar a los seres a la iluminación, que es el portal del camino del Mahayana. La generación de la *bodhicitta* nos conduce al camino del Mahayana de la acumulación, en el que acumulamos méritos escuchando las enseñanzas del Dharma –reflexionamos, contemplamos, meditamos, actuamos virtuosamente y vivimos la vida de acuerdo con el Dharma–. A medida que profundizamos nuestra práctica en cada nivel, se eliminan gradualmente los engaños burdos.

En el instante en que nuestra mente alcanza el gran camino de la acumulación, donde sea que nos encontremos –en el exterior o en el interior realizando nuestros quehaceres cotidianos–, vemos a los seres iluminados en su forma del *nirmanakaya*. Antes de que esto ocurriera, nuestra mente estaba lejos de ser pura, por lo cual no veíamos a los budas de este modo. Al contrario, veíamos al buda como un ser humano corriente, en una forma totalmente ordinaria. Esto es así, porque nuestra mente es impura y no está libre de oscurecimientos.

El Buda aparece de acuerdo con el nivel de la mente. Debido a que estamos habituados a la creencia en la «realidad» tal como aparece a nuestros sentidos, y debido a que limitamos nuestra comprensión de las personas al modo en que las vemos, no somos capaces de ver a un buda como un buda, ¡aunque se siente junto a nosotros! Este viejo hábito de creer en las apariencias corrientes bloquea la realización en varios niveles, desde la devoción al gurú, hasta el reconocimiento del Buda como un Buda. Pero, cuando alcanzamos el gran camino de la acumulación o el camino del mérito, la mente está mucho más purificada, de modo que vemos innumerables budas frente a nosotros, en el aspecto del *nirmanakaya*, la forma que es visible para los seres sentientes.

La motivación de la *bodhicitta* permite a una persona en el camino del Mahayana de la acumulación crear más méritos de los que crearía una persona que sigue el Pequeño Vehículo del camino de la acumulación, porque la motivación del Mahayana va más allá de la propia liberación, extendiéndose en su propósito para liberar a todos los seres vivientes.

A continuación, nos movemos hacia el camino del Mahayana de la preparación. Aquí, a través de la práctica persistente de las virtudes y de las meditaciones, logramos la realización de las Cuatro Nobles Verdades y la naturaleza absoluta de la realidad. Continuamos eliminando más capas de engaños y oscurecimientos, preparándonos para lograr el tercer estadio, el de la visión recta. Este camino del Mahayana del ver elimina 112 oscurecimientos.

En este nivel, logramos la sabiduría que percibe la vacuidad *de modo directo*, trascendiendo la simple comprensión profunda de la vacuidad. Ahora la experimentamos directamente. Una vez que se ha logrado la percepción directa, todos los engaños burdos en nuestro continuo mental quedan destruidos, los oscurecimientos que impiden la liberación son purificados y nosotros somos liberados del samsara.

En ese momento nos convertimos en seres *arias*, seres santos que han visto directamente la vacuidad y que están libres del sufrimiento, la enfermedad, la muerte y el renacimiento descontrolado. En este estadio, la mente está tan purificada que vemos a todos los budas en su aspecto del *sambhogakaya*, el aspecto visible exclusivamente a los seres *arias*.

Una vez que han sido eliminados los engaños burdos en el camino del ver, solo quedan los envilecimientos sutiles. Los envilecimientos sutiles que oscurecen la omnisciencia, las manchas sutiles de la mente, son las impresiones sutiles negativas en el continuo mental causadas por las aprehensiones erróneas pasadas del «yo» y todos los fenómenos como inherente y verdaderamente existentes. Este envilecimiento sutil obstruye el pleno despertar u omnisciencia.

Después de entrar en el tercer camino del Mahayana del ver o visión recta comenzamos a cultivar los diez estadios, o bases. En sánscrito estos son llamados los diez *bhumis*. El camino del Pequeño Vehículo no tiene estos diez *bhumis* o niveles de perfección. Hay más perfecciones en el camino del Mahayana. Cuando entramos en el camino del Mahayana del ver, comenzamos a cultivar el primer *bhumi*, y luego el siguiente, y así de forma sucesiva. En el momento en que alcanzamos el octavo *bhumi*, todos los engaños burdos han sido eliminados y completamos el camino ininterrumpido y alcanzamos el camino de liberación.

Mientras cultivamos los primeros siete *bhumis*, los engaños permanecen en nuestra mente. Pero después de alcanzar el octavo *bhumi*, todos los engaños burdos quedan eliminados y cesan completamente.

Cuando esto ocurre, no estamos ya en el samsara. Esta es la razón por la cual el octavo *bhumi* y los subsiguientes se llaman los tres estadios puros –los engaños burdos han desaparecido–. Los siete estadios tempranos se llaman estadios impuros porque los engaños permanecen en la mente del practicante. La función de estos tres estadios posteriores es, exclusivamente, la de eliminar los oscurecimientos sutiles remanentes de la mente dualista.

Además de su poderosa motivación de beneficiar a todos los seres sentientes, el camino del Mahayana se conoce como el camino del Gran Vehículo porque genera más realizaciones, tiene más funciones y purifica y elimina más oscurecimientos. Cada uno de los caminos del Mahayana genera más conocimientos, perfecciones y habilidades que los correspondientes caminos del Pequeño Vehículo o Hinayana.

Los diez *bhumis* continúan en el cuarto estadio, llamado el camino del Mahayana de la meditación, en el que, por medio de una meditación en equilibrio sin interrupción, la aprehensión de la naturaleza absoluta de la realidad es continuamente desarrollada y refinada. Solo quedan entonces los oscurecimientos sutiles.

De nuevo, hay dos estadios: el camino ininterrumpido y el camino de la liberación. El camino ininterrumpido se convierte en el remedio para nuestros oscurecimientos sutiles en relación con la vacuidad del yo y los fenómenos. La compleción del camino ininterrumpido coincide con el logro del camino de la liberación, en el que los oscurecimientos sutiles remanentes son al fin arrancados de raíz.

Después de esta compleción, no quedan obstrucciones en nuestro continuo mental. Los 108 oscurecimientos remanentes son eliminados. El oscurecimiento que impide la iluminación queda completamente extinguido. En ese momento entramos en el camino final de no-más-aprendizaje y nos convertimos en un buda completamente iluminado, un buda en pie de igualdad con todos los budas.

Intenta recordar la función de cada uno de los Cinco Caminos del Pequeño Vehículo y de los Cinco Caminos del Mahayana, como también la efectividad de la visión recta y el camino de la meditación para eliminar los engaños y los oscurecimientos sutiles. Es muy útil realizar un autochequeo y una meditación analítica sobre nuestra práctica del Dharma recordando la significación de cada uno de los caminos y sus funciones en la eliminación de tipos específicos de engaños y oscurecimientos.

A medida que actualizamos cada uno de los caminos, los diversos niveles de engaños, oscurecimientos y concepciones erróneas quedan eliminados. Esta es la manera en la cual el Dharma nos libera de las garras del samsara, hasta de los más sutiles oscurecimientos. Ahora se convierte en algo sencillo de entender.

Nosotros recibimos una guía y ayuda por parte del Buda a través del Dharma. Si Gurú Buda Shakyamuni no hubiera transitado el camino, no habría alcanzado la iluminación, y no sería capaz de ayudarnos a los seres sentientes. Su generosidad hacia nosotros ilustra la eficacia del Dharma, el modo en el que nos permite dejar atrás el sufrimiento.

Hay dos maneras de analizar el Dharma. Podemos constatar de qué modo el conocimiento del Dharma y los consejos ofrecidos por los seres realizados guían a todos los seres fuera del sufrimiento. Y también podemos constatar de qué modo el Dharma que hemos actualizado en nuestra propia mente nos guía fuera del sufrimiento en el corto y largo plazo. Ambos análisis nos animan a practicar y perseverar.

El Gurú Buda Shakyamuni completó la colección de méritos y la colección de sabiduría, y de ese modo logró todos los *kayas*. Entonces nos reveló todas las enseñanzas a los seres sentientes para permitirnos alcanzar la cesación del sufrimiento, y nos enseñó los métodos de modo detallado.

En los altares, en los monasterios tibetanos, ponemos los volúmenes del *Tengyur* y el *Kangyur* que contienen estas enseñanzas del Buda y sus comentarios formulados por grandes maestros budistas. Todas estas enseñanzas fueron dejadas en el mundo para que las estudiáramos, las contempláramos y meditáramos sobre ellas, y para que vivamos de acuerdo con las mismas.

Por lo tanto, cuando entremos en una *gompa* y veamos estas escrituras, tomémonos el tiempo que sea necesario para recordar que el Buda enseñó el Dharma para guiar a los seres sentientes a la gran cesación, a la iluminación.

Anécdotas de la vida de Kyabje Zopa Lama Rimpoché

Ofrendas a los mosquitos

Mientras se encontraba en el Centro Deer Park en Madison (Wisconsin), Rimpoché hacía caminatas diarias al atardecer. Caminábamos durante una hora por un sendero campestre, angosto, flanqueados por campos de maíz. Rimpoché caminaba mientras recitaba una escritura en voz alta. Cada día, recitaba un texto diferente de memoria.

Pero en aquella área había muchos mosquitos y ¡otras clases de insectos que picaban y cuyas picaduras producían un verdadero escozor! Sin embargo, Rimpoché no quiso hacer caso de las sugerencias que le hicimos para que usara algún tipo de protección. Rimpoché no está interesado en protección alguna para su cuerpo. Piensa que dejar que los insectos le piquen y se alimentan con su sangre y su carne es una pequeña ofrenda para esos diminutos personajes.

Bendiciones y pérdida de vuelos

Es hora de dejar el pequeño hotel indio para ir al aeropuerto. Todo está empacado y listo, y contamos con tiempo suficiente. De pronto, el personal del hotel se ha enfermado seriamente y se le ruega a Rimpoché que realice una *puja*... ¡Rimpoché dice que la hará ahora mismo!

Nosotros esperamos ansiosos. Por supuesto, es importante que la *puja* se realice, pero ocurre que siempre pasa algo cuando necesitamos desesperadamente estar a tiempo en algún lugar, como, por ejemplo, en el aeropuerto para tomar un avión. La *puja* comienza….

Quince minutos después, la *puja* de Rimpoché continúa. En estas situaciones, Rimpoché parece no mostrar preocupación alguna por el tiempo. Explica cuidadosamente a cada persona de qué trata la *puja*, lo que debe pensar, cómo debe motivarse, qué ha de entender. ¿Qué podemos hacer sino esperar? Se está haciendo tarde…

Media hora después, todavía estamos en el hotel. Estamos intentando irnos, pero otro hombre del personal del hotel quiere que Rimpoché escriba algo para poder enmarcarlo en su casa como bendición. Él escribe un verso sobre la *bodhicitta*. Está haciéndose muy tarde, por lo que se me ocurre anticiparme para facturar nuestras maletas y esperar que Rimpoché llegue a tiempo.

Cuatro horas después, llegamos finalmente al aeropuerto, pero otras personas llegan con nosotros, y lo siguen con objetos que desean que firme. Rimpoché está tomándose su tiempo y no solo firma, sino que también escribe algo significativo para ellos. Corremos a embarcarnos, pero cuando llegamos a la ventanilla de inmigración nos dicen que, debido a que no nos registramos en la Oficina de Registro Extranjero en el momento de entrar en la India, ¡no podemos viajar hoy! Rimpoché no se enfada ni se angustia nunca por ese tipo de cosas… ¡Es hora de relajarnos y tomar una taza de té y una rica *samosa*!

Coca-Cola y bodhicitta

Un hombre que ha abierto un centro de meditación en una ciudad portuaria de Malasia ha venido a pedir consejo de Rimpoché. Le ha dicho que siente que él tiene algún tipo de percepción sensorial especial y que desea desarrollar esa habilidad hasta lograr clarividencia para ser capaz de ayudar a más personas e incluso curarlas. Le explica detalladamente sus habilidades, y le pregunta qué práctica debe realizar para desarrollar la clarividencia.

Rimpoché lo escucha con mucha atención, permanece en silencio por un tiempo y luego mira al hombre y le dice: «¡Bebe más Coca-Cola!». El hombre se sobresalta ante el contexto poco ortodoxo. Rimpoché rompe a reír y le da palmaditas en el hombro diciéndole: «¡Solo bromeaba!», y continúa de manera más seria: «La clarividencia misma es un logro de nivel inferior. Es mejor que apuntes a la *bodhicitta*. Pon tu esfuerzo en desarrollarla porque cuando alcances la *bodhicitta*, la clarividencia vendrá por sí sola, y de ese modo podrás verdaderamente ayudar a los otros».

4. La verdad del camino

El sufrimiento es el objeto que debe conocerse, la verdadera causa del sufrimiento es lo que debe ser abandonado, la cesación del sufrimiento es la que debe ser actualizada, y el verdadero camino es en lo que nos apoyamos para lograr el fin del sufrimiento. Este es el consejo del Buda al revelar las Cuatro Nobles Verdades.

En la Cuarta Noble Verdad del camino, el Buda reveló los métodos hábiles para alcanzar la cesación del sufrimiento y la liberación del samsara. Es el camino de la virtud, el camino de la felicidad de esta vida y de todas las vidas futuras.

Lo fundamental en los métodos del Buda es evitar dañar a otros seres sentientes. Esto lo ilustra el Buda en cuatro líneas:

No cometas ninguna acción malsana.
Realiza únicamente acciones saludables.
Domina tu mente.
Esta es la enseñanza del Buda.

El único camino completo para terminar con todos nuestros sufrimientos consiste en destruir la ignorancia, la fuente de todos los engaños impresos en lo profundo de nuestra consciencia. Ningún método externo puede alcanzar la ignorancia y suprimirla. Solo el método interior del Dharma nos equipa para arrancar la ignorancia y sus engaños tramposos. Sin embargo, lograr maestría sobre nuestra mente no es tarea fácil, no es como cocinar palomitas de maíz en un horno de microondas. No se manifiesta automáticamente solo porque lo deseamos. La maestría de la mente requiere entrenamiento y perseverancia en la aplicación de antídotos para neutralizar los engaños.

Pensemos en la gran cantidad de tiempo que utilizamos con el fin de protegernos del peligro de matones y animales salvajes y, sin embargo, estas amenazas no son tan peligrosas como la mente negativa, engañada. Un matón o un animal salvaje puede destruir nuestra vida actual, pero la mente negativa destruirá nuestra vida actual y también nuestras vidas venideras, además de dañar a otros seres. De este modo, una mente controlada por los engaños es mucho más peligrosa que cualquier otra cosa que podamos imaginar.

Cuando estamos enfermos y nos prescriben medicinas, la mera posesión de las medicinas en su caja no nos curará. Necesitamos consumir y digerir la medicina. De manera similar, la simple admiración de la comprensión profunda y la lógica de las enseñanzas del Dharma no son suficientes. Necesitamos integrar los métodos del Dharma en nuestras vidas cotidianas para resolver problemas y experimentar sus efectos de primera mano. No tiene sentido leer libros de Dharma sin utilizar sus consejos. ¡Esto sería tan trivial como si una persona enferma leyera la prescripción que figura en la botella del medicamento sin consumir la medicina! Los métodos del Dharma tienen poco que ver con sencillas acciones físicas y apariencias externas. Se trata, enteramente, de entrenar la propia mente.

Como ya he mencionado, la mente puede ser como un espejo sucio. Como la suciedad no se fusiona con el espejo que oscurece, nos podemos sentir animados, ya que la mente no está fundida con los engaños o con los oscurecimientos a la liberación y a la iluminación. La mente indómita no es ni eterna, ni surge todo el tiempo. Con el fin de que resulte apropiada a las mentalidades e inclinaciones de los seres sentientes, el Buda enseñó una multitud de métodos para superar los engaños, las causas de todos los sufrimientos. Estos métodos son el camino.

El sufrimiento surge de manera dependiente; no existe por su propio lado. Depende de sus propias causas y condiciones, las cuales subyacen a todos nuestros problemas cotidianos. Para detener los problemas, necesitamos cambiar las causas y las condiciones. Esto está por completo dentro de nuestro control. En vez de plantar causas para la miseria, sembremos semillas para la felicidad. Culpar a los otros, al gobierno, a los padres, a Dios en el paraíso, incluso a las estrellas, no solo es inútil, sino también completamente erróneo. Nosotros somos quienes determinamos si nuestras vidas serán felices o miserables. Como el sufrimiento es causado, puede ser alterado y eliminado erradicando sus causas. La felicidad eterna y la perfecta sabiduría pueden ser alcanzadas.

Estudia y analiza las enseñanzas del Buda, no solo uno o

dos temas, sino todas sus enseñanzas. Aplica los métodos y examina sus efectos. Podemos terminar nuestros entrampamientos samsáricos eliminando los engaños y pacificando nuestra mente indómita, generando de este modo el camino en nuestra consciencia. Al completar el camino, logramos el estado de un *arhat*.

Sin embargo, alcanzar la liberación solo para nosotros es insuficiente. ¡Qué trágico sería si solo unos pocos seres lograran la liberación del sufrimiento, mientras incontables seres sentientes continúan ahogándose en el océano de dolor que es el samsara! Por lo tanto, no debemos enfocarnos solo en nuestra liberación, sino que hemos de aspirar a la iluminación completa, con el fin de ofrecer un servicio perfecto a todos los seres sentientes.

¿Qué es el Dharma?

Dharma significa sujetar la mente, mantener la mente en la virtud, de modo que nos salvamos a nosotros mismos de la caída a los reinos inferiores con sufrimientos indescriptibles. El Dharma es cualquier acción de cuerpo, palabra o mente que actúa como antídoto frente a los engaños. En relación con esta definición, desearía dirigirme ahora a las personas que no creen en la reencarnación, en el karma u otros principios similares budistas, pero que buscan la felicidad de esta vida. Este tipo de personas necesitan del Dharma porque contiene remedios para los engaños que interfieren en la felicidad en el corto, mediano y largo plazo.

El Dharma no es acerca de las acciones externas o los dogmas religiosos. Es acerca del entrenamiento de la mente para que esta sea sana, alegre, sabia, compasiva y valiente a la hora de ayudar a los otros. El Dharma no consiste solo en recitar mantras o sutras, en meditar o en hacer actos caritativos o trabajar con intenciones mundanas que buscan la felicidad de esta vida, como el reconocimiento, la riqueza o el poder. La prueba del Dharma es si nuestras acciones socavan los engaños o los refuerzan.

Su Santidad el Dalai Lama dice a menudo que el Dharma es lo que arregla la mente, lo que hace que la mente sea mejor. Utilizamos los métodos del Dharma para transformar la mente del enfado y la impaciencia en un tipo de mente más tolerante, más útil, más relajada, más sabia, más fuerte. Cambiamos una mente que es autocentrada y egoísta, por otra que cuida del bienestar de otros seres. Transformamos la mente del ansia y el aferramiento, por una mente más satisfecha, más feliz. Eso es a lo que nos referimos cuando hablamos de arreglar la mente, y esto es el Budadharma.

Resumiendo, el Dharma protege nuestra mente de las negatividades. Cuando protegemos nuestra mente, nos escudamos frente al sufrimiento. ¿Cómo ocurre esto?

Cuando practicamos el Dharma, nuestra mente siente devoción hacia el gurú y las Tres Joyas. Vivimos nuestra vida éticamente y nos esforzamos por cultivar la *bodhicitta* y la sabiduría, en vez de estar inmersos en los engaños y en los pensamientos negativos. Nos resulta más difícil dañarnos a nosotros mismos y a otras personas. Cuando no nos aferramos a las preocupaciones y felicidades exclusivas de esta vida, instantáneamente sentimos como si un enorme peso se nos hubiera quitado de encima, y tenemos un sentimiento inmediato de libertad, ligereza y dicha.

¿Implica la renuncia al samsara una renuncia a la felicidad? ¡Oh, no! ¡De ningún modo! El budismo y el camino del Dharma tienen que ver con conseguir la *mejor* forma de felicidad, ¡una felicidad duradera! Disfrutamos mucho más cuando no estamos atragantados con los engaños. Si no hacemos nada para superar los engaños, seremos como los alcohólicos, que son incapaces de abandonar sus adicciones a los placeres ilusorios y temporales, y acaban incrementando su sufrimiento. La vida, entonces, se llena de problemas.

Consentir los engaños crea una miríada de formas de adicciones, entre ellas, la extrema dificultad de recuperar el control sobre nuestra mente. En la televisión y en los periódicos vemos a menudo las historias de millonarios y billonarios que son tremendamente infelices en sus corazones, en sus vidas interiores. Algunos terminan como criaturas enjauladas, aterrorizadas, escondiéndose de los otros; algunos incluso se suicidan.

El tsunami de Indonesia y el huracán en Luisiana abrumó las vidas de muchas personas. Permitir que nuestra vida sea inundada por los engaños de la ira y el apego crea un tsunami en nuestra mente, un tsunami de apego, un desbordamiento aplastante de insatisfacción y locura mental. Este tsunami es mucho más destructivo que un tsunami físico, porque nos daña ahora, y nos daña una vida tras otra. Se convierte en la causa del samsara en muchas vidas por venir.

Los engaños destruyen nuestra felicidad, y conducen a problemas interminables para nosotros mismos, nuestra familia y el mundo. Infligen daño al dejar impresiones negativas, conduciéndonos a repetir las acciones negativas e inducen a error a otras personas, trayendo consigo experiencias de pesadilla. Nuestra vida cotidiana puede parecer ordenada, pero en realidad vivimos bajo el tsunami de los engaños.

Los tsunamis externos, los peligros que producen el agua, el fuego, el viento y los terremotos no son la creación de un dios, sino la creación de los engaños. Los seres son golpeados por estos terribles desastres debido a las causas subyacentes: los engaños, las acciones negativas, la perpetración de acciones inapropiadas en esta y otras vidas pasadas. Cuando las semillas del karma se manifiestan, los frutos que emergen de estas semillas resultan incalculablemente más numerosos.

Por consiguiente, los engaños nunca deben ser subestimados. Incluso si practicamos una meditación tántrica muy elevada, si fallamos a la hora de cultivar las actitudes fundacionales de la renuncia, la *bodhicitta* y la visión recta, nuestra llamada práctica será como digerir un alimento envenenado que traerá consigo efectos dañinos, y acabaremos enfrentándonos a la muerte con las manos vacías.

Los placeres que experimentamos, como vivir en lugares

tranquilos, ver hermosos jardines, tener amigos, un cuerpo sano y todas las formas de disfrute, son manifestaciones de la mente virtuosa que se comprometió con la comisión de acciones positivas en el pasado. Estos son los subproductos de las acciones realizadas con una mente que evitó dejarse arrastrar por la ignorancia, la ira y el apego, y que llevó a cabo acciones motivadas por un buen corazón, libres del pensamiento autocomplaciente.

Eso significa que las alegrías de la vida que hoy gozamos vienen de nuestra propia mente, cuando esta se resistió a los engaños.

Reconocer los verdaderos actos del Dharma

Imaginemos lo siguiente: cuatro personas están recitando oraciones en una *gompa* o templo. Externamente, las cuatro personas parecen estar comprometidas con una acción santa, con una acción espiritual, parecen estar practicando el Dharma.

Ahora, echemos un vistazo a sus respectivas motivaciones a la hora de orar. Digamos que la primera está realizando sus oraciones sin preocupación por sí misma, deseando exclusivamente el beneficio de otras personas. Su motivación es lograr la iluminación para liberar a todos los seres sentientes del sufrimiento y guiarlos a la iluminación. La segunda persona recita las oraciones con la motivación de alcanzar el estado de gozo del nirvana para sí misma. La tercera persona está orando para lograr una vida futura mejor que la que tiene. La cuarta persona está recitando las oraciones con el pensamiento: «Que pueda lograr una larga vida, buena salud y riquezas». Esta última no está pensando en la iluminación, el nirvana, ni siquiera en un mejor renacimiento. Sus oraciones tienen como objetivo, exclusivamente, las preocupaciones de la vida presente. Su actitud es la del aferramiento a la felicidad de estos pocos años de vida que le quedan.

De las cuatro personas que recitan oraciones, solo las acciones de las tres primeras pueden calificarse como acciones del Dharma. La acción de la cuarta persona no es una acción del Dharma, es una acción motivada por una preocupación mundana, la persecución de beneficios en esta vida únicamente. Recita oraciones y parece estar comprometida con la práctica del Dharma, pero su acción no contiene rasgos del Dharma. Su acción se llama dharma mundano porque está limitada a esta vida y no busca otra cosa más allá de esta vida.

Incluso rezar por aquellos que amamos es limitado, porque el «yo» también se refiere a «lo mío». Por lo tanto, aunque orar para beneficiar a los seres queridos es un comienzo, nuestra intención necesita ser expandida, con el fin de abarcar a todos los seres sentientes. Ofrecer ayuda a algunos seres sentientes, excluyendo a otros, no es una acción pura del Dharma.

Por consiguiente, la cuarta persona, cuyas oraciones se centran en las necesidades de esta vida, de ningún modo está comprometida con el Dharma. En cambio, las oraciones de la primera persona son la causa de la iluminación, porque su actitud es el deseo de beneficiar a todos los seres. Las oraciones de la segunda persona son la causa de la autoliberación, pero no de la iluminación completa, porque se enfoca en liberarse a sí misma, exclusivamente, de su propio sufrimiento. Las oraciones de la tercera persona, dirigidas a obtener una mejor vida futura, no se convierte en una causa para el logro del nirvana y, por supuesto, tampoco para alcanzar la iluminación, sin embargo, pueden calificarse como acción del Dharma porque su actitud se basa en un anhelo por lograr la felicidad de las vidas futuras y una comprensión de que, para ello, se requieren buenas acciones.

Por consiguiente, renuncia a las preocupaciones de esta vida. En contraposición, entrena la mente en el pensamiento compasivo que busca el beneficio de otros. Cuando los discípulos del gran Lama Atisha le preguntaban qué textos leer o qué lugar sagrado debían elegir para sus peregrinajes con el fin de nutrir sus prácticas del Dharma, el maestro Atisha respondía: «¡Renuncia a esta vida!». Con esto se refería a abandonar el aferramiento a las preocupaciones exclusivas por esta vida. Este precioso renacimiento humano está hecho mucho más que para alcanzar las metas a corto plazo de esta vida.

Es muy positivo comprobar con regularidad si nuestras acciones espirituales son Dharma. Pregúntate a ti mismo: «¿Cuál es mi motivación para realizar esta acción?». Respóndete con honestidad. Si nuestra motivación se refiere a mejorar nuestras vidas futuras, lograr la liberación o, aún mejor, alcanzar la iluminación para el beneficio de otras personas, entonces es posible que esa acción sea una acción del Dharma. Sin embargo, si nuestra motivación se refiere exclusivamente a las preocupaciones de esta vida, no es Dharma de ningún modo, ya que ninguna luz ha entrado en la prisión del samsara.

¿Cuántas de las acciones en las que nos embarcamos desde la mañana hasta la noche serán la causa para el logro de la iluminación? ¿Cuántas ayudarán a lograr el nirvana o un renacimiento mejor? ¿Cuántas se realizan enfocándonos solo en esta vida? Examina dónde está tu mente y comprueba tu motivación.

Tres niveles de motivación

La Universidad Monástica de Nalanda, en la India, fue durante siglos el poderoso trono del budismo, sobre el que se apoyaba una extensa comunidad monástica de eruditos y maestros. El Lama Atisha era la joya más brillante de Nalanda. En el siglo XI, el budismo en el Tíbet daba muestras de haber degenerado, después de varios siglos de haber sido establecido por el *pandit* de Nalanda Shantarakshita, asistido posteriormente por Padmasambhava. Como respuesta ante esta degeneración, el rey tibetano Yeshe Oe se impuso la tarea de revivir el budismo puro en el Tíbet, y para ello se embarcó en un viaje con el propósito de invitar a Lama Atisha al Tíbet para que lo socorriera.

En su camino, el rey fue capturado por un caudillo local que lo mantuvo cautivo exigiendo un rescate. El sobrino del rey Jangchup Oe rogó por la vida de su tío, pero el caudillo lo rechazó y le dijo que liberaría al rey solo si se le pagaba el equivalente al peso de su cuerpo en oro, de otro modo lo ejecutaría.

Incapaz de reunir suficiente oro, Jangchup Oe estaba desesperado. Pero el viejo rey vio que era posible utilizar el dinero de mejor modo.

«Toma el oro y dirígete a la India para invitar a Lama Atisha», dijo el rey Yeshe Oe. «Dile que he sacrificado mi vida entregándome a este caudillo irreligioso, con el fin de revivir el Budadharma en el Tíbet. Pídele que me guíe con su compasión en todas mis vidas futuras.»

En aquella época, el paso entre el Tíbet y la India era muy difícil. No había rutas y el terreno era montañoso y duro y estaba lleno de animales feroces y salvajes. Sin temor por su vida, cuya única preocupación era el Budadharma y la felicidad de todos los seres, Naktso Lotsawa tuvo éxito en su travesía.

Lama Atisha se conmovió profundamente al encontrarlo, pero no respondió de inmediato. Le devolvió el oro y le dijo que, primero, comprobaría si su viaje al Tíbet beneficiaría a los seres sentientes. Después de hacer oraciones a Avalokiteshvara, el gran compasivo, a Tara, el aspecto femenino del Buda, Lama Atisha recibió el consejo de viajar al Tíbet, pues le resultaría enormemente beneficioso para las enseñanzas y para los seres sentientes, pero también se le advirtió de que su viaje traería como consecuencia una disminución sustancial de su expectativa de vida.

Pese a los peligros, Lama Atisha viajó al Tíbet. Durante el tiempo que permaneció allí escribió *La lámpara para el camino de la iluminación*, un texto que es considerado el precursor del género de presentaciones del camino gradual hacia la iluminación que contienen íntegramente la esencia del Budadharma. Este es el modo en el cual Lama Atisha revivió el Budadharma, puro e inmaculado en el Tíbet.

La mente omnisciente ve a todos los seres y tiene una perfecta comprensión de las cualidades mentales de cada ser sentiente. Por consiguiente, el Buda dio enseñanzas que se ajustaban a los seres sentientes que podrían ser categorizados de acuerdo con tres niveles mentales: seres de capacidad inferior, seres de capacidad media y seres de gran capacidad.

La persona que solo busca la felicidad de las vidas futuras es considerada una persona de capacidad inferior, y las enseñanzas que se ajustan a este tipo de persona son enseñanzas «inferiores» o de «alcance inferior». Estos individuos quieren evitar los renacimientos inferiores y buscan un futuro renacimiento mejor. Para lograr esto, entrenan su mente en la devoción hacia el maestro espiritual –la impermanencia y la muerte, la ley de causa y efecto, y el refugio en el Buda, el Dharma y el Sangha–. La persona aspira a evitar el sufrimiento de los tres reinos inferiores de los animales, los *pretas* y los seres infernales, y entiende que necesita actuar virtuosamente para garantizar una vida futura mejor.

El individuo que busca el estado gozoso de la paz o nirvana tiene que dar la espalda a las felicidades temporales que le ofrece el samsara e intentar separarse de la existencia cíclica. El Buda ofreció a estas personas, consideradas como seres de capacidad intermedia, métodos para lograr su meta a través del Óctuple Sendero, el camino fundamental para lograr la liberación o el nirvana. El Óctuple Sendero del vehículo inferior, tal como fue impartido por el Gurú Buda Shakyamuni, consiste en la práctica del recto discurso, la recta acción, los rectos medios de vida, el recto esfuerzo, la recta atención, la recta concentración, la visión recta y el pensamiento recto. El Óctuple Sendero corresponde a los tres entrenamientos superiores de la conducta moral, la concentración y la sabiduría –o visión superior–. Esta persona renuncia al samsara meditando en el modo en el cual el samsara y su aparente felicidad tienen la naturaleza del sufrimiento. La persona medita sobre la verdadera causa del sufrimiento, sobre los engaños, los antídotos, la evolución del samsara, los doce eslabones interdependientes, la cesación de los engaños y el karma, y el logro de la liberación.

La persona que busca la iluminación abandona la autocomplacencia y tiene como meta el estado de buda, con el fin de beneficiar a los seres sentientes. Esta persona es considerada un ser de gran capacidad. Entrena su mente en la renuncia del samsara y cultiva la mente altruista de la *bodhicitta* y la sabiduría que realiza la vacuidad. Esta persona intenta liberarse de la mente dualista con sus concepciones erróneas sutiles, y se compromete con la práctica de las Seis Perfecciones del *bodhisattva*. Este tipo de persona está motivada por la aspiración y el valor de alcanzar la iluminación completa con el propósito de liberar a todos los seres sentientes del sufrimiento y guiarlos hacia la iluminación.

Es importante entender que la habilidad para ser una persona de gran capacidad para practicar este camino depende de sus fundaciones. En este caso, la fundación inmediata es el camino gradual del ser de capacidad intermedia, que, a su vez, está basado en el camino graduado del ser de capacidad inferior. Cada nivel de las enseñanzas y las prácticas está construido sobre el nivel anterior.

El camino o método en el cual nos embarcamos depende del tipo de felicidad que queremos lograr en nuestra meta espiritual. Las tres aproximaciones están basadas, a su vez, en la toma de refugio en las Tres Joyas: el Buda, el Dharma y el Sangha.

El refugio como fundación

Ahora mismo, no tenemos ni el poder ni la capacidad para liberarnos del sufrimiento. No podemos ni siquiera salvarnos de los problemas corrientes de la vida cotidiana, por lo tanto, ¡olvidémonos de la posibilidad de cerrar la puerta del renacimiento en los reinos inferiores!

Cuando buscamos alivio frente a las dificultades de nuestra vida, nos refugiamos en nuestros amigos, nuestra familia, nuestras riquezas, nuestra reputación y en los objetos externos. Lo hacemos todo el tiempo. Sin embargo, debido a que nuestra motivación en nuestra búsqueda de refugio está basada en las metas a corto plazo, y debido a que nuestros objetos mundanos de refugio no son genuinas fuentes de felicidad, esta nos elude.

La razón nos indica que necesitamos la guía de alguien que se haya liberado del samsara, que tenga una compasión perfecta y un conocimiento iluminado, y cuyos métodos hayan sido probados con éxito. Debemos tener cuidado de no cometer errores cuando elegimos el objeto de refugio. Los budistas toman refugio en las Tres Joyas del Buda, el Dharma y el Sangha, pero necesitamos entender claramente por qué motivo estos objetos son dignos de ser considerados refugio.

Una persona que desea convertirse en un médico debe asistir a la universidad para aprender los temas que exige el título de medicina. Necesita entender los temas relativos a la enfermedad, las causas de la enfermedad y la curación. No puede lograr esta comprensión sin la ayuda de otros, incluidos los maestros y los médicos que lo asistieron a lo largo del entrenamiento médico, como también los pacientes, cuyas condiciones permitieron al médico entrenarse para entender mejor las enfermedades.

De manera semejante, no podemos convertirnos en una futura joya de refugio, y actualizar la joya del Dharma, y convertirnos en la joya del Sangha sin contar con la asistencia de otras personas. No podemos hacerlo solo por nosotros mismos. Por ese motivo, el refugio en el Buda, el Dharma y el Sangha, es la base para la actualización del camino.

Ser un budista significa ser una persona interior, que se apoya en la guía de la Triple Joya. A las personas que rinden homenaje en los templos, recitan oraciones, utilizan objetos religiosos o meditan en lugares budistas, usualmente, se les llama budistas. Sin embargo, estas son meras apariencias externas. Eso no significa que esas personas sean verdaderamente seres interiores. Que una persona sea o no un ser interior depende exclusivamente del estado de su mente.

La fe ciega no es confiable. El refugio apropiado implica una comprensión de lo que significa el refugio, y también permanecer fiel a lo que conlleva. Por ese motivo, es útil examinar las causas del refugio, los objetos del refugio, por qué razón los consideramos dignos, y la manera de tomar refugio.

Las causas de refugio

Para desarrollar un verdadero refugio en las Tres Joyas necesitamos dos causas: un temor inteligente hacia el samsara, y fe en que las Tres Joyas pueden guiarnos fuera del samsara.

El temor al samsara es una clase de miedo racional, positivo, que nos protegerá de ser dañados. En ocasiones, nos persuadimos a nosotros mismos pensando que no tenemos miedo. Puede que utilicemos expresiones eufemísticas como la siguiente: «Tengo un respeto por la fragilidad de la vida», cuando en realidad estamos hablando del temor a la muerte. Conocemos perfectamente nuestros miedos respecto a la enfermedad, la muerte, el hambre, el frío o el calor extremo, el miedo a ser criticados y calumniados por otras personas, que se nos considere feos o mal vestidos, que nos arruinemos económicamente y perdamos nuestras posesiones, etc.

Toda nuestra vida está conducida por el pavor y el miedo. Sin embargo, ¡corremos a buscar refugio en personas, posesiones y cosas que están también atascadas en el samsara! El Buda alcanzó la liberación y la iluminación. Su guía es, por lo tanto, relevante para nuestra búsqueda de felicidad.

Sentimos lástima por las moscas que vuelan en círculos alrededor de las lámparas de luz, debido a que, pese al peligro obvio que conlleva, su ignorancia y su estupidez, continuamente las atrae al calor y por ello son víctimas de una muerte dolorosa. Nosotros no somos muy diferentes a esas moscas. No tememos el fuego del samsara ni la visión del samsara como una realidad atractiva. Corremos hacia el samsara, y nos quemamos una y otra vez en su fuego.

Imaginemos que hay un hombre que, de algún modo, ha caído de una cornisa rocosa, justo sobre un hoyo de fuego volcánico. La cornisa se está desmoronando. El hombre grita pidiendo ayuda: «¡Socorro! ¡Socorro! ¡Ayudadme a salir! ¡No quiero quemarme en el fuego!». Otro hombre llega por encima de la cornisa y ve lo que está pasando. Lanza una cuerda, pero el hombre en peligro no ve la cuerda, aun cuando esta se balancea justo frente a su cara. Si el hombre en peligro no se aferra a la cuerda, no será rescatado, no importa cuán enorme sea su miedo, no importa cuán fuerte sea la cuerda. La velocidad de su rescate dependerá de que se aferre a la cuerda y no la suelte, además de tener fe en su rescatista y en que la cuerda será capaz de sostenerlo. De otro modo, las llamas lo alcanzarán.

De la misma manera, necesitamos tener una firme convicción en la habilidad del Buda, del Dharma y del Sangha para liberarnos del fuego del samsara. Pero el miedo no nos ayudará. La confianza estable en las Tres Joyas es vital en la persecución de la felicidad.

Por qué razón las Tres Joyas son objetos dignos de refugio

Un paciente que sufre de una enfermedad grave necesita un médico, medicinas y un enfermero para ayudarlo durante su tratamiento. El Buda es como un médico que explica la causa del sufrimiento samsárico y revela el remedio, el Dharma es la medicina que elimina los engaños como causa de sufrimiento y el Sangha es como el asistente del médico que acompaña al paciente en el proceso de curación.

El Buda es un digno objeto de refugio porque se ha liberado él mismo del samsara y, más allá de esto, ha alcanzado la omnisciencia. Debido a su omnisciencia, entiende todas las formas de la existencia, comprende perfectamente todas las inclinaciones mentales y las condiciones kármicas de cada ser sentiente, y sabe cuál es el remedio para ayudar a cada uno de ellos. Tiene una compasión imparcial hacia todos los seres sentientes e infinitos medios útiles para guiarlos. Trabaja incondicionalmente para todos los seres.

El Buda tiene dos aspectos: el relativo y el absoluto. El aspecto relativo del Buda es la forma visible para los seres sentientes, de acuerdo con su nivel kármico. El aspecto absoluto del Buda es el *dharmakaya*, la mente omnisciente en posesión de realizaciones, una mente que nosotros tenemos el potencial de actualizar.

El Dharma es un objeto digno de refugio porque nos protege del sufrimiento del samsara –la muerte, el renacimiento, la vejez, la enfermedad y las dificultades de todo tipo–. Además, el Dharma provee antídotos para los engaños de la ignorancia, la ira y el apego que nos conduce a la generación de karma negativo y a los resultados miserables. El Dharma nos exhorta a renunciar al samsara, provee un completo entrenamiento en la compasión hacia todos los seres vivos y nos ayuda a desarrollar la visión recta de la naturaleza última de la realidad: la ausencia de existencia inherente. El Dharma es el refugio verdadero.

Tiene dos aspectos: el relativo y el absoluto. El aspecto relativo del Dharma tiene la forma de las enseñanzas, las escrituras y los textos. El absoluto se refiere a los logros del camino, aquellos que nacen del cultivo del Dharma y la experiencia de una vida virtuosa.

Los miembros del Sangha son dignos objetos de refugio porque ayudan a los practicantes en el camino espiritual y en el desarrollo de las perfecciones. La joya del Sangha son los seres *arya* que han percibido directamente la vacuidad y viven de manera pura bajo la protección de los votos. El Sangha tiene también un aspecto relativo y un aspecto absoluto. El aspecto relativo del Sangha son los monjes y las monjas, que pueden o no haber logrado la cesación de los oscurecimientos. No obstante, los miembros del Sangha relativo viven bajo la protección de los votos e inspiran a otros a vivir en la moralidad y a cultivar el camino, y por ello merecen respeto. El Sangha absoluto es la joya real del *arya* Sangha.

En las comunidades tibetanas, cuando la medicina prescrita para la enfermedad no funciona, el paciente o la familia del paciente se dirigen a su lama para ser aconsejados sobre prácticas de purificación del Dharma que faciliten su recuperación. En muchas ocasiones estas prácticas han resultado exitosas, lo que explica por qué motivo en la cultura tibetana los consejos del lama se refieren a muchas áreas de la vida de la persona.

Siempre que experimentes miedo o pienses que tu vida está en peligro, lo más importante es tomar refugio en el Buda, el Dharma y el Sangha. Si tienes un mal sueño por la noche, si ves a un espíritu hambriento, de manera concentrada toma refugio en las Tres Joyas.

Hay una historia tibetana acerca de un hombre que había sido atacado por un tigre y que, de todo corazón, pensó en Avalokiteshvara, el Buda de la compasión, mientras estaba en las fauces del tigre. En ese preciso momento, la boca del tigre se abrió y el hombre pudo escapar. Hay muchas historias en las que personas amenazadas por un gran peligro se salvaron gracias a haber recordado las Tres Joyas. Esto ilustra la potencia de la toma de refugio en las Tres Joyas.

La manera de tomar refugio

Dependiendo de la mentalidad de la persona, hay tres niveles de pensamiento cuando tomamos refugio. La intención más básica para tomar refugio, sencillamente, es hacerlo para lograr una vida futura mejor. La persona simple, interesada exclusivamente en obtener riquezas en la vida futura, también debe tomar refugio para evitar los reinos inferiores y crear karma positivo a través de la virtud.

La motivación de quienes se encuentran en el siguiente nivel en la toma de refugio consiste en aspirar a estar completamente liberado de los renacimientos en el samsara, es decir, alcanzar el nirvana o liberación.

La persona de habilidad mental superior reconoce que no estamos solos en el sufrimiento, que todos los seres sentientes estamos en el mismo barco que se hunde. Esta persona toma refugio con el noble pensamiento de alcanzar la iluminación para ayudar a todos los seres a escapar del samsara. De este modo, el Budadharma se describe como un refugio perfecto, porque tiene métodos convenientes para personas con diferentes intereses e inclinaciones.

Compromisos del refugio y consejos

Una persona adquiere dos compromisos principales después de tomar refugio en el Buda. De acuerdo con los consejos del Buda, el primero consiste en esforzarse en la virtud y evitar la no virtud, en vez de ser arrastrado por otras creencias y prácticas. Cuando un médico prescribe medicinas a los pacientes, a menudo le aconsejan también evitar cierto estilo de vida para prevenir una recaída. Un paciente que consume la medicina, pero ignora este consejo adicional no se recobrará completamente. Por ejemplo, el Buda nos aconsejó de manera reiterada que superáramos la ira. No obstante, si ignoramos este consejo y, por el contrario, nos adherimos a otras creencias que, por ejemplo, nos animan a continuar con nuestros arrebatos de ira, hay un peligro real de que desarrollemos una comprensión equivocada acerca de cómo subyugar la mente del enfado, y lograr la paz y la felicidad.

Hay un peligro muy real de ser inducidos al error. Una vez que una comprensión errónea se instala en nosotros es muy difícil que una comprensión correcta pueda arraigarse. Todas las acciones que emergen de una comprensión errónea son defectuosas y crean las causas del sufrimiento.

El otro compromiso requiere de nosotros que siempre seamos respetuosos frente a cualquier imagen del Buda, como rememoración de su inconmensurable bondad al revelarnos el camino. Cualquier estatua o imagen del Buda debe ser respetada como el Buda mismo. Incluso si pensamos que el trabajo artístico no es bueno, debemos evitar las críticas o tratar la imagen del Buda como un objeto inferior, como algo que pueda ser descartado junto al resto de la basura.

La mente respetuosa es muy importante. Todas las imágenes del Buda deben ser colocadas en un lugar limpio, elevado, no en el suelo. Cuando vemos una imagen del Buda, debemos pensar que estamos viendo al mismísimo Gurú Buda Shakyamuni frente a nosotros.

Tomar refugio en el Dharma requiere por nuestra parte que

adoptemos dos compromisos principales. El primero es que debemos evitar dañar a otros seres sentientes. Si no podemos ayudarlos, al menos hemos de hacer lo posible para no dañarlos. Este es el principio fundamental.

El segundo es que todos los libros del Dharma, las páginas, los trozos de papel con palabras de Dharma e incluso una única sílaba de un mantra, deben ser tratados con respeto. Nunca debemos dejarlos por debajo de nuestros cuerpos, por ejemplo, en el suelo, bajo nuestras camas, en un cojín en el que nos sentamos o en lugares sucios. Las palabras del Dharma explican el camino que conduce a la iluminación.

Hemos de ubicar cualquier palabra del Dharma en una estantería elevada y limpia. Si no tenemos otra alternativa más que quemarlos, debemos comenzar meditando sobre la vacuidad y luego visualizar todas las palabras del Dharma en el papel que será quemado como si estas entraran dentro de la sílaba *AH* (símbolo de la santa palabra del Buda), e imaginar que *AH* se funde en nuestro corazón. Si nos topamos con un pedazo de papel o una tela con palabras del Dharma impresas en ellos, debemos recogerlos y ponerlos en un sitio elevado o en la rama de un árbol. Solo los textos del Dharma deben ser ubicados en nuestro altar. Es preferible que los libros de Dharma y los libros corrientes estén separados, ya que esto contribuye a que la mente permanezca clara y sin complicaciones.

Tomar refugio en el Sangha requiere que mantengamos dos cosas en mente. Primero, que donde sea que veamos monjes o monjas que forman parte del Sangha corriente, debemos pensar que cada uno de sus miembros representa al *arya* Sangha absoluto. Y hemos de hacerlo independientemente de nuestra apreciación del miembro del Sangha como alguien con o sin logros espirituales, independientemente de su nivel mental real.

Al pensar de este modo nos preservamos de nuestros prejuicios, ¡que son, a menudo, erróneos! Abstenerse de prejuzgar es importante porque la mayoría de nosotros no puede saber qué logros poseen otras personas. Si pensamos negativamente sobre alguien y resulta que esa persona tiene más logros que nosotros, cometemos un karma negativo grave.

Generalmente, una persona que vive en los votos es kármicamente superior a una persona laica, por lo tanto, criticar a un monástico genera karma negativo. Además, un monje plenamente ordenado, un *bhikshu* o *gelong,* vive bajo la protección de 253 votos, más de los que cualquier persona corriente puede gestionar. Por consiguiente, si vemos un trozo de tela roja o amarilla en la carretera, debemos comprender que son los colores de los hábitos monásticos; por respeto hacia los monásticos, hemos de recoger la pieza y ponerla en la rama elevada de un árbol. Cogerla del suelo. Este no es un acto insignificante, tonto. Nos ayudará a entrenar la mente en muchos sentidos.

Por otro lado, una vez que hemos tomado refugio en el Sangha, debemos evitar el contacto con personas que nos distraen, que nos desaniman a practicar el Dharma. Si seguimos ciegamente a estas personas, corremos el riesgo de debilitar nuestros esfuerzos dirigidos a trascender los engaños y dañar nuestra recta comprensión. Aunque, quizá, no podamos evitar por completo a estas personas, debemos proteger nuestra mente frente a las distracciones y la negatividad. Las concepciones erróneas que promueven los engaños pueden colarse con facilidad sin que lo notemos.

Una vez que hemos tomado refugio en el Buda, el Dharma y el Sangha, debemos ofrecer postraciones de respeto a las Tres Joyas tres veces cada mañana y tres veces cada noche. Antes de comer o beber cualquier cosa, hemos de recordar y hacer ofrendas a las Tres Joyas, con respeto y devoción. Estas prácticas sencillas fortalecen nuestra mente de refugio.

Beneficios de tomar refugio

Tomar refugio es el fundamento de todos los votos, incluidos los cinco votos laicos, los ocho preceptos, los votos de ordenación, los votos del *bodhisattva* y los votos tántricos. Nos ayuda a generar méritos y purificar karma negativo producido a lo largo de incontables vidas, karma que nos conduciría de otro modo a la experiencia de un sufrimiento indecible. Se dice que el agua que podemos contener entre nuestras manos podría contarse por el número de sus gotas, pero el beneficio del refugio nunca puede ser medido. La persona cuya mente vive continuamente en el puro refugio no puede experimentar daño alguno por parte de otros seres humanos, seres no humanos y seres de otros planos.

Los laicos en el Tíbet a menudo hacen retiros concentrándose en la práctica de refugio, que incluye meditaciones sobre el significado del refugio, seguido por recitaciones de la oración de refugio. Esta última es una práctica muy poderosa de purificación. La mayoría de nosotros es inconsciente de la enorme cantidad de karma negativo que ha cometido, especialmente en relación con las Tres Joyas y los seres corrientes. Debido a esto, resulta muy efectivo meditar en el refugio para purificar karmas negativos.

En una ocasión, un grupo de monjes estaba viajando a través de un bosque próximo a un río a las afuera del pueblo del norte de la India llamado Kalimpong. Un monje se separó del grupo y se recostó a descansar sobre una enorme roca. De pronto, apareció una serpiente de gran tamaño y rápidamente se enroscó a su alrededor. Los otros monjes estaban aterrados y no sabían cómo ayudarlo.

La serpiente levantó su cabeza por encima de la del monje y el miedo se apoderó de su mente y por mucho que luchaba no podía escapar de la fuerte sujeción de la serpiente.

De pronto, el monje recordó a Tara, una manifestación femenina del Buda. Pese a su enorme temor, hizo lo que pudo para enfocarse de manera concentrada en Tara y tomar refugio en ella. Al hacerlo, la serpiente lo soltó y él se alejó.

Después de aquel episodio, el monje hizo alabanzas a Tara. Se dio cuenta de que la toma de refugio en ella le había salvado la vida. Más tarde, encargó una pequeña estatua de bronce fundido de Tara y se la llevó a Su Eminencia Song Rimpoché, pidiéndole sus bendiciones. Cuando se encontraron, a Rimpoché le impresionó que el monje perteneciera a la tradición Theravada, porque estos monjes normalmente solo tienen estatuas del Gurú Buda Shakyamuni y no estatuas de otras emanaciones del Buda. Sin embargo, cuando Song Rimpoché le pidió que explicara la estatua de Tara, el monje le dijo cómo había estado al borde de la muerte por una serpiente y cómo, al tomar refugio en Tara, ella le había salvado la vida.

El refugio es particularmente efectivo para detener pesadillas. Algunas personas sienten que algo sin forma pesa sobre ellas cuando se acuestan a dormir, y no se pueden mover ni pueden gritar pidiendo ayuda. La recitación de la oración de refugio les ayuda en estas circunstancias. Tomar refugio con una comprensión apropiada protege y trae consigo toda clase de éxitos. La habilidad de la oración para eliminar karma negativo, acumular méritos y proveer una guía de vida conduce al éxito en lo que sea que emprendamos. Vale la pena reflexionar sobre los beneficios de tomar refugio.

Cuando decimos que el Gurú Buda Shakyamuni reveló el camino, podríamos preguntarnos por qué utilizamos la palabra «gurú» al referirnos al Buda. En todo caso, ¿por qué necesitamos un gurú?

El gurú es la raíz

El Buda Shakyamuni hizo varias predicciones acerca de los futuros sabios que explicarían con claridad sus enseñanzas. Por ejemplo, el Buda profetizó que Lama Tsongkhapa nacería en el Tíbet y explicaría el camino a la iluminación claramente, y realizaría las acciones de un Buda.

Lama Tsongkhapa cumplió la profecía. Se convirtió en un gran erudito, un gran practicante y en el fundador de la tradición Gelug. Lama Tsongkhapa escribió muchos textos, entre los cuales se destaca *El gran tratado de los estadios en el camino a la iluminación*. También escribió otros más concisos como, por ejemplo, *La fundación de todas las buenas cualidades*, en el que puede leerse:

El bondadoso y venerable gurú
es el fundamento de todas las buenas cualidades.
Depositar nuestra confianza en él es la raíz del camino,
te ruego me bendigas para tener respeto
y esforzarme continuamente.

Esto lleva a la siguiente pregunta: «¿Por qué es el gurú la "raíz" del camino?». En lo que sea que deseemos convertirnos –un médico, un maestro, un científico, un cocinero o cualquier otra persona con una habilidad específica–, dependemos de un maestro para que nos explique y nos clarifique las claves del aprendizaje. De manera análoga, sin un gurú no podemos alcanzar la liberación del samsara, aunque poseamos un conocimiento intelectual del Dharma. De la misma manera que una embarcación necesita de un timonel y no puede alcanzar la otra orilla por sí misma, sin un gurú no podemos cruzar el océano de la existencia cíclica, y mucho menos alcanzar la iluminación.

Algunos estudiantes de Dharma generan una visión errónea cuando escuchan la palabra «gurú» o frases como «devoción al gurú», porque no entienden los argumentos filosóficos que hay detrás de esta práctica. Los estudiantes piensan negativamente acerca de los gurús, creen que se elogian a sí mismos, que se inflan dándose importancia y pidiéndoles a los discípulos que los miren como budas y les hagan ofrendas.

¡Parece la política del Dharma! Un abuso espiritual. A estos estudiantes les da la impresión de que el maestro espiritual o gurú está tratando de sacar provecho. Parece que el gurú está intentando conseguir más seguidores y más ofrendas. Pero no funciona de este modo.

Algunas personas consideran que la devoción al gurú es un *trip* de los lamas tibetanos, algo que los lamas tibetanos crearon para su propio beneficio. Gurú Buda Shakyamuni enseñó a menudo el tema de la devoción al gurú (véanse el *Sutra que alinea los tallos* y el *Sutra de la esencia de la tierra*). En estas enseñanzas del sutra, el Gurú Buda Shakyamuni explica el valor y la importancia del gurú para nuestro camino espiritual. Ofrece instrucciones claras sobre esta práctica.

El gurú es muy importante en la tradición del Hinayana, cuyo camino fundamental para alcanzar la liberación consiste en vivir de acuerdo con el *Vinaya*, la conducta moral monástica. En esta tradición, una persona no puede recibir el linaje de ordenación sin un maestro.

En la tradición del Mahayana, el gurú es el amigo virtuoso que da las enseñanzas, clarifica los elementos del camino y guía a los discípulos en su viaje hacia las perfecciones y la iluminación.

En el tantra, no podemos alcanzar la iluminación sin un gurú *vajra* perfectamente cualificado que plante las semillas de las cuatro *kayas* en nuestras mentes a través de las cuatro iniciaciones completas del yoga tantra superior. No alcanzaremos logros de ningún tipo si tratamos de practicar el yoga tantra superior sin un gurú, mucho menos alcanzar la iluminación.

Podemos pensar: «Hay libros que explican cómo alcanzar la liberación y la iluminación. Puedo leerlos y practicar. ¿Para qué necesito un gurú?». De hecho, necesitamos los comentarios de un gurú y sus explicaciones para entender bien las enseñanzas del Dharma, especialmente los significados más sutiles. Hay una enorme diferencia entre lograr una comprensión profunda a través del estudio bajo la guía de un maestro y, simplemente, reunir información.

Escuchar a un maestro afecta mucho a la mente, mientras que repetir las palabras que encontramos en libros no equivale a una comprensión correcta. Nuestro objetivo no consiste en lograr la comprensión estéril de los manuales que explican el camino a la iluminación, sino saborear la experiencia real de la misma, lograr la aprehensión del Dharma. Si no experimentamos directamente el camino, nuestra comprensión nunca será ni clara ni completa.

Lograr este tipo de perfecciones depende de que podamos ser guiados por un gurú y recibamos sus bendiciones en nuestro propio continuo mental. Las bendiciones del gurú se refieren a cómo los detalles del camino benefician profundamente nuestra mente. Esto comienza con un sentimiento claro y fuerte en nuestros corazones de la naturaleza del sufrimiento, continúa con las causas del sufrimiento, su cesación y los remedios que conducen a dicha cesación.

¡Esta es la razón por la cual el mero conocimiento académico es insuficiente! Si solo quieres una comprensión intelectual del Dharma para escribir un libro o lograr un grado universitario, no necesitas la práctica del yoga del gurú. Sin embargo, si tu propósito es subyugar los engaños y lograr realizaciones sobre el camino de la liberación y la iluminación, precisarás la guía del gurú. Esta es una meta específica, especial.

El punto que tenemos que entender es que necesitamos un gurú para enfocar nuestra mente en el camino, de manera pura y simple. Podemos cometer muchos errores si no tenemos un gurú. Del mismo modo que podemos salirnos de la carretera si no nos concentramos cuando conducimos, podemos tener muchos problemas si no entendemos el propósito de tener un gurú. En Estados Unidos y en otros países occidentales, algunos maestros de meditación se han reunido para discutir si la devoción al gurú es en verdad necesaria en el camino a la iluminación. Algunos piensan que, aunque la devoción al gurú se ha practicado en la antigüedad, hoy no es necesaria cuando la información es tan accesible.

Pienso que esta discusión ha surgido debido a los problemas relativos a algunos «gurús» en Occidente en tiempos recientes. Las personas que afirman estas cosas han perdido de vista la utilidad de esta práctica, sus infinitos beneficios para nuestra evolución espiritual. Estas personas piensan que la devoción al gurú es anticuada y solamente cultural, que podemos meditar en el camino sin la práctica de devoción al gurú. No es así.

Necesitamos un maestro para obtener el conocimiento de nuestras actividades cotidianas; por ejemplo, necesitamos a alguien que nos enseñe el alfabeto, cómo reparar una bicicleta, cómo hornear un pastel. Incluso necesitamos a alguien que nos enseñe a limpiar de manera profesional una habitación. De la misma manera, necesitamos a alguien que nos guíe cuando viajamos a un lugar remoto que no hemos visitado anteriormente. Por lo tanto, sin duda, necesitamos un guía en nuestro viaje hacia la iluminación.

¿Por qué la devoción al gurú es la raíz del camino? Visualiza un maravilloso árbol lleno de frutos. La iluminación es como la fruta madura en lo alto del árbol, el camino a la iluminación es como el tronco del árbol, la devoción al gurú es como la raíz. El desarrollo de las ramas, las hojas, los capullos y las frutas depende de la fuerza de esa raíz. De manera semejante, nuestra habilidad para lograr el fruto de la iluminación depende de la fuerza de nuestra devoción al gurú.

Piensa en la devoción al gurú como el combustible del automóvil o del avión, sin él estos medios de transporte no pueden llevarnos adonde queremos ir. Nuestra devoción nos permite entrenar nuestra mente, terminar con las faltas de la mente, completar las dos realizaciones, y lograr la iluminación. Esto nos permite, por lo tanto, trabajar por incontables seres sentientes, liberándolos del océano del sufrimiento samsárico para conducirlos a la iluminación. Esto es fantástico.

Es habitual que, cuando tenemos una fuerte devoción al gurú en el corazón, fácilmente sentimos la preciosidad de nuestro óptimo renacimiento humano durante la meditación. La devoción al gurú también nos ayuda a experimentar sin esfuerzo la naturaleza transitoria de la vida cuando meditamos acerca de la fugacidad de la existencia y la muerte, y profundizamos nuestra comprensión de la compasión, la vacuidad o cualquier otro tema del Dharma. Mientras nos encontramos en un estado de fuerte devoción, nuestra mente está pacificada, enfocada y clara. Los engaños no pueden emerger libremente y son, por ello, fáciles de controlar.

Por otro lado, cuando nuestra devoción al gurú degenera o desaparece enteramente, nuestra capacidad para enfocarnos en la virtud se dispersa. Nuestros engaños emergen a la superficie con facilidad y se resisten a ser controlados. Podemos comprobar esto por nosotros mismos.

Debemos considerar a nuestro gurú en términos de las buenas cualidades del gurú y no en términos de sus faltas, independientemente de lo que el gurú piense de sí mismo. No importa si es verdaderamente un buda. Para nosotros, la práctica consiste en ver las buenas cualidades del gurú como inseparables de las que posee el buda. Practicar la devoción al gurú no consiste en gestos externos de devoción, sino en la humildad y la devoción sincera.

Recibir bendiciones del gurú depende de la devoción que tenemos en nuestra mente hacia el gurú, no acerca de la proximidad física con él. Incluso si estamos distanciados físicamente de nuestro gurú, si tenemos una gran devoción, estaremos próximos mentalmente al gurú y recibiremos muchas bendiciones.

Lama Tsongkhapa preguntó en cierta ocasión a Manjushri, el *bodhisattva* de la sabiduría: «¿Cómo podemos alcanzar logros de forma rápida en todo el camino a la iluminación?».

Manjushri respondió que para hacer crecer las cosechas necesitamos semillas en la tierra, luego proveer las condiciones esenciales del agua y los minerales. Una semilla no puede crecer por sí misma. Si la semilla es quemada por el fuego, comida por los insectos o hurtada por los pájaros, tampoco podrá crecer.

Manjushri continúo diciendo que, de manera similar, nuestros logros no pueden crecer sin las condiciones esenciales de la purificación de las negatividades y la acumulación de méritos. Estas dos prácticas están coronadas por la petición concentrada al gurú, quien es de naturaleza inseparable con el Buda, para que envíe sus bendiciones a nuestros corazones. Si practicamos con esfuerzo, rogando estas bendiciones diariamente, alcanzaremos los logros sin dificultad. El gurú es el supremo campo de mérito. Este fue el profundo consejo de Manjushri.

El enfado o la pérdida de devoción pueden surgir cuando nuestro gurú hace algo que nos desagrada (que usualmente es algo que va contra nuestra autocomplacencia) o nos instruye a hacer algo en lo que no tenemos interés. Permitir que la devoción disminuya, incluso por un momento, es muy peligroso, porque el gurú es la presencia kármica más poderosa en nuestra vida.

Si desarrollamos dudas sobre lo que el gurú nos está pidiendo, podemos pedir clarificación. Pero debemos ser respetuosos en nuestros pensamientos y en la manera en la cual pedimos clarificación al gurú. Generar suposiciones y pensamientos oscuros hacia nuestro gurú es una cuestión seria, una impresión grave, que puede crear obstáculos para el desarrollo de nuestra mente en el camino.

Cualidades del gurú y cómo practicar correctamente la devoción al gurú

Antes de consagrarnos a un gurú, debemos analizarlo de manera apropiada. Con esto no quiero decir que debamos investigarlo con el fin de descubrir sus faltas, sino que debemos descubrir las cualidades de la persona. Los textos hablan de diez cualidades que debe poseer el gurú. Estas incluyen: ser una persona moral; haber realizado la calma apacible o mejor incluso, la vacuidad; ser una persona contenida en sus maneras; tener mayor conocimiento que el discípulo; y dedicar esfuerzo para guiar a los discípulos en la virtud.

Aunque el gurú no posea logros superiores o un vasto conocimiento, debe ser capaz de explicar la naturaleza del samsara, el peligro de aferrarse al yo y la necesidad de liberarnos de los engaños. El gurú debe enfatizar la necesidad de cuidar siempre de los seres sentientes más de lo que uno se cuida a sí mismo. Como mínimo, el gurú debe enfatizar la importancia de las vidas futuras sobre la vida presente, porque eso animará al discípulo a implementar métodos que crearán una vida futura feliz.

La práctica de la devoción al gurú consiste en consagrarse uno mismo al gurú en pensamiento y en acción.

Devoción en pensamiento

La devoción en pensamiento incluye dos ramas: recordar la bondad del gurú y ver al gurú como a un buda. Esto es ilustrado en las fuentes textuales, en la razón y en nuestra experiencia personal con el gurú.

Recordar la bondad del gurú. La principal bondad del gurú es mostrarnos el camino íntegro a la iluminación, no solo durante esta vida, sino a lo largo de incontables vidas. Nuestro gurú es como un guía que aparece de manera imprevista y nos dirige a un lugar seguro cuando estamos perdidos en la oscuridad y en un lugar peligroso, rodeados de bestias salvajes.

Quizá no hayamos tenido el karma para recibir enseñanzas directamente del Gurú Buda Shakyamuni o de algún otro gran *pandit* indio o tibetano, pero nuestro gurú actual continúa el trabajo del Buda al enseñarnos el Dharma, y en este sentido es infinitamente bondadoso. La bondad de un médico que nos cura de un cáncer es insignificante comparada con la bondad del gurú que nos ayuda a eliminar las manchas de nuestro continuo mental y nos conduce hacia la iluminación. Esta bondad es ilimitada, como el espacio.

Ver al gurú como a un buda. En varios sutras, el Buda prometió que aparecería repetidamente en el futuro adoptando la forma de un gurú. Los gurús son manifestaciones del *dharmakaya* que aparecen frente a nosotros en una forma ordinaria que está en concordancia con nuestro karma para que podamos relacionarnos con ellos. Esta forma ordinaria es el gurú convencional. Aunque no logremos aprehender plenamente la naturaleza de esta manifestación, cultivar nuestra consciencia en este sentido nos ayudará a escuchar las enseñanzas del gurú. La consciencia de la naturaleza del *dharmakaya* del gurú nos conectará de manera más poderosa con las enseñanzas y nos permitirá acercarnos a todos los budas.

La devoción en acción

En la tradición Hinayana, la devoción al gurú a través de la acción incluye realizar ofrendas de masaje o perfume al cuerpo santo del gurú, hacerle la cama al gurú, ofrecerle hábitos y acciones similares. Este es el servicio al gurú en relación con su cuerpo.

La devoción al gurú a través de la palabra incluye utilizar expresiones honoríficas cuando mencionamos el nombre santo del gurú. Por ello los monjes de la tradición Theravada, incluso en la actualidad, ponen las manos juntas y dicen «Venerable tal y cual» cuando hablan de su abad o se dirigen a él. De manera semejante, en la ordenación de *gelong* (*bhikshu*), el monje de rango superior que preside la ceremonia (*sangdön lopön*) ofrece consejos a los monjes sobre cómo deben dirigirse a los abades y a los maestros.

Otras formas de devoción al gurú a través de la acción consisten en seguir su consejo, vivir de acuerdo con el Dharma, ofrecer servicio al gurú y hacer ofrendas al gurú.

La práctica principal y la mejor ofrenda al gurú es utilizar nuestro cuerpo, palabra y mente para vivir de acuerdo con los consejos y admoniciones del Dharma que el gurú nos ofrece. Como dijo el gran yogui Milarepa: «No tengo ofrendas materiales. Mi ofrenda a mi padre-gurú es mi práctica. Los esfuerzos y privaciones que padezco en mi entrenamiento son una ofrenda para agradar a mi maestro-gurú. Correspondo de este modo a la bondad de mi padre-gurú con mi práctica».

La ofrenda de servicio incluye todo comportamiento respetuoso descrito en los *Cincuenta versos de devoción al gurú* de Ashvagosha, como ponernos de pie cuando entra en la habitación, postrarnos, limpiar, cocinar y otros servicios.

Sabemos, por nuestra propia experiencia que seguir los consejos del gurú es más fácil cuando nuestra devoción es sólida. Cuando nuestra devoción es débil, incluso las pequeñas tareas parecen una enormidad. Al ofrecer ayuda a un centro de Dharma, proveemos a muchas personas de las condiciones necesarias para encontrar las enseñanzas y practicar el camino infalible a la iluminación.

Respecto a las ofrendas materiales, debemos ofrecer, sinceramente, lo que podamos. Aunque el gurú no desea ofrecimientos materiales, los discípulos deben ofrecer las mejores ofrendas que puedan conseguir, con el fin de acumular méritos. El gurú se siente satisfecho con nuestra práctica de Dharma, no solo con nuestras ofrendas materiales. Sin embargo, si observas que el gurú se siente feliz al recibir ofrendas materiales es un error pensar que está actuando erróneamente al mostrar satisfacción.

Para hacer a un discípulo feliz, los grandes lamas a menudo actúan como si se sintieran muy satisfechos recibiendo sus ofrendas materiales. En cierta ocasión, a Pari Dorje Chang, un gran lama del monasterio de Sera en el Tíbet, un hombre que se ganaba la vida imprimiendo textos del Dharma le ofreció una pierna de cordero. Comer alimentos comprados con el dinero producido a través de la venta de estatuas y escrituras del Dharma con un fin personal es considerado un karma negativo grave. Pari Dorje Chang no dio la carne a otras personas porque sabía que los mancharía con una polución espiritual si estos la consumían. Sin embargo, se mostró complacido al recibir la ofrenda porque, de ese modo, hábilmente, permitía al discípulo en cuestión acumular méritos a través de su ofrecimiento.

Cuando no hacemos una meditación analítica sobre la devoción al gurú, los sentimientos de devoción desaparecen rápidamente. Sin embargo, si nos dedicamos a menudo a la articulación de esta meditación, la experiencia de devoción se vuelve más estable. Un sentimiento en nuestro corazón de que el gurú es un buda, incluso si dura un breve período de tiempo, es un signo de que estamos recibiendo bendiciones. Es clave saber cómo consagrarnos de forma correcta al gurú y cómo evitar que nuestra devoción se mezcle con las meras apariencias externas y las palabras vacías.

Los cuatro beneficios generales de la devoción al gurú

Del mismo modo que la lluvia permite que las flores y los cultivos crezcan, la lluvia de bendiciones del gurú humedece el campo de nuestra mente para que las realizaciones del Dharma se manifiesten en nosotros. Estas bendiciones también protegen nuestra mente frente a los engaños y los pensamientos negativos. Cuando detenemos la aparición de pensamientos negativos hacia el gurú, evitamos la destrucción de muchos eones de méritos. El cuarto beneficio es que la devoción al gurú nos protege de hacer cosas que retrasan nuestras realizaciones.

Cuando subimos a un avión, la tripulación de cabina siempre da instrucciones de seguridad. Estas comienzan con indicaciones sobre cómo ajustarse el cinturón de seguridad y continúan con la señalización de la ubicación de las salidas de emergencia, el chaleco salvavidas, etc. Todo esto se hace para nuestra propia seguridad en caso de que ocurra algo peligroso.

De la misma manera, el camino hacia la iluminación está lleno de peligros, y la devoción al gurú es como un chaleco salvavidas para nuestra práctica. La devoción al gurú, como todos los dispositivos de seguridad, combina y protege nuestros frágiles esfuerzos espirituales. Cuán rápidamente alcancemos realizaciones o logros en el camino depende de la estabilidad de nuestra devoción al gurú.

Los tres principales aspectos del camino Mahayana

Hemos discutido previamente las tres clases de aspiraciones o metas que caracterizan una acción de Dharma, es decir, la meta de una vida futura mejor, la meta del nirvana o la liberación del samsara y, finalmente, la meta de la iluminación para el beneficio de todos los seres sentientes. El camino para alcanzar la meta de la iluminación tiene una base común con otros caminos en términos de toma de refugio en las Tres Joyas y en la devoción al gurú, con la adición del altruismo, llamada *bodhicitta*. Este es el camino del Gran Vehículo, también llamado vehículo del Mahayana.

El camino del Mahayana consiste en el cultivo de tres aspectos principales: la renuncia al samsara, la *bodhicitta* que renuncia a la autocomplacencia y busca el aprecio de otros seres y la sabiduría de la vacuidad, que consiste en el logro de la visión recta.

Siempre es nuestra motivación la que determina si las acciones que realizamos son o no virtuosas. Si una acción se lleva a cabo con espíritu de renuncia y visión recta, se trata de una acción virtuosa y se convierte en una causa para el logro del nirvana o de la liberación del samsara. Si la acción se lleva a cabo con la renuncia al samsara, la visión recta y la *bodhicitta*, se trata de una acción virtuosa que se convierte en la causa para lograr la iluminación completa. Prácticamente todas las acciones realizadas sin una de estas tres motivaciones –renuncia, *bodhicitta* o la realización de la sabiduría de la vacuidad– se convierten en una acción mundana, otra causa para el samsara.

Hay algunas acciones excepcionales, sin embargo, que producen beneficios aunque sean acompañadas por pensamientos no virtuosos como la ira, la ignorancia o el apego a esta vida. Estas acciones incluyen la circunvalación de objetos sagrados y hacer ofrendas y postraciones a los objetos santos como las estatuas del Buda o las estupas. La virtud surge no por la motivación del agente, sino por el poder del objeto sagrado.

No obstante, aparte de estas excepciones, las acciones realizadas sin, al menos, uno de estos tres aspectos principales mencionados –renuncia, *bodhicitta* o sabiduría–, ponen en movimiento las vidas tormentosas del futuro en el samsara.

La práctica de estos tres aspectos principales del camino es imprescindible. La práctica del tantra sin la integración de estos tres aspectos no conducirá a la iluminación. De hecho, sin al menos una firme renuncia al samsara, continuaremos cometiendo acciones negativas que crean las causas para el renacimiento en los reinos del infierno, los *pretas* y los animales.

Hubo un meditador que pasó la mayor parte de su vida retirado en una ermita, meditando en la deidad tántrica Yamantaka. Después de su muerte nació como un espíritu con una imagen muy similar a Yamantaka, con muchos brazos, cabezas y piernas. Una noche, cuando otro meditador que vivía en la misma ermita estaba haciendo la ofrenda sur (que consiste en quemar harina de cebada para ofrecer el humo como acto de generosidad para los espíritus) vio al espíritu aterrador de su antiguo compañero. Nervioso, le preguntó al espíritu: «¿Quién eres tú?». El espíritu le explicó: «Soy tu amigo. Era también un meditador retirado. Fallecí recientemente».

¿Cómo es posible que un meditador y practicante de Yamantaka se convierta en un espíritu después de morir? La respuesta es que, pese a meditar sobre Yamantaka, no cultivó los pensamientos de la renuncia, la *bodhicitta* y la visión recta, y por consiguiente no estaba practicando el tantra de manera apropiada.

Sin estos tres principios, incluso el retiro tántrico se convierte en una acción mundana. Este meditador renació como un espíritu porque, aunque hizo la práctica de Yamantaka durante muchos años, lo hizo sin la mente fundamental de la renuncia, lo que significa que todas sus acciones se convirtieron en no virtuosas.

Esta historia nos ofrece una lección en la que debemos reflexionar. Si no estudiamos y practicamos el Dharma de manera correcta, si no somos conscientes de lo que está ocurriendo en nuestra mente mientras nos embarcamos en la práctica del Dharma y en nuestra vida diaria, podemos terminar malgastando toda nuestra vida. Podemos ser engañados por las meras apariencias de estar practicando el Dharma.

Recitar mantras es fácil, visualizar deidades es fácil, leer escrituras del Dharma es fácil. Pero practicar el Dharma de manera correcta es algo diferente, algo que requiere de nosotros la internalización de las enseñanzas para subyugar nuestra mente y domar los engaños. No se trata de lo que estamos haciendo externamente.

La práctica del Dharma requiere de nosotros que internamente dominemos la mente salvaje e indisciplinada, que la separemos de los engaños, la orientemos al beneficio de las otras personas y logremos la sabiduría no dual. Los maestros kadampa dirían que, cuando nuestras acciones de cuerpo, palabra y mente son capaces de combatir nuestros engaños, cuando nuestras acciones se convierten en antídotos para nuestros engaños, solo entonces verdaderamente empezamos a practicar el Dharma.

Renuncia

Adquirir posesiones materiales no es un problema. El problema principal es la mente que se aferra a ellos. Para quien no ha abandonado la mente del aferramiento, las posesiones pueden llevarlo a la distracción y al daño. Ha habido muchos grandes practicantes y *bodhisattvas* que han sido reyes, con familias y extraordinarias riquezas materiales, pero esta riqueza no obstaculizó su evolución como seres superiores porque entendían la impermanencia. Renunciaron al marco mental del apego, renunciaron al samsara. ¿Hemos hecho nosotros lo mismo?

El anterior Dalai Lama, el decimotercero, se le requería que vistiera hábitos nuevos durante la celebración del año nuevo tibetano y otros días especiales. Estaban a su disposición abundantes tesoros y posesiones materiales que le pertenecían como Dalai Lama y, sin embargo, en los días especiales Su Santidad pedía permiso a sus sirvientes y administradores: «¿Puedo vestir estos hábitos nuevos mañana?», decía. «¿Podrían ustedes tener la bondad de prestarme esos hábitos?». Podía usar las posesiones del Dalai Lama como quisiera, no tenía obligación de pedir permiso a nadie, pero al hacerlo Su Santidad mostraba que consideraba que ninguna de esas posesiones era realmente suya.

Este es el modo opuesto en el cual nosotros pensamos sobre nuestras posesiones cuando las tratamos como propias. «Esta cámara es mía», o «¡Este cojín de meditación es mío!». Estamos totalmente poseídos por el autoaferramiento del yo. Sin embargo, el Dalai Lama XIII actuaba como lo hacía porque rechazaba el aferramiento a las posesiones, renunciaba a las cuestiones de esta vida y abandonaba la autocomplacencia.

El sentido común indica que, si queremos una felicidad duradera, debemos renunciar al sufrimiento y sus causas. Toda nuestra infelicidad viene de nuestra mente que, obedientemente, sigue los engaños del apego, la ira y la ignorancia. Al ver de qué modo comienzan los problemas con el deseo por los objetos sensoriales, continuando con la insatisfacción cuando esos objetos no duran, reconocemos las trampas de los engaños, los cuales nos regresan una y otra vez a la decepción y a la miseria.

Si un trozo de carbón incandescente cayera sobre nuestro pie estando en una barbacoa, ¿no nos desharíamos de la brasa inmediatamente? Entonces, ¿por qué motivo no nos deshacemos de nuestros engaños, que han estado quemándonos durante incontables vidas? Cuando dejamos de agarrarnos a la brasa ardiente del apego, la quemazón cesa, y allí mismo se termina el dolor. Hay paz instantánea. Cuando finalmente logramos erradicar los engaños, hay felicidad duradera instantánea.

Aferrarse a las personas y a las cosas que naturalmente llegarán a su fin causa que nuestra felicidad sea temporal. Pero además, la naturaleza pegajosa del apego deja una impresión en nuestra mente que se convierte en un hábito. En cuanto este tipo de impresión aumente su fuerza, nos agitará, y nuestros pensamientos negativos resultantes nos lanzarán hacia vidas futuras en el samsara, con esa pesada herencia de problemas a cuestas. Todo esto es causado por el deseo. ¡Compruébalo! Reflexiona sobre los defectos del samsara y, decididamente, renuncia a ello.

¿De qué manera generamos la renuncia?

Primero, antes de ayudar a otros seres sentientes, necesitamos renunciar a nuestro propio samsara. Esto nos obliga a abrir los ojos y a reconocer que nuestra vida samsárica corriente –todos sus placeres temporales, nuestras posesiones, vacaciones y aficiones– tiene la naturaleza del sufrimiento, debido, sencillamente, a que se terminará. La decepción es endémica en el samsara. Pese a lo atractiva que parece, es como una superficie interminablemente extensa llena de espinas que nos perforan profundamente la carne donde sea que pisemos.

Durante incontables vidas hemos elegido la prisión del samsara. Hemos permanecido, primero, cautivos de la visión errónea del yo como verdaderamente existente, luego de la visión errónea del samsara como un parque maravilloso, y ambas visiones han causado que nuestra mente se apegara a las apariencias visuales y a los sonidos del samsara. No hemos comprendido que este parque maravilloso ha disfrazado su naturaleza de sufrimiento. Cuando alguna forma de felicidad temporal se manifiesta en el samsara, nuestro apego emerge rápidamente y nos aferramos a esa felicidad temporal que nos causa descontento cuando acaba. Esto nos lleva a perseguir más excitación, creando a su vez más causas para el dolor. Este es el problema. Para escapar a esto, necesitamos generar la renuncia al samsara.

El primer paso es renunciar a esta vida, pero no estoy hablando de ¡terminar con la propia vida! El suicidio es consecuencia de la confusión y de la ignorancia acerca del Dharma, y no de la comprensión acerca del modo en el cual los engaños enloquecen a las personas. «Renunciar a esta vida» significa rechazar la mente del aferramiento, expulsar la decepción de los engaños al descubrir su verdadera naturaleza. Sin esta mente de la renuncia, cualquier cosa que hagamos –caminar, hablar, comer, dormir, trabajar, irnos de vacaciones e incluso orar y meditar– se convierte en una causa para más samsara.

Dromptompa, el discípulo favorito del gran maestro Lama Atisha, vivió en Reting, en el Tíbet, en una época en la que aquel poblado estaba a muchos días de viaje de Lhasa. Un día, Dromptompa vio a un anciano circunvalando el templo y le preguntó qué estaba haciendo. El hombre le respondió: «Estoy circunvalando este templo», pensando que estaba practicando el Dharma al hacerlo.

Dromptompa le recomendó: «Está bien que hagas esto, pero sería mejor que practicaras el Dharma sagrado».

El anciano pensó, entonces: «Oh, quizá lo que el maestro quiere decir es que debería leer las escrituras». De modo que empezó a dedicarse exclusivamente a la lectura de las escrituras.

Dromptompa apareció tiempo después, vio al anciano leyendo una enorme pila de textos, y entonces le preguntó nuevamente qué estaba haciendo y el anciano le contestó: «Estoy leyendo las escrituras».

Dromptompa le dijo, entonces: «Es bueno que hagas esto, pero ¿no sería mejor que practicaras el Dharma sagrado?».

El anciano pensó: «Quizá lo que quiere decir el maestro es que debería meditar». Entonces dejó de leer las escrituras, y comenzó a meditar.

Pasado un tiempo, apareció Dromptompa y al ver al anciano meditando le preguntó: «¿Qué estás haciendo?». El anciano dijo: «Estoy meditando». Pero Dromptompa le respondió: «Está bien que medites, pero ¿no sería mejor que practicaras el Dharma sagrado?».

A estas alturas, el anciano ya estaba frustrado y confundido. Había tratado de circunvalar, leer las escrituras y meditar, pero Dromptompa no dejaba de repetirle cada vez las mismas palabras. Finalmente le preguntó: «¿Qué quieres decir con practicar el Dharma sagrado?».

Dromtompa le respondió: «Renuncia a esta vida».

La liberación no es algo que un dios o algún gran ser pueda darnos. Nuestra mente crea las causas para la liberación. En el budismo, nosotros garantizamos nuestra propia liberación.

No podemos juzgar desde el exterior si una persona está o no practicando el Dharma. Como practicantes, debemos refrenarnos de pensar que estamos practicando el Dharma por el mero hecho de pasar muchas horas en meditación, recitar oraciones de manera extensiva o ir al templo habitualmente. La verdadera medida es la motivación y el estado mental que acompañan a nuestras acciones. La mente de la renuncia, la mente que persigue la libertad frente a los engaños y al aferramiento a esta vida, es lo que determina si estamos practicando el Dharma o no. Es muy importante ser conscientes de esta diferencia. De otro modo, no sabremos cómo practicar el Dharma.

Bodhicitta

Quejas y más quejas. Cuando experimentamos una pequeña incomodidad, un pequeño sufrimiento, un incidente de insatisfacción, nos alteramos y nos quejamos. Nos quejamos a nuestra familia, a nuestros amigos, a cualquiera que nos escuche. Anhelamos solo nuestra propia felicidad. Día y noche buscamos comodidad y placer. Esto ocurre exactamente de igual modo con todos los seres sentientes –vuestros vecinos, amigos, enemigos, el recolector de basura, los insectos en el jardín, los perros en la calle, los peces en el río–; todos los seres sentientes son exactamente como nosotros en lo relativo a querer felicidad y no querer infelicidad.

Aunque somos fundamentalmente iguales en este sentido, no somos capaces de igualarnos a nosotros mismos con otras personas. Por el contrario, tendemos a pensar: «Soy importante. Mi felicidad es más importante. La felicidad de otros seres no tiene nada que ver con la mía».

Cuando adoptamos este pensamiento autocomplaciente, ignoramos las dificultades que enfrentan otras personas. Mientras perseguimos nuestra propia felicidad, no somos conscientes del daño que producimos a otros seres vivos. El campo de los seres sentientes se convierte en algo que está a nuestra disposición para utilizar y descartar, en vez de valorarlo y respetarlo. No cuidamos particularmente a los otros, en especial a aquellos que sentimos que no nos benefician. Matamos esta pulga, calumniamos a esta otra persona y arruinamos la vida de aquel que está más allá, todo para obtener felicidad para nosotros mismos. Este pensamiento autocomplaciente no nos ha permitido hacer un progreso real en el camino.

Innumerables seres sentientes que viven debajo y encima de la tierra han sufrido para que nosotros pongamos un pequeño tazón de arroz en nuestra mesa. Piensa en ello. Comenzando con el arado del campo, el sembrado, la cosecha, la molienda, son incontables los seres que mueren y sufren para que nosotros tengamos nuestro tazón de arroz. Y este tazón de arroz es el resultado de granos previos de arroz; por consiguiente, el número de seres sentientes que han sufrido por este tazón de arroz se duplica, triplica y se multiplica por cientos.

No estoy diciendo todo esto para haceros sentir mal. Al contrario, solo os pido que recordéis el sacrificio y la bondad de los seres sentientes. Si cultiváis esta actitud, no os atreveréis a comer un solo grano de arroz o de maíz sin algún pensamiento orientado a pagar la bondad de los seres sentientes haciendo algo para beneficiarlos.

Nuestro modo de pensar se convierte en *bodhicitta* cuando sentimos el sufrimiento de los seres sentientes como una flecha que atraviesa nuestro corazón y somos incapaces de soportar el pensamiento de su dolor interminable ni siquiera por un minuto. La *bodhicitta* surge cuando no tenemos otro pensamiento, excepto el de esforzarnos por alcanzar la iluminación para liberar a los seres de su sufrimiento y para que alcancen su felicidad. La *bodhicitta* es el gran pensamiento compasivo, la gran intención altruista dirigida a alcanzar la iluminación para el beneficio de todos los seres sentientes. La *bodhicitta* renuncia completamente a la autocomplacencia a favor del respeto y del amor decidido hacia los otros, asumiendo la responsabilidad por la felicidad de todos los seres sentientes. Por lo tanto, la felicidad de los seres sentientes no se desestima, ni siquiera casualmente, como ajena a nosotros.

Sin la gran compasión, lo que queda es solo nuestro ego, alimentando nuestros pensamientos emocionales de enfado y apego, y todo el espectro de manifestaciones perturbadoras de nuestra mente, que no solo nos dañan a nosotros mismos, sino que dañan a tantos otros. Son innumerables los seres sentientes a los que hemos dañado directa e indirectamente, intencional e inintencionadamente, una vida tras otra. Si cultivamos la *bodhicitta*, dejaremos de dañar y, en su lugar, ofreceremos ayuda. ¡Cuánta paz y felicidad habrá entonces!

Un buda surge de un *bodhisattva*, y un *bodhisattva* surge de la *bodhicitta*. Toda la felicidad mundana y trascendental, incluida la iluminación, surge del enorme corazón y la inmensa mente de la *bodhicitta* del altruismo. Sin embargo, esta no puede alcanzarse de repente. No cae sobre nosotros como la lluvia que se precipita desde el cielo, sino que requiere un largo entrenamiento. Por consiguiente, necesitamos comenzar a entrenarnos ahora mismo.

Abandona el pensamiento de la autocomplacencia que pone nuestra propia felicidad por delante. La motivación del Mahayana requiere que asumamos dificultades y privaciones para guiar a los seres sentientes a la dicha suprema de la iluminación. Debemos alcanzar la iluminación nosotros mismos para conducir a otros seres a esa meta, porque solo las cualidades del Buda nos permitirán beneficiar a innumerables seres vivientes.

Hasta que no transformemos nuestra mente durante el camino, los enemigos externos continuarán dañándonos. Nos dedicamos a proveer a nuestros países con un armamento sofisticado, suficiente como para llenar el cielo entero con su poder destructivo, pero el empeño resultará trivial, porque lo que lograremos será más daño en vez de protección. Los recursos deben dirigirse al desarrollo positivo de la mente y el buen corazón, en vez de al desarrollo militar. De este modo, no estaremos en peligro de ser invadidos por otro país. Si, en un país, cada persona dedica su energía al desarrollo del buen corazón, el peligro de conflicto desaparecerá.

En estos días, la seguridad domina la mente de las personas. Algunas casas tienen toda clase de cerrojos, verjas y alarmas. No obstante, mucho mejor que aprender kung-fu o comprar alarmas antirrobos es generar la *bodhicitta.* La actitud de la gran compasión, el altruismo y la asunción por nuestra parte de la responsabilidad de guiar a todos los seres a la felicidad ofrece mayor protección que la que podemos lograr gastando millones de dólares, durante miles de años, con guardaespaldas y dispositivos de todo tipo. Los artefactos y los vigilantes no pueden ayudarnos a destruir los engaños que nos causan problemas, o los engaños de cualquier otra persona. Sin embargo, la realización de la *bodhicitta* confiere incomparable beneficio.

El poder de un millón de bombas atómicas es insignificante comparado con el poder del buen corazón. Si la *bodhicitta* estuviera presente en la mente de todas las personas del mundo, podríamos despedirnos definitivamente de las armas, las bombas y los conflictos. Lama Yeshe solía decir: «Una dosis de buen corazón diario mantiene a los enemigos alejados».

La práctica preliminar para cultivar la *bodhicitta*: la ecuanimidad

Liberarnos solo a nosotros mismos de los peligros del samsara no es lo suficientemente bueno, porque liberar solo a una persona del sufrimiento no es satisfactorio. Son innumerables los seres sentientes que sufren de manera extrema y están en un estado de suma necesidad. Estos seres están atrapados en las arenas movedizas del samsara porque no tienen un guía para el camino, no saben lo que es correcto y lo que es erróneo o cómo funciona el karma a favor o contra ellos.

Como seres corrientes, nos falta la habilidad para ayudar de un modo extenso. Por consiguiente, hemos de aspirar al despertar: «Debo lograr la iluminación con el propósito de conducir a todos los seres a la felicidad y la iluminación. Para ello he de entrenarme disciplinando mi cuerpo, palabra y mente». Cultivar cuanto antes la *bodhicitta* es la clave si queremos realizar la iluminación para ayudar a todos los seres sentientes.

Para entrenarnos efectivamente en la *bodhicitta*, lo primero que necesitamos es la ecuanimidad. Piensa en lo que suele ocurrir cuando entramos a una habitación en la que hay mucha gente. Puede que nos sintamos incómodos con algunas personas, e incluso que las reconozcamos como nuestros enemigos, mientras que somos atraídos hacia otras personas que probablemente sean ya nuestros amigos. Somos indiferentes al resto y no tenemos sentimientos particulares hacia ellos. Este es el modo en el que de forma intuitiva categorizamos a las personas como «enemigas», «amigas» y «extrañas».

Si nosotros, cuidadosa y honestamente, chequeamos nuestra mente para comprobar por qué razón etiquetamos a la gente como «enemiga», «amiga» y «extraña», descubriremos las verdaderas razones. Etiquetamos como «amiga» a cualquier persona que nos haya beneficiado o elogiado y etiquetamos como «enemiga» a cualquier persona que nos haya criticado o interferido en lo que deseamos. Reservamos la etiqueta «extraño» para todos aquellos de quienes no sabemos nada y, por lo tanto, hacia quienes sentimos indiferencia.

¿No crees que las relaciones humanas consumen una enorme cantidad de energía y tiempo? Cuando surgen problemas en nuestras relaciones y el amigo se convierte en enemigo, el dolor magulla el corazón.

Analicemos esta situación, que comienza con nuestra ignorancia acerca del yo verdaderamente existente. El apego al yo dispara la etiqueta mental de «mi amigo», «mi cuerpo» y «mis posesiones». Esta falsa idea no se detiene allí. La concepción errónea también percibe a las personas y a los objetos como verdaderamente existentes, de modo que, cuando a una persona que etiquetamos como un «amigo» frustra nuestras expectativas, de inmediato concluimos que un «alborotador» verdaderamente existente está frente a nosotros y el enfado se enciende. En ese mismo momento, la etiqueta «enemigo» surge en nuestra mente, y allí mismo se desvanece el amigo y aparece un enemigo en su lugar.

Los estados emocionales de decepción, angustia y rabia nos abruman por completo.

Por consiguiente, el objeto de la ira que llamamos «enemigo», el objeto del apego al que nos referimos como «amigo» y el objeto de indiferencia que descartamos como «extraño» no existen verdaderamente en ningún sitio. Son todas etiquetas creadas por nuestra mente, en dependencia del engaño que activamos en un momento dado. Como un mago que descubre una ilusión convincente, a través de las etiquetas mentales nuestra mente conjura apariencias persuasivas de amigo, de enemigo y de extraño.

¿De quién son estas etiquetas mentales? Son nuestras propias etiquetas mentales, por supuesto. Del mismo modo que un ojo defectuoso ve a la distancia un arbusto como si fuera una persona o una cuerda enrollada como si fuera una serpiente, nuestra mente, completamente equivocada, crea algo que no existe en ningún sitio.

De este modo, peligrosamente, la mente ignorante y negativa que ve al yo, al amigo, al enemigo y al extraño como verdaderamente existentes resulta ser una mente falsa, completamente equivocada. Nuestros días y noches, y nuestros estados emocionales, dan vueltas alrededor de falsas apariencias haciendo que la vida sea agotadora y confusa.

Podemos comprobar si un enemigo creado por nuestra mente es o no un enemigo verdadero, si un amigo es un amigo verdaderamente existente o si el extraño es un extraño autoexistente. Un enemigo verdadero debería ser un enemigo todo el tiempo, lo mismo que un amigo o un extraño.

Sin embargo, nuestra propia experiencia demuestra que esto no es verdad; el estatus de estas personas puede cambiar, y habitualmente lo hace. Etiquetamos a una persona como «enemiga» debido a que dijo o hizo algo que nos disgusta. Pero si dos minutos después la persona se disculpa sinceramente, nos elogia o nos hace un gran favor, la idea de la persona como un «enemigo» cambia de inmediato. De pronto, ya no aparece más como una mala persona, incluso puede que empecemos a considerarla una persona razonable. En unos pocos minutos, dependiendo de lo que la persona haga por nosotros, la etiqueta «enemiga» la cambia de manera dramática. El enemigo de ayer se convierte en el amigo de hoy, o el amigo de esta mañana se transforma en el enemigo de la noche. Puede que nos aferremos a una persona y la etiquetemos como «amiga», pero si de manera inesperada hace algo que nos decepciona, la etiqueta «enemiga» reemplaza rápidamente a la de «amiga». Lo mismo ocurre con el extraño.

Estas etiquetas están moviéndose y cambiando mientras estamos en el samsara. Nuestra mente crea y recrea estas etiquetas. Por consiguiente, los cambios se producen en nuestra mente, influenciados por los engaños. Estas etiquetas solo reflejan la manera en la que nuestra mente mira a una cierta persona, objeto o circunstancia. No hay amigos, enemigos, extraños, problemas o placeres que existan inherentemente. Se trata siempre de etiquetas mentales. No obstante, sufrimos debido a estas etiquetas.

En dependencia del tipo de engaño que sea dominante en

un momento determinado, la ignorancia aviva nuestra etiqueta mental de la persona como «amiga», «enemiga» y «extraña». Después de sentir enfado hacia alguien, desarrollamos aversión; después del apego, nos aferramos; y después de la indiferencia ignorante, negamos nuestro cuidado e interés. No reconocemos que nuestra mente manufactura como salchichas estas etiquetas. Tampoco somos capaces de ver esta actividad mental incesante como un problema. Peor aún, creemos, sin dudarlo por un momento, que las etiquetas son verdaderas y permanentes. Asumimos que las relaciones basadas en el amor emocional durarán siempre, de modo que, si estas relaciones se tambalean, nos sorprendemos y horrorizamos. Pero, en realidad, aquellos a quienes discernimos como amigos, amados o enemigos no existen como tales. Son meras etiquetas de nuestra mente.

Debido a que nuestras etiquetas fluctúan continuamente, no podemos confiar en ellas. No hay razón para aferrarse a ellas, y no tiene sentido que los pensamientos negativos del apego, la ira o la indiferencia emerjan. ¿Por qué razón decimos que no hay motivo para aferrarse a un amigo? Porque este amigo ha sido también nuestro enemigo innumerables veces a lo largo de nuestras incontables vidas. Por el contrario, la persona que llamamos actualmente enemiga nos ha proveído en innumerables vidas pasadas con un techo y comida, y nos ha protegido de los peligros dándonos todo lo que necesitábamos. Del mismo modo que el amigo actual parece habernos ayudado enormemente, el enemigo nos ha ayudado mucho en innumerables vidas pasadas. Lo mismo ocurre con el extraño. De esta manera, todos los seres son exactamente iguales.

Siempre que sintamos que nuestra mente fija etiquetas sobre los seres vivientes, allí mismo, en ese mismo instante, tenemos que aprovechar la oportunidad para igualarnos a ellos mentalmente. Como nosotros, los seres sentientes desean ser felices. Desean, también como nosotros, evitar el sufrimiento. Piensa que en el samsara nosotros hemos sido madres, padres, amigos, enemigos y extraños en relación con todos los seres sentientes, y ellos de nosotros. El enemigo nos ha ayudado y apoyado en incontables ocasiones en el pasado, y en las vidas pasadas. El extraño se ha sacrificado por nosotros y ha sido bondadoso con nosotros en innumerables situaciones en el pasado y en las vidas pasadas. Sencillamente, lo que ocurre es que no podemos recordar esa época.

Cuando pensamos de este modo, igualamos al enemigo y al extraño con el amigo. Si logramos hacer esto, nuestra mente se relajará y se volverá más equilibrada. Se aflojará la mente resentida dirigida hacia el enemigo. Habrá menos tensión en la mente, menos enfado hacia el enemigo o aferramiento hacia el amigo, y más calidez hacia el extraño. La mente negativa decrecerá. Igualar a todos los seres sentientes en nuestra mente nos prepara para cultivar la gran compasión hacia todos ellos.

Cada ser sentiente ha sido igualmente un extraño, un enemigo y un amigo para nosotros. No hay un nuevo amigo, enemigo o extraño que descubrir. Cuando chequeamos lógicamente, y analizamos cómo la mente discrimina de forma incorrecta entre los seres sentientes, comprendemos de qué manera todos los seres sentientes son iguales. Debido a la ignorancia y a los engaños, cometemos incontables karmas negativos en relación con el amigo, el enemigo y el extraño. En consecuencia, a menudo experimentamos el sufrimiento en el samsara.

Todos los otros seres sentientes han hecho lo mismo, y están sufriendo por ello. Pero es posible que no hayan encontrado el Dharma y, por consiguiente, no pueden usarlo para analizar la vida y sus dificultades. Por nuestra parte, habiendo desarrollado una comprensión de los engaños y conociendo cómo nos manipulan, ¿no piensas que los seres sentientes merecen tu compasión? Podemos encontrar en lo más hondo de nuestra mente la siguiente resolución: «Debo liberar a todos los seres sentientes de su sufrimiento y guiarlos hacia la iluminación. Para hacer esto, debo alcanzar yo mismo la iluminación».

El cultivo de la *bodhicitta*

Para lograr la realización de la *bodhicitta* debemos entrenar la mente en las enseñanzas de manera consistente desde el principio. Estas enseñanzas incluyen la devoción al gurú, no malgastar el precioso renacimiento humano, la impermanencia y la muerte, el sufrimiento en el samsara, el funcionamiento de los engaños y el karma, los antídotos, el refugio, la destrucción que produce la desastrosa creencia en la existencia verdadera del yo, la ecuanimidad y el cultivo de una actitud altruista dirigida a liberar a todos los seres sentientes del sufrimiento. Lograr la iluminación es incierto, a menos que nos apliquemos al entrenamiento de esta manera, y en esta secuencia.

Meditar de manera sistemática en el camino es útil. Si meditamos solo en lo que nos gusta –a veces en un tema de meditación y otras veces en otro, a veces olvidando ciertos temas enteramente–, puede que obtengamos algún beneficio, pero será más difícil lograr la realización completa de nuestro potencial de iluminación.

Para la iluminación plena es esencial lograr la realización de la *bodhicitta*. Mientras que la realización de la vacuidad de todas las cosas es vital para el logro de la liberación, y también para el camino a la iluminación, no hay manera de completar el camino y alcanzar la iluminación sin la *bodhicitta*. No hay manera.

Mi madre no tuvo escolarización alguna, ni la oportunidad de recibir muchas enseñanzas del Dharma. No hablaba mucho sobre la *bodhicitta*, ni tampoco entendía demasiado las enseñanzas relacionadas con ella. Sin embargo, tenía un profundo sentimiento hacia la *bodhicitta* y su mente era rica en compasión. No leía las escrituras, pero practicaba el Dharma con todo su corazón. Yo no practico la *bodhicitta*, pero ella la practicaba verdaderamente.

Siempre estaba preocupada por cualquier persona que la ayudaba, cualquier persona que no lo hacía, cualquier persona que ella veía que trabajaba duro, e incluso por aquellos que no trabajaban demasiado. Siempre tenía bondad en su corazón y siempre notaba las dificultades por las que pasaban los otros. Siempre hablaba acerca de lo mucho que trabajaban otras personas para ella, cuán amables eran y qué inmerecida era la ayuda que recibía por parte de todas ellas.

Mi madre decía: «Mi estómago está vacío», pero no se refería a su estómago vacío de comida. Lo que quería decir era que su mente estaba vacía de logros espirituales y, por consiguiente, era inmerecido que cualquiera la sirviera –algún monje cuando le servía té o cualquier otra persona–. Cada día circunvalaba la estupa, y repetía: «Debo hacer algo. Mi mente está vacía de logros espirituales y, sin embargo, he recibido tanta ayuda. No puedo sentarme plácidamente y hacer tan poca cosa. Debo hacer algo».

Recitaba oraciones, circunvalaba la estupa, hacía prácticas de purificación para acumular méritos, siempre recordando en su mente la bondad de los otros.

En una ocasión, fue a Dharamsala y estuvo en la casa de retiro de Tushita. Cada día bajaba a circunvalar la residencia del Dalai Lama. Comía la mitad de su desayuno sencillo y ponía la otra mitad en su bolsillo para ofrecérselo a los mendigos. Recuerdo, siendo yo joven, cuando fuimos de peregrinaje, muchas familias se detenían en la carretera a hacer su propia comida. Mi madre hacía lo mismo, pero daba su comida a otras familias más pobres que la nuestra, lo cual, habitualmente, acababa en que no teníamos mucha comida para nosotros. Estoy, sencillamente, recordando cómo mi madre vivió su vida.

Si somos resolutos en nuestro anhelo de generar la *bodhicitta*, las enseñanzas ofrecen una orientación explícita acerca de cómo lograrlo. Se describen dos métodos: el método de las seis causas y un efecto que fue transmitido por Maitreya al linaje de maestros como Asanga y Atisha, y el método del intercambio de uno mismo con los otros, transmitido por Manjushri al linaje de maestros como Shantideva.

Las seis causas y un efecto

Asanga fue un *pandit*, un erudito de la Universidad de Nalanda. Estuvo retirado en una ermita dentro de una cueva durante doce años, intentando alcanzar las perfecciones del Buda Maitreya, hasta que finalmente tuvo una visión de Maitreya.

Después de varios años de retiro, Asanga aún no había recibido ninguna visión, cuando decidió dejar la ermita. Pero entonces vio las marcas de una roca próxima, y comprendió que habían sido hechas por las alas de un pájaro que había rozado la roca en su vuelo cada vez que entraba y salía de su nido.

Esto lo inspiró, y pensó: «Si incluso las plumas suaves pueden gastar una roca, ¿por qué no puedo yo perseverar y lograr una visión del Buda Maitreya?».

De este modo, regresó a la ermita y estuvo otros tres años en ella, pero aun así no logró visión alguna. Nuevamente, Asanga dejó la ermita, pero en esta ocasión vio a alguien puliendo una barra de hierro con un trozo de seda. Viendo esto, Asanga pensó: «Si incluso la seda puede gastar el hierro, ¿por qué razón no puedo aprehender al Buda Maitreya?».

De modo que regresó a la ermita e hizo otros tres años de retiro. No tuvo ninguna visión de Maitreya. Se sintió descorazonado, y decidió dejar la ermita otra vez, pero entonces notó el modo en el cual un hilo de agua en la roca había hecho un agujero en ella. Asanga pensó: «Si unas gotas de agua pueden hacer un agujero, ¿por qué no puedo aprehender al Buda Maitreya?».

Una vez más regresó a su retiro y permaneció en su ermita otros tres años. Habían pasado doce años sin una sola visión del Buda Maitreya. Asanga decidió entonces que dejaría definitivamente su retiro.

Cuando descendió de su ermita, vio un perro herido. Tenía una herida abierta en la parte posterior de su cuerpo que estaba llena de gusanos. Asanga sintió una enorme compasión por el perro y quiso ayudarlo sin dañar a los gusanos. Para ello, cortó un pedazo de carne de su propia pierna y la dejó en el suelo para los gusanos. Luego, Asanga cerró los ojos y se inclinó sobre la herida infectada del perro para recoger a los gusanos con su lengua. Cuando intentaba hacer esto, descubrió que no podía sentir ni a los gusanos, ni al perro.

Al abrir los ojos, el perro había desaparecido. En su lugar estaba el Buda Maitreya justo delante de él.

Asanga exclamó entonces: «He estado meditando durante mucho tiempo, ¿por qué no apareciste antes frente a mí?». El Buda Maitreya replicó: «Estaba allí en la ermita contigo todo el tiempo, pero no podías verme». Maitreya continúo explicándole que los obstáculos kármicos habían bloqueado la habilidad de Asanga para verlo, hasta el día en el que su compasión incondicional y su sacrificio a favor del perro y los gusanos habían purificado todos sus obstáculos para ver al Buda Maitreya directamente.

El Buda Maitreya le explicó que el pájaro, el hombre que pulía la barra de hierro y el hilo de agua eran todas emanaciones suyas que se habían manifestado para animarlo a perseverar en su práctica.

El método de las seis causas y un efecto es a veces llamado el método de los siete aspectos de causa y efecto para desarrollar la *bodhicitta.* La premisa subyacente es que, desde el nacimiento, nuestra madre, padre o alguna otra persona nos ha cuidado, nos ha provisto de lo que necesitábamos, nos ha alojado y se ha sacrificado mucho para que pudiéramos sobrevivir. Incluso si nuestra relación con nuestra madre no fue siempre feliz, de todas maneras, ella fue especialmente bondadosa por el solo hecho de cargar con nosotros en el útero durante muchos meses, por no haber abortado y por habernos cuidado.

El punto clave es que todos los seres sentientes han sido nuestras madres en incontables ocasiones, y han sido infinitamente bondadosos a lo largo de incontables vidas. Ahora mismo siguen siendo enormemente bondadosos. Por consiguiente, tenemos que hacer algo significativo para todos ellos. Incluso el enemigo que hoy nos está dañando ha sido también nuestra madre bondadosa en el pasado. No hay manera por nuestra parte de ignorar a los otros y ocuparnos solo de nosotros mismos. No tenemos otra alternativa más que apreciar a los seres sentientes y esforzarnos por beneficiarlos. Las seis causas para lograr la *bodhicitta* en este método son las siguientes:

1. *Ver a todos los seres sentientes como nuestras madres*. Sobre la base de la ecuanimidad y la igualdad de todos los seres sentientes, reflexiona acerca de cómo los seres sentientes han sido tus madres bondadosas en incontables vidas. Si tu padre fue quien te crio, en vez de tu madre, entonces reflexiona en la bondad de tu madre al llevarte en su útero, luego en la bondad de tu padre al haber cuidado de ti, y cómo todos los seres sentientes han sido tu madre y tu padre en incontables vidas. Cada ser sentiente ha sido bondadoso contigo a través de incontables existencias.

2. *Recuerda la bondad de tu madre*. La razón por la cual el texto se refiere a la madre es porque, desde el momento en el cual tu consciencia llega al óvulo fertilizado en el útero de tu madre, ella cuidó de ti. Durante nueve meses te cargó en el útero, pese a las dificultades personales. Solo eso es una prueba de su increíble bondad, incluso si es la única cosa que hizo por ti. Por lo tanto, recuérdalo. Si ella hubiera abortado o no hubiera cuidado de ti mientras estabas en su útero, no estarías vivo ahora mismo. No tendrías este precioso cuerpo humano y no experimentarías placer humano alguno, y lo que es aún más importante, no habrías tenido la oportunidad de encontrar el Dharma y practicarlo para lograr la realización de todo el camino completo. ¡No tendrías oportunidad de

liberarte a ti mismo del samsara, ni de guiar a innumerables seres sentientes a la iluminación!

Todos estos infinitos beneficios han sido posibles gracias a tu madre. Puede que pienses: «Oh, mi madre me abandonó. Mi madre es terrible. Mi madre fue totalmente inútil y mala. Otra persona se ocupó de mí».

Puedes recordar la bondad de la persona que te cuidó, pero si solo haces eso, ignorarás la bondad de la madre que cuidó de ti en su útero. Recordar solo la bondad de aquellos que cuidaron de ti, olvidando a aquella que te llevó dentro de ella y te dio la vida es una reflexión incompleta.

3. *Corresponder a la bondad de tu madre*. Esta reflexión te ayudará a generar el deseo de corresponder a la bondad de tu madre o de la persona que cuidó de ti. Merece la pena.

Hay cuatro maneras para meditar en la bondad de tu madre: la primera es la bondad que produjo al posibilitar este cuerpo humano a través del cual tienes la oportunidad de alcanzar la iluminación. La segunda es que tu madre protegió tu vida de cientos de peligros cada día desde el momento en el que naciste. La tercera es que tu madre te enseñó cómo navegar la vida cotidiana, te enseñó cómo alimentarte y lavarte, por ejemplo. La cuarta es que ella soportó enormes dificultades por ti en esta y en incontables vidas pasadas.

Observar cómo las madres cuidan a sus hijos nos recuerda todo esto. Es una responsabilidad muy demandante. Durante años los padres renuncian a muchas cosas gratificantes para dedicarse a sus hijos.

En los pueblos de los Himalayas, las madres sorben los mocos o las flemas de las narices de sus bebés con sus bocas. En ocasiones alimentan a sus hijos con comida que ellas mismas mastican para ablandarla, de la misma forma que hacen los pájaros con sus polluelos. Las madres alimentan a sus bebés con la leche de sus pechos, lo cual es exigente para su cuerpo.

Por consiguiente, debes recordar todas las dificultades de tu madre. Piensa de qué manera tu madre, tu padre o la persona que cuidó de ti se agotó, preocupó, tuvo miedo y trabajó para ganar lo necesario, con el fin de darte una vivienda, comida y ropa. Tu madre te dio medicina cuando estuviste enfermo, comida cuando tenías hambre, bebida cuando tenías sed. Cientos de tus necesidades fueron asistidas y satisfechas por ella cada día del mejor modo que tuvo al alcance. La mejor manera de corresponder a esta bondad es practicar el Dharma, para que puedas conducir a todos los seres a la última felicidad. Para ser realmente útil, necesitas estudiar el Dharma y aplicar sus métodos en la vida diaria. De este modo estarás capacitado para liberar a otros seres sentientes del samsara. También puedes adquirir realizaciones ordenándote como monje o tomando los votos laicos, lo cual protege el karma. Estas son las mejores maneras de corresponder a la bondad de tu madre.

Por consiguiente, cuando alguien se enfada contigo o te maltrata o te daña, durante un día o durante diez años, debes entender cómo los engaños y el karma controlan a los seres sentientes, cómo los empuja a cometer acciones negativas y, de este modo, aseguran su sufrimiento y renacimiento en los reinos inferiores. Pensar de esta manera te permite practicar la paciencia cuando te enfrentas a personas difíciles.

Practicar la paciencia, aunque sea una vez, hace nuestras vidas significativas. La paciencia salva a los otros de ser dañados por nosotros, nos libera del sufrimiento que resulta del karma. La paciencia, además, hace que la vida de nuestros padres sea significativa, al reconocer que sus sacrificios han producido algo valioso, como son nuestras buenas cualidades, como la paciencia, y nuestros esfuerzos en la práctica del Dharma.

4. *La generación del amor bondadoso*. Recuerda el amor y el cuidado que has recibido de tu madre, tu padre o la persona amada que te cuidó. Reflexiona sobre qué sentían hacia ti, su amado niño. Nuestros padres apreciaban a sus hijos profundamente en sus corazones. Nosotros podemos generar un sentimiento análogo hacia cada ser sentiente sin discriminación. Esto es lo que denominamos amor bondadoso.

El término tibetano *yi-ong kyi jampa* se refiere al sentimiento de enorme cariño en nuestro corazón. Es semejante a la expresión castellana «querido» o «muy querido». Debemos generar cariño hacia cada uno de los seres sentientes, incluso hacia la persona que nos insultó, a quien llamamos «enemiga». Piénsalo. Sobre la base de la lógica anterior, podemos generar amor bondadoso también hacia esa persona recordando de qué manera fue bondadosa con nosotros en el pasado.

Ocurre que no resulta fácil meditar de ese modo, pero en cuanto generamos amor bondadoso con un corazón sincero, nuestra vida se vuelve alegre y se llena de un sentimiento de agradecimiento. Todos los seres sentientes buscan la felicidad, pero no saben cuáles son las causas de la felicidad. Piensan que las causas de la felicidad son acciones realizadas en esta vida, influenciadas por el apego, el odio y la ignorancia, en particular el aferramiento a esta existencia. Piensan erróneamente que estas acciones los conducirán a la felicidad, pero, en cambio, los conducen al sufrimiento. Los seres lloran desconsolados sin entender por qué motivo sufren.

A la luz de estas circunstancias penosas, ¿no crees que necesitan de tu compasión?

5. *La generación de la gran compasión.* Nagarjuna dijo: «Las acciones que nacen de la ira, el apego y la ignorancia no son virtuosas. De ellas surge todo el sufrimiento que experimentan los seres migratorios».

Mira a tu alrededor. Todos sufren. Lo único que cuenta es cómo lo hacen. A partir de esta constatación, piensa intensamente qué maravilloso sería si todos los seres sentientes pudieran liberarse del sufrimiento y lograr toda la felicidad, incluida la felicidad imperecedera de la iluminación completa.

6. *La generación del altruismo.* Cuando una madre ve a su hijo mortalmente enfermo, corre a buscar una cura. Cuando un niño se cae en una hoguera, nada existe en el corazón de la madre, excepto el pensamiento de salvar al niño. De manera semejante, intenta generar el corazón compasivo al que le resulta totalmente intolerable el sufrimiento de todos los seres sentientes.

Imagina si una de esas madres que ha sido tan bondadosa contigo en el pasado estuviera en peligro de ser atacada por un tigre feroz. Como hijos de esa madre, no permaneceríamos de pie sobre el techo cantando canciones, sino que saltaríamos para intentar rescatarla.

Reflexiona: «Mientras mis madres, los seres sentientes, están sufriendo, sería egoísta, vergonzoso y cruel por mi parte ignorarlas. Es mi turno de ayudar. Tengo todas las oportunidades para hacerlo, de modo que asumo la responsabilidad de asistirlas». Cuando establecemos esta determinación de asumir la responsabilidad de la felicidad de todos los seres sentientes, damos nacimiento a la intención altruista.

Alcanzar la *bodhicitta*

Al comienzo, generamos la ecuanimidad que iguala a todos los seres. A continuación, reconocimos a todos los seres como nuestras madres bondadosas y resolvimos corresponder a su bondad. Lo siguiente fue generar el amor bondadoso y la gran compasión. Ahora decidimos: «Liberaré a todos los seres sentientes del sufrimiento y los guiaré hacia la iluminación, y lo haré yo solo».

Recuerda que esta expresión final: «yo solo» no es fruto de la arrogancia, sino de un valiente corazón altruista que nos inspira a tomar esta resolución. En este momento no podemos guiar ni siquiera a un ser sentiente a la iluminación. No obstante, ¿quién puede realizar un trabajo perfecto a favor de los seres sentientes? El Buda, el omnisciente, que conoce la mente de cada ser individualmente, sus karmas individuales y los métodos más apropiados para conducirlos de una felicidad a la siguiente hasta alcanzar la iluminación.

De este modo, piensa: «Por lo tanto, debo alcanzar la budeidad con el fin de guiar a todos los seres sentientes hacia ese estado». Este pensamiento especial, esta mente especial, es la *bodhicitta*. Cuando hayamos alcanzado la *bodhicitta*, nos sentiremos incómodos cada vez que veamos a un ser viviente en dificultades.

Cuando Lama Yeshe veía a una vaca atada con una cuerda a una estaca, se refería a la vaca como a una «madre». Hablaba de la vaca genuinamente desde su corazón, diciendo: «Mi madre está sufriendo».

La comprensión de que todos los seres sentientes han sido nuestra madre es la primera causa para la generación de la *bodhicitta*. Cuando sentimos espontáneamente una fuerte aversión hacia el sufrimiento de los seres sentientes en cada instante, cada día, y decidimos ayudarlos para que experimenten la iluminación, cuando este deseo es sentido constantemente, de manera profunda en nuestros corazones y permanece estable durante un largo período de tiempo, hemos alcanzado la *bodhicitta*.

Cuando logramos una determinación imperturbable de liberar a todos los seres y guiarlos hacia la felicidad, hemos entrado a través del portal del camino del Mahayana. Entonces nos convertimos en *bodhisattvas*, hijos e hijas predilectos de todos los budas. Los hijos o las hijas predilectos de todos los budas no tienen género. Es la mente misma, imbuida con la *bodhicitta* que busca la iluminación para todos los seres.

Intercambiar al yo por los otros

Shantideva fue un monje en la afamada Universidad de Nalanda. Externamente no mostraba signo alguno de ser un gran maestro. De hecho, los monjes que vivían en el monasterio lo apodaban Busuku, que significa «el que solo hace tres cosas»: comer, dormir y hacer *ka-ka*. Nunca lo habían visto leyendo textos o realizando actividades religiosas. Sentían que malgastaba los recursos de la comunidad monástica que habían sido ofrecidos con devoción por los benefactores. Cuando los monjes no realizan prácticas del Dharma o no mantienen los preceptos correctamente, sino que solo se dedican a utilizar las cosas ofrecidas por los benefactores, crean muchísimo karma negativo.

Por consiguiente, muchos sentían que Shantideva debía ser expulsado del monasterio. Lo percibían como un inútil. Un grupo de monjes ingenió un plan para echarlo ridiculizándolo. Basaron su plan en una práctica en la que los monjes debían memorizar muchos sutras y luego recitarlos ante una asamblea de monjes. El grupo pensó que Shantideva sería incapaz de hacer algo así, y que ello constituiría una buena razón para la expulsión.

Se invitó a Shantideva para la ocasión, y este aceptó. De

manera burlona, los monjes fabricaron un trono de enseñanzas muy alto para que Shantideva se sentara sobre él, pensando que ni siquiera sería capaz de hacer tal cosa.

Pero, llegado el momento, Shantideva ascendió al trono sin dificultad alguna. Entonces preguntó a la audiencia: «¿Debo recitar el sutra que todos vosotros conocéis u otro que aún no habéis oído?». La audiencia replicó: «Por favor, recita el texto de un sutra que no hayamos oído».

Entonces, Shantideva recitó el texto que, posteriormente, se conoció como *Guía para el modo de vida de los bodhisattvas* (sánscrito: *Bodhicharyavatara*), que contiene las 84.000 enseñanzas del Buda de una manera sencilla y fácil de entender. Los diez capítulos del texto incluyen un capítulo sobre el cultivo de la sabiduría, *shunyata*. Mientras Shantideva estaba enseñando este capítulo, comenzó a levitar cada vez más alto hasta que ya no era visible para la audiencia, aunque su voz todavía era claramente audible. La recitación no solo mostró el profundo conocimiento de Shantideva de las enseñanzas del Buda, sino también sus grandes poderes sobrenaturales. Después de este incidente público, todos en Nalanda comprendieron que un gran ser vivía entre ellos.

La manera esencial de practicar el intercambio del yo por los otros es considerar el sufrimiento de los otros como si fuera propio, y ayudar a los otros seres como nos ayudamos a nosotros mismos. Para ello, ¡necesitamos transformar completamente nuestras motivaciones y acciones egoístas! Abandonar la autocomplacencia y apreciar exclusivamente a los otros es el método de la *bodhicitta*. Cultivar la mente que cuida solo de los otros y alivia su sufrimiento con una actitud sincera, generosa y recta. Este es el modo en el cual actúa la *bodhicitta*, renunciando a uno mismo y enfocándose por entero en el bienestar de los otros.

No estamos cerca de este estado mental. Cada vez que encontramos a un ser viviente en dificultades deberíamos sentir como si el cuerpo y la mente de ese otro ser fueran los nuestros. Necesitamos cultivar esta actitud hasta poder experimentar todo lo que está ocurriendo en ese cuerpo y en esa mente del otro ser como si nos ocurriera a nosotros mismos. Si no somos capaces de igualarnos con los otros, son muchos los logros que no nos llegarán.

Si podemos imaginar una herida corporal, como un dolor de muelas, y sentir el dolor que produce, ¿por qué no habríamos de poder hacer lo mismo con el dolor de los otros? Podemos entrenar nuestra mente para sentir las sensaciones corporales o la angustia mental de los otros como si fueran propias. Originalmente, nuestro cuerpo estaba vinculado a los cuerpos de nuestra madre y de nuestro padre, pero la mente aprendió a considerarlo como propio, pensando: «Esto soy yo». ¿Por qué un concepto de este tipo surgió tan temprano y de manera tan poderosa? ¿Por qué cuidamos tan bien de este cuerpo?

La respuesta es que nos hemos habituado a pensamientos como «Esto soy yo» y «Este es mi cuerpo» desde el sin principio de las vidas. Hemos logrado excelencia en el entrenamiento de la mente que se aferra al «yo». Cuidamos mejor este cuerpo que el de nuestros padres, pese a que el nuestro comenzó con los suyos. Intercambiarse uno mismo con los otros es una práctica esencial del *bodhisattva* para alcanzar la felicidad última para nosotros mismos y para los otros seres.

Puede que nos sorprenda escuchar de qué manera, al comienzo, en el reino del infierno, el Buda generó la compasión. En una de sus vidas pasadas, el Buda nació en el reino del infierno. Allí empujaba un carruaje junto con otro ser infernal, como dos búfalos que arrastran un pesado carro. Yama, el señor de la muerte, se sentaba en el carruaje. Cuando el otro ser infernal se volvió muy débil y ya no podía seguir empujando el carruaje, Yama lo castigó hiriéndolo en el pecho con un tridente, lo que le causó una enorme agonía e hizo que gritara.

Quien devendría en una vida futura Gurú Buda Shakyamuni sintió compasión por este otro ser infernal y rogó a Yama: «Por favor, deja que se marche. Pon sobre mí el cabestro. ¡Yo empujaré el carruaje!». Yama, furioso al escucharlo, lo hirió también con el tridente, asesinándolo. Debido a la virtud de ese gran acto de compasión por parte de quien devendría el Buda, su consciencia se transfirió y reencarnó en un reino divino.

Piensa en ello. No es más lógico pensar: «soy más importante que esa persona», que pensar: «soy más importante que ese insecto». Esta concepción no tiene lógica alguna que la apoye. Es, sencillamente, un razonamiento dictatorial y egoísta. La vida de una hormiga puede tener pocas consecuencias para nosotros, pero para la hormiga lo es todo.

La visión autocomplaciente nos vuelve rígidos con el orgullo y nos dispone a dañar a quienes no obedecen nuestras órdenes basadas en nuestro ego. ¡Qué peligroso que es esto! Expulsa esta mente de importancia personal y autocomplacencia que busca la felicidad exclusivamente para ti mismo por encima del resto de los demás. Esta mente te ha traído todas las formas imaginables de insatisfacción y te ha negado la felicidad en esta vida, ¡además de negarte la liberación y la iluminación!

Como personas corrientes, a menudo nos quejamos por el modo en el que otros nos insultan, nos faltan el respeto o nos dañan. Sin embargo, si practicamos el intercambio del yo por los otros –si abandonamos el pensamiento de autocomplacencia y apreciamos a los otros en su lugar–, estos problemas desaparecerán. A medida que avancemos en esta práctica, descubriremos que ya no recibimos daño por parte de otras personas. Por el contrario, experimentaremos paz, felicidad y éxito. La práctica se vuelve fácil, y la liberación y la iluminación se vuelven asequibles. Cada momento, de cada día, se vuelve satisfactorio y feliz. Valorar y cuidar de los otros es como tomarse vacaciones de la mente, unas vacaciones maravillosas para descansar de los opresivos pensamientos de autocomplacencia.

Si no nos damos cuenta de que categorías como «bueno», «malo», «amigo» y «extraño» provienen de nuestra propia mente, veremos una ofensa cuando alguien dice palabras que interpretamos como desagradables. De repente veremos a un enemigo insultándonos. Nuestro sufrimiento se volverá tangible.

Por consiguiente, el autoaferramiento y la autocomplacencia son los verdaderos enemigos que debemos mantener a raya a cualquier precio. Si lo conseguimos, destruiremos a los verdaderos creadores de todos los problemas: los engaños. Si pelamos los sucesivos estratos de pensamientos para descubrir por qué motivo repetidamente experimentamos depresión, desarmonía, enfado, apego, insatisfacción, envidia, orgullo e inquina, veremos que en el centro de todos nuestros problemas hay un pensamiento: «Yo soy lo más importante; mi felicidad es de primordial importancia». Numerosos estados emocionales negativos surgen porque el yo no obtiene lo que desea.

Cualquier persona que se escuda satisfactoriamente frente al pensamiento autocomplaciente encontrará beneficios en las situaciones adversas, incluso los malos tratos y las críticas de otros. Para esta persona, esas dificultades se convierten en meditaciones o desafíos del Dharma, maneras contundentes para conquistar la mente egoísta. Esta clase de practicante considera a las personas que lo critican y lo amenazan de mala manera como sus mejores y más amables amigos.

Esta persona ofrecerá la tierra entera llena de diamantes a quien le exprese sus críticas, juzgando la situación del siguiente modo: «He seguido durante mucho tiempo el pensamiento autocomplaciente, el cual me trajo indecible sufrimiento físico y mental. De modo que he aprendido la dolorosa lección de haber sido esclavo del pensamiento autocomplaciente. Este ser sintiente que me critica me está ayudando, recordándome esta lección. Juntos estamos destruyendo mi pensamiento autocomplaciente. Qué enorme es la bondad de esta persona».

Cuando un practicante piensa de esta manera y deja de ver a la persona difícil como alguien dañino y, en cambio, la percibe como alguien que lo asiste en su progreso, todo cambia. Lo negativo se vuelve positivo.

La práctica de intercambiar al yo por otros (tibetano: *tonglen*) consiste en meditar tomando el sufrimiento de los seres sentientes sobre nosotros mismos, al tiempo que les damos todas las felicidades. Los elementos del amor bondadoso y la compasión, y el gran anhelo del altruismo de cargar con la responsabilidad de ayudar a todos los seres sentientes están infundidos en esta práctica.

Como preliminar a la práctica de *tonglen*, comienza meditando en la ecuanimidad, igualando al yo con los otros. Esto lo hacemos antes de comenzar con la meditación del intercambio del yo con los otros. Si discriminamos a algunos seres sentientes pensando en ellos como próximos y a otros como distantes, esto causa parcialidad, lo cual nos lleva a ayudar a unos en detrimento del resto. Cuando igualamos a todos los seres con nosotros mismos, los valoramos a todos tanto como nos apreciamos a nosotros mismos. Entonces se vuelve posible trabajar en pos de la eliminación del sufrimiento de los seres sentientes, ofreciéndoles felicidad igualmente a todos.

Esta práctica de *tonglen* del intercambio del yo con los otros, de tomar y recibir, es muy, muy importante. Durante esta meditación, visualizamos y tomamos mentalmente sobre nosotros todas las dificultades de los seres sentientes con la inspiración, absorbiéndolas en nuestra mente autocomplaciente y egotista que aún permanece en nuestros corazones y luego eliminando esta actitud. Con nuestra espiración visualizamos que damos felicidad a todos los seres.

Por ejemplo, si somos regañados, en vez de responder con palabras insultantes, tomamos mentalmente, con serenidad, el enfado de la otra persona que nos regaña, como también el enfado y el sufrimiento de todos los seres sentientes. Pensamos: «Que todos sus engaños y sufrimientos maduren en mí ahora mismo y destruyan mi mente autocomplaciente». De esta manera, enseguida conducimos el enfado dirigido hacia nosotros al camino de la iluminación.

La práctica de *tonglen* funciona de manera similar en las situaciones de apego, la preocupación respecto a nuestro cuerpo físico, si estamos enfermos. Durante la práctica, nos visualizamos tomando la enfermedad de todos los seres sentientes sobre nosotros y utilizamos esto para destruir el aferramiento al yo. Entonces enviamos pensamientos de perfecta salud y alegría a todos los seres sentientes. Haz esta práctica de intercambio del yo por los otros repetidamente. Es solo una práctica mental, pero muy profunda.

Nuestro enemigo no está fuera, sino en nuestros corazones; está dentro de nosotros. Nuestro enemigo es la mente egoísta, alimentada por los engaños que han coloreado nuestro mundo oscuro y nos han conducido a incontables vidas de sufrimiento. No pierdas tiempo y destruye la mente egoísta. Si haces esta práctica de tomar y recibir, el verdadero enemigo interior no tendrá manera de sobrevivir. Esta práctica nos permitirá alcanzar la *bodhicitta* en nuestros corazones. Es una práctica increíblemente poderosa.

Cuando tomamos en nosotros la ira y el sufrimiento resultante de innumerables seres sentientes, seres infernales, espíritus hambrientos, animales, seres humanos, semidioses y dioses, dándoles a cambio solo felicidad, ¿puedes imaginar el impacto? Es magnífico. ¡Cuánto mérito es generado!

Lo mismo ocurre cuando tomamos el apego de los seres sentientes y todos los problemas que los acompañan como resultado. Cualquier sufrimiento que experimenten, visualicémonos a nosotros mismos experimentándolo, utilizando esta experiencia para arrancar de raíz nuestra mente egoísta. A cambio, le damos a los otros todos los méritos y la felicidad, pasada, presente y futura, incluida la última felicidad. Esta es la práctica principal del intercambio del yo con los otros.

Además de la inmensidad de méritos que son acumulados a través de esta práctica, con ella se logra purificar gran cantidad de negatividades. Innumerables eones de karma negativo, desde el sin principio de los renacimientos, son purificados a través de esta práctica. Es extraordinario.

El intercambio del yo por los otros es la mejor práctica para hacer cuando estamos muriendo. Cuando llega la muerte, sencillamente, practica *tonglen*. ¡Increíble! Obtendremos una profunda paz interior, felicidad y satisfacción por el hecho de hacer algo tan significativo. Moriremos con *bodhicitta*. Esto es lo que el Dalai Lama llama «la muerte autosostenida».

Cuando el médico nos dice: «Tienes cáncer», la mente usualmente se queda en blanco o se hunde en el pánico. Pero aquellos que entienden y practican el *tonglen* no tienen miedo, e incluso se sienten preparados para el desafío porque lo ven como una oportunidad para «experimentar» el cáncer por otros seres. Estas personas se sienten autoempoderadas, confiadas, valientes y capaces de beneficiar a los otros. Son capaces de hacer esto porque tienen una práctica espiritual. Saben cómo practicar el *tonglen*, la meditación del intercambio del yo con los otros.

Por consiguiente, si el médico te dice que tienes cáncer o alguna otra enfermedad terrible, detente inmediatamente y piensa que puedes confiar en esta práctica tan especial del intercambio del yo con los otros. Esto te permitirá hacer el mejor uso de tu enfermedad y tu vida.

A través de esta práctica, podemos purificar océanos de karmas negativos y generar montones de méritos que nos ayudarán en esta vida, en el momento de la muerte y, también, en las vidas futuras. Si tenemos cáncer, los días que nos quedan pueden volverse un método especial y rápido para alcanzar la iluminación. El cáncer se convierte en nuestra propia dinamita, que si se utiliza conjuntamente con el *tonglen* resulta en una medicina potente para combatir los oscurecimientos y acelerar el tránsito hacia la iluminación.

Podemos ver el poder de la *bodhicitta* en la vida de dos grandes maestros tibetanos del siglo XX.

El difunto Kyabje Khunu Lama Rimpoché fue un practicante erudito y puro de la *bodhicitta*, quien tuvo como tutores a grandes maestros de filosofía y otros tipos de conocimiento en el Tíbet. En los primeros días de la llegada de los tibetanos a la India después de la invasión China de su país, Khunu Lama Rimpoché vivió como un yogui entre los *sadhus* hindúes, en Varanasi, a las orillas del río Ganges. Un día, vestido como *sadhu* –envuelto en una tela sencilla y aparentemente sucio–, Rimpoché se dirigió a un monasterio tibetano local buscando una habitación pequeña. Los monjes no lo reconocieron y le dijeron que no había habitaciones disponibles. Rimpoché durmió fuera, sobre el suelo desnudo, tal como lo hacen los mendigos.

Su Santidad estaba visitando el lugar en aquel momento y supo lo que estaba pasando, de modo que se dirigió directamente hacia donde estaba Khunu Lama Rimpoché y le pidió enseñanzas y un comentario del *Bodhicharyavatara*. Rápidamente se corrió la voz de que un gran *bodhisattva* estaba viviendo en el lugar, y en breve se formaron largas colas de personas para pedir consejo a Rimpoché.

Kyabje Khunu Lama Rimpoché era capaz de recitar de memoria pasajes de cualquier texto raíz de las enseñanzas del Buda y cualquiera de sus comentarios. Su mente era sorprendentemente robusta y clara. Su mente santa era como una biblioteca budista completa.

En una ocasión fui solo a ver a Rimpoché para pedirle un comentario del *Bodhicharyavatara*. Él rehusó hacerlo en aquel momento, pero me dio la transmisión oral completa de aquel texto y me aconsejó que tradujera el *Bodhicharya-*

vatara, aun cuando sabía que ya otros lo habían traducido. «Tradúcelo tú», me dijo Rimpoché, advirtiéndome que antes de hacerlo debía entender el lenguaje y el tema de manera extensa. No he hecho aún la traducción, pero espero hacerla en algún momento en el futuro.

En otra ocasión asistí a unas enseñanzas de Rimpoché que se extendieron durante todo el día sin interrupción. Rimpoché se embarcó en el capítulo de la sabiduría del *Bodhicharyavatara,* unas enseñanzas preciosas para quien está en busca de la libertad del samsara.

Sin embargo, en el momento en el cual Rimpoché comenzó las enseñanzas sobre el capítulo, me quedé dormido. Hasta ese instante había estado despierto. Pero cuando Rimpoché comenzó su comentario, el sueño me invadió. Algún karma grave, increíblemente malo, negativo, de mi vida anterior debió de haber causado esto. Imagina, ¡en las enseñanzas de la sabiduría que conducen a la liberación, me quedé dormido!

Después de las enseñanzas, Rimpoché me dio *kambu*, unos albaricoques en una botella, que, si mal no recuerdo, eran de Ladakh. Mientras me daba los albaricoques me dijo: «Subyuga sus mentes». Pienso que ese fue el último consejo que recibí de él. «Tienes la responsabilidad de subyugar sus mentes.»

No he subyugado aún mi propia mente, por lo tanto, no sé cómo subyugar la mente de otras personas. Sin embargo, intento ofrecer consejo cuando me piden que imparta enseñanzas.

Otro gran lama asceta, Kari Rimpoché, pasó sus primeros años como monje en un monasterio en Sherka, cerca del pico de una montaña muy alta. Cuando era aún joven y viajaba al Tíbet con otros, nos deteníamos para avistar en lo alto el asilado monasterio de montaña que parecía distante y pequeño desde donde lo observábamos. Nos preguntábamos cómo llegar hasta allí. Entonces descubrimos una estrecha y zigzagueante ruta que ascendía la montaña, construida con rocas, madera y parches de pasto, y que conducía al monasterio de la cumbre rocosa.

Cuando llegamos al monasterio, una comunidad de quinientos monjes, encontramos todo muy limpio y ordenado. A Kari Rimpoché le habían pedido que se ocupara de la administración del monasterio, lo cual significaba recolectar cebada en los pueblos y en los campos asociados con el monasterio y hacer trueques para conseguir los suministros de cebada. La cebada era la comida principal para los monjes.

Sin embargo, Kari Rimpoché no era muy hábil en el negocio, por lo cual fracasó completamente en su tarea. Nos explicó que su fracaso fue una lección profunda para él. Al fracasar, logró una mayor comprensión del samsara, lo cual le ayudó a generar renuncia. Desde ese momento, se comprometió a estudiar y meditar en el Dharma, y a hacer prácticas extensamente.

Cuando viajamos al Tíbet, podemos ver muchas montañas salpicadas de cuevas que a menudo los meditadores utilizaban como ermitas, donde se pasaban años, a veces todas sus vidas, meditando sobre el Dharma. Kari Rimpoché vivió en una de esas ermitas durante muchos años y nunca salió. Sobrevivía gracias a la práctica de *chu-len*, que consiste en extraer la esencia de las flores, plantas e incluso piedras y transformarlas en píldoras que sirven como comida. Esto reduce el tiempo de preparación de la comida. Una píldora es suficiente para todo un día, lo que permite que la mente esté clara y facilita que uno logre los nueve niveles meditativos de calma apacible.

Kari Rimpoché logró la renuncia al samsara y la realización de la *bodhicitta* y pudo ver la vacuidad de todas las cosas, después de lo cual alcanzó la clarividencia y la habilidad para predecir el futuro. Si te encontrabas con este lama, no era necesario formular pregunta alguna. Sabía con antelación tus intenciones y tus planes. Su corazón estaba lleno de *bodhicitta*.

Kari Rimpoché era muy buscado por la gente que anhelaba que los ayudara con sus oraciones en sus problemas cotidianos. También ofrecía oraciones para aquellos que habían muerto, para liberarlos de los reinos inferiores o prevenir que nacieran en los reinos inferiores. Este lama asceta vivía de manera sencilla, no atesoraba nada. Utilizaba todas las ofrendas que recibía para cuidar a los monjes y a las monjas en todo aquello que necesitaban. Debido al poder de su *bodhicitta*, todo lo suyo –su cuerpo e incluso sus hábitos– se convirtió en reliquias sagradas. Cuando llegó el momento y Rimpoché manifestó la apariencia de la enfermedad, vomitaba sangre. Sus discípulos mezclaban el vómito con *tsampa* (harina de cebada cocida) y fabricaban pequeñas píldoras medicinales de un extraordinario poder sanador.

Siempre que lo visitábamos cuando parecía estar enfermo, y le llevábamos noticas de las enseñanzas del Dharma o de algún suceso positivo en el mundo o para los tibetanos, Rimpoché inmediatamente adquiría el aspecto de estar recobrándose. Cada parte de Rimpoché estaba llena de bendiciones. Estos son solo algunos de los muchos resultados que produce practicar la *bodhicitta*.

La sabiduría que realiza la vacuidad

Regresemos ahora al tercer aspecto principal del camino, la sabiduría que realiza la vacuidad, la cual puede entenderse a través de la lógica del surgimiento dependiente.

Surgimiento dependiente

Cuando vemos a nuestra madre, ¿la vemos primero o vemos primero la base de nuestra madre, los agregados de forma, sentimientos, consciencia, discriminación e impresiones kármicas? Por supuesto, primero vemos la base. Sin ver la base sobre la cual imputamos la etiqueta «madre», no habría manera de señalar a nuestra madre. La secuencia es la siguiente: primero vemos la base y luego la mente crea la etiqueta «madre».

Por consiguiente, la designación «madre» entra en la existencia en dependencia de la base. La madre no existe por su propio lado, sino que surge de la etiqueta mental proyectada sobre la base. Por lo tanto, «madre» es *par tak tsam* o *par tak*, lo cual significa «etiquetada allí por el pensamiento».

De manera semejante, una base de agregados es lo que hay

detrás de alguien que llamamos «enemigo». Debido a que nuestra mente asocia esta base con un daño que nos fue causado en el pasado, nuestro pensamiento imputa la etiqueta «enemigo» sobre esa base, del mismo modo que hace con «amigo». Toda existencia es una existencia mentalmente etiquetada sobre una base, pero nosotros creemos de forma equivocada que esas designaciones son autoexistentes –verdaderamente existentes, independientes de nuestro pensamiento–. ¡Hemos olvidado que nuestra mente creó la etiquetas!

Este proceso de designación incluye al yo. Lama Tsongkhapa dijo: «El ser, el yo, es una existencia imputada por el pensamiento. El yo es un mero nombre (etiqueta)».

Por consiguiente, el yo no existe independientemente. El surgimiento del yo depende de una imputación mental sobre una base. El yo es un surgimiento dependiente. La meditación en el surgimiento dependiente es la mejor manera de alcanzar la visión recta, infalible, sin caer en los dos extremos del nihilismo (creer que nada existe) y el eternalismo (creer en la existencia verdadera, inherente).

Una comprensión clara del surgimiento dependiente –cómo las cosas parecen existir y cómo el yo y todas las cosas son solo existencias imputadas– es clave. Familiarizándonos con la comprensión del surgimiento dependiente comenzamos a aprehender que el yo es solo una etiqueta sobre los agregados. Las personas son solo etiquetadas, como lo son los animales, los sonidos, las situaciones, la *ka-ka*, los fenómenos y todos los objetos de la consciencia. Por lo tanto, cuando nos enfadamos con nuestro vecino «problemático», ¡en realidad estamos enfadados con una creación de nuestra propia mente!

Recuerda que el surgimiento dependiente debilita la falsa noción de «existencia verdadera», de «existencia inherente», de «existencia independiente». Persevera en este análisis y en esta meditación. Eventualmente, esto ayudará a clarificar la noción que juzga como insostenibles la afirmación del «yo verdaderamente existente» o del «yo inherentemente existente».

En ese momento, será evidente que el yo, que durante tanto tiempo creímos que existía de forma independiente, está vacío de existencia verdadera. Por lo tanto, cuando hablamos del yo debemos discernir que lo que existe es el surgimiento dependiente del yo, mientras que lo que no existe es el yo inherentemente existente. ¿Queda claro?

Debemos recordar este punto. Cuando escuchamos expresiones como «solamente etiquetado por el pensamiento», puede que pensemos que eso significa que podemos etiquetar cualquier base de cualquier manera que se nos ocurra, y que eso hará que devenga lo que pretendemos. Pero, obviamente, no funciona de este modo.

Si fuera así, si las cosas fueran creadas solo por la mente, entonces, en el caso que viviéramos en una cabaña de barro, una casa de bambú o una casa de paja, podríamos pensar: «Este es un palacio de diamantes» y nuestro pensamiento lo convertiría en realidad. O, para poner otro ejemplo, podríamos etiquetar una pila de *ka-ka* como «oro», y vender la pila como tal. Pero esto, claramente, no funciona así.

Para que una base sea válida, se necesitan tres cosas: la base debe ser capaz de funcionar como indica la etiqueta mental (en el ejemplo del oro, nuestra pila de sustancia debe ser capaz de funcionar como oro); la mente válida de otras personas no cuestionará la validez de la etiqueta en relación con la base, y, finalmente, la etiqueta no será refutada por la sabiduría absoluta.

Desde el punto de vista de la razón y la lógica, el concepto de un «yo verdaderamente existente» o de «un yo inherentemente existente» no tiene base. El yo se etiqueta sobre los agregados. Por consiguiente, el yo está vacío de existencia verdadera.

Vacuidad

A veces, el lenguaje obstruye la comprensión correcta. Cuando se utiliza la palabra «vacuidad», la mayoría de las personas corrientes piensan en la mera ausencia de algo, como cuando decimos: «Mi taza está vacía. No hay té dentro de ella». El uso de la palabra «vacuidad» para explicar las enseñanzas del Buda sobre la ausencia de existencia inherente no es ideal. La palabra tiende hacia una idea errónea de la nada.

El término tibetano para vacuidad es *tongpa nyi*, compuesta de dos palabras. *Nyi* significa que estamos cortando y separando algo. Lo que está siendo cortado es *tongpa*, que es la «nada» o «vacuidad», en el sentido ordinario de la palabra. Por lo tanto, *tongpa nyi* o *vacuidad*, en el sentido del Dharma, no es la nada, sino más bien la ausencia de existencia verdadera. Esto es muy específico.

Sin la explicación de lo que es la vacuidad en el sentido del Dharma, es fácil mezclarla con la vacuidad ordinaria. Esto puede crear conceptos erróneos, de modo que una frase como «El yo está vacío» puede ser malinterpretada como «No hay un yo». Una idea de este tipo es nihilista y, por consiguiente, se trata de una visión equivocada. Lo que existe es el yo que surge de manera dependiente; lo que no existe es un yo inherentemente existente. La existencia es una construcción mental, ilusoria; no es una ilusión, pero es como una ilusión, como un sueño.

Cuando cultivamos la sabiduría que realiza la vacuidad, el primer paso es reconocer de qué manera la ignorancia percibe al yo. Solemos tener la sensación de que el yo existe en algún lugar sobre o alrededor de los agregados. A veces sentimos que el yo está en la mente; a veces sentimos que está tanto en el cuerpo como en la mente. La existencia del yo no es clara, es como una mezcla de leche y agua.

Además, el yo aparece ante nosotros como verdaderamente existente, de modo que, si creemos en su apariencia, concluimos que hay un yo verdaderamente existente que es sólido y que está sentado aquí o de pie allá. El hecho de que la apariencia sea un simple constructo mental se desvanece. Ese es el modo en el cual la ignorancia comprende al yo. No reconocemos la ocurrencia de este proceso porque la mayor parte del tiempo el yo no aparece con intensidad. Cuando no hay un peligro presente o cuando no somos criticados o elogiados, nuestras emociones no son invocadas. Por lo tanto, no es fácil reconocer a este yo imputado.

Pero si alguien, de repente, grita «¡Fuego!» o nos señala y dice: «Eres un mentiroso», entonces, un fuerte sentimiento del yo que se siente amenazado por el fuego o la calumnia emerge de repente.

Observemos una flor. ¿Puedes ver una diferencia clara entre la base, que es el objeto percibido, y la etiqueta «flor»? Cuando nuestros ojos se dirigen a la flor y ven la base de la flor –los pétalos, sus colores, el tallo y las hojas–, la etiqueta «flor» emerge en nuestra mente. Allí mismo vemos una flor que existe frente a nosotros de forma independiente; percibimos una flor que existe verdadera e inherentemente.

Al designar la existencia inherente hemos pasado por alto el hecho de que «flor» es nuestra etiqueta mental impuesta sobre una colección de fenómenos (pétalos, hojas, etc.) y que esta surgió a partir de la interdependencia entre la base y nuestro funcionamiento mental. Olvidamos completamente la implicación de nuestra mente y de qué manera el etiquetaje mental produjo al instante la apariencia de la flor, porque al ver la flor pensamos: «Ah, allí, frente a mí, existe una verdadera flor». Olvidamos el hecho de que nosotros creamos la etiqueta mental.

Esto es lo que la ignorancia nos hace continuamente. Así es como la visión equivocada, ignorante, de un «yo verdaderamente existente» (y todos los otros fenómenos) deviene y planta raíces profundas y extensas.

Cuando no analizamos nuestras percepciones, cuando no meditamos en el surgimiento dependiente y en la vacuidad, creemos que lo que encontramos existe de forma independiente. Erróneamente creemos que las cosas que encontramos existen de verdad. La impresión que queda en el continuo mental debido a la ignorancia hace que proyectemos existencia verdadera en todo. Nos convencemos a nosotros mismos de la existencia verdadera de las cosas, cosas que en realidad están solo imputadas como tales.

El resultado es que creemos que hay enemigos, amigos, extraños, objetos, roles y experiencias verdaderamente existentes. Nuestra aprehensión errónea de todas estas cosas como reales, a su vez, revuelve nuestras emociones y hace que cometamos karmas negativos, perturbando nuestra mente y trayéndonos una miríada de problemas. Apagamos la luz al final del túnel, no logramos la liberación para nosotros mismos y aún menos somos capaces de guiar a los seres sentientes a la liberación. Esta es la consecuencia letal de creer en la existencia verdadera, inherente. Este es el motivo por el que necesitamos cultivar la sabiduría que realiza la vacuidad.

La vacuidad es la naturaleza del yo y de todas las cosas. Nuestras imputaciones y etiquetas mentales son como decoraciones fabricadas por nuestra consciencia y fijadas en las cosas.

Ver la vacuidad directamente

Es útil que nos recordemos con frecuencia que todas las cosas con las que nos encontramos adoptan la apariencia de la existencia inherente. Esto es así debido a que poseemos una sutil impresión de visión dual, la visión de que existe una distinción última entre el sujeto y el objeto porque son inherentemente existentes tal como aparecen. Para superar esta visión dual, necesitamos aplicar energéticamente la comprensión del modo en el cual las etiquetas mentales están imputadas sobre una base.

Cuando por fin somos capaces de aprehender que el yo y todos los fenómenos solo existen de manera dependiente y, por ello, están vacíos de existencia inherente, cuando logramos aprehender que el surgimiento dependiente y la vacuidad no son solo dos aspectos paralelos, sino que están unificados, entonces nuestro análisis de la vacuidad se ha completado. En ese momento, vemos la vacuidad de forma directa.

Cuando esto ocurre, al ver una mesa sabemos que, aunque la mesa tiene la apariencia de existir de manera inherente, no existe de ningún modo verdaderamente de forma independiente. Sabemos que la imagen de la mesa es como un espejismo. Cuando somos capaces de ver la vacuidad directamente, cuando actualizamos la comprensión de la vacuidad, la visión dual desaparece. Cuando vemos el yo como vacío, no hay diferencia entre el sujeto y el objeto; no hay una visión de «este objeto de la vacuidad y este yo que realiza la vacuidad».

En ese momento, no hay experiencia de «esto» y «aquello». No hay apariencia de fenómenos convencionales, solo consciencia plena de la naturaleza última de todas las cosas, que no es otra cosa que la vacuidad. Esta es una experiencia muy intensa.

Esta es la instrucción más importante cuando meditamos en la vacuidad: es crucial recordar que, cuando esta experiencia intensa de no dualidad surge, debemos perseverar en la meditación. Durante esta experiencia puede surgir el miedo, acompañado de pensamientos como: «Estoy cayendo en la nada». Esta clase de temor puede convertirse en el mayor obstáculo para completar la realización directa de la vacuidad.

Por lo tanto, tenemos que insistir en la meditación. Incluso cuando experimentamos una sensación de desintegración, no hay manera alguna de que caigamos en la nada o perdamos el yo. La razón es sencilla: la consciencia siempre continúa y nunca se detendrá. Como la consciencia nunca se detiene, no hay manera de que el yo, que está simplemente imputado en la consciencia, pueda detenerse.

Por lo tanto, si debido a este miedo a perdernos a nosotros mismos detuviéramos la meditación en la vacuidad, sería como aferrarnos a una visión nihilista. Dar un paso atrás en la meditación debido a este miedo sería una enorme pérdida, un gran obstáculo para la realización de la vacuidad.

Khunu Lama Tenzin Gyaltsen Rimpoché explicó a Su Santidad el Dalai Lama que un meditador que detiene su meditación cuando se enfrenta con una situación como esta se parece a un niño cabalgando un caballo. Este niño puede saber un poco acerca de caballos, pero no los conoce verdaderamente, porque en cuanto surge un obstáculo, el pequeño jinete se asusta y renuncia a seguir cabalgando.

Hemos de recordar, a medida que nos aproximamos a la realización de la vacuidad, que debemos perseverar, pese al miedo de perder nuestra sensación habitual de ser una entidad sólida. Debemos continuar, pese al sentimiento de que no hay nada a lo que agarrarse y nada hacia lo cual sentir autocomplacencia, porque solo con un esfuerzo continuado veremos el Camino Medio y realizaremos directamente la vacuidad.

Las dos verdades: convencional y última

La verdad convencional se refiere a cómo solemos vernos a nosotros mismos y al mundo, a cómo nos concebimos a nosotros mismos y al mundo como verdaderamente existentes. *La verdad última* es la naturaleza real de la existencia, es decir, la ausencia de existencia inherente del yo y de todos los fenómenos. En otras palabras, convencionalmente vemos todo como algo que existe de verdad. Pero esta aprehensión se cancela cuando aplicamos la comprensión de la vacuidad que realiza que todas estas apariencias de existencia verdadera son falsas y, por consiguiente, que la verdad última es que las apariencias están imputadas por la mente sobre las bases. Esto es lo que significan las dos verdades: la verdad convencional y la verdad última.

Hay beneficios que se siguen de la comprensión de las dos verdades. Cuando vemos la verdad convencional, vemos la felicidad del yo convencional, la naturaleza corriente del yo. De manera semejante, vemos los sufrimientos del yo convencional. Vemos los resultados positivos que produce la virtud y los resultados de sufrimiento que produce la no virtud, de modo que tenemos una clara comprensión de la causa y el efecto. La verdad convencional nos ayuda a ver de qué modo funciona el karma, lo cual, a su vez, nos permite tener fe en el karma. De otro modo, puede que pensemos de manera errónea: «En vista de que no hay un yo verdaderamente existente, no importa si practico la virtud o la no virtud», o bien «Si no hay un yo verdaderamente existente, ¿qué sentido tiene realizar prácticas espirituales?».

Nuestras acciones producen consecuencias. La verdad convencional, la manera corriente en la que vemos a las personas y a las cosas, nos permite entender por qué existe el sufrimiento, por qué existe la felicidad, qué es lo que causa ambas experiencias y de qué modo todas ellas tienen la naturaleza del surgimiento dependiente.

Los beneficios de entender la verdad última es que logramos una realización directa de la verdad última que corta de una vez para siempre con la ignorancia. Esta realización nos desconecta del samsara. Nos conduce a la liberación y a la iluminación. El logro de *shunyata*, o la realización directa de la vacuidad, consiste en ver y experimentar directamente la verdad última.

Los seres *arya* –aquellos que han logrado un acceso directo a la realización de la vacuidad– tienen una aprehensión de estas dos verdades. Sin embargo, cuando están realizando la meditación en equilibrio enfocados en la vacuidad, no pueden percibir la verdad convencional. El yo no aparece durante ese período de tiempo. Mientras su mente atiende a la vacuidad, la visión dual es absorbida. Para ellos no hay separación entre el sujeto y el objeto, ni tienen pensamientos como: «Esta es la vacuidad y esta es la mente que se concentra en la vacuidad».

Por el contrario, cuando abandonan la meditación en equilibrio de la vacuidad, reaparece la verdad convencional. Por consiguiente, pese a que los seres *arya* tienen aprehensiones directas de las dos verdades, no pueden realizarse simultáneamente.

Sin embargo, la mente de la iluminación no solo aprehende las dos verdades, sino que además las realiza simultáneamente. Cuando un buda ve la vacuidad del yo, también ve al yo que existe convencionalmente y cada forma de existencia. Solo el Buda puede permanecer al mismo tiempo en la meditación en equilibrio y en la postmeditación. Mientras el Buda permanece de manera concentrada en la verdad última, puede ver la verdad convencional. Esta es una de las muchas cualidades de la mente omnisciente de un buda.

Meditación: atención plena (mindfulness), *shamatha* y *vipassana*

El propósito de la meditación budista

El objetivo de la práctica de la meditación budista no es solo relajar el cuerpo o ayudarnos a recobrarnos de una jaqueca. ¡No es algo que probar porque tus amigos la practican!

Lo que queremos es destruir la raíz del sufrimiento, la fuente de la infelicidad. Esa raíz venenosa que está dentro de nosotros es la que queremos eliminar. Solo entonces lograremos la felicidad duradera que anhelamos. Este es el principal objetivo de las enseñanzas budistas y del camino.

Sin embargo, si solo conoces uno o dos puntos sobre los cuales meditar y no pones suficiente esfuerzo en el estudio y en la meditación, pensando: «He leído muchos libros del Dharma y he practicado mucho la meditación. Ya sé lo suficiente», acabarás bloqueando la sabiduría, la puerta a la última felicidad.

Del mismo modo que, al ponernos azúcar en la boca damos lugar a la experiencia de la dulzura, el examen de las enseñanzas a través de la meditación nos permitirá experimentar el significado y la cualidad de las enseñanzas del Buda. Para alcanzar el camino, comenzamos estudiando las enseñanzas, contemplando los puntos de estudio y luego familiarizando nuestra mente con ellos a través de la meditación y analizando cada aspecto detalladamente. Necesitamos perseverar en la meditación para lograr el estado de concentración o calma apacible (sánscrito: *shamatha*), porque solo entonces es posible conseguir la visión superior o penetración especial en la vacuidad (sánscrito: *vipassana*).

No obstante, quiero empezar destacando una de las concepciones erróneas más groseras acerca de la meditación, la que señala que tenemos que interrumpir todos los pensamientos durante la meditación hasta lograr que nuestra mente se encuentre en blanco. ¡Mantener nuestra mente en blanco a lo largo de nuestra meditación no es otra cosa que estar ausentes! Puede que esto ofrezca algún tipo de relajación, pero no nos lleva a una comprensión profunda de los métodos del Buda para superar los engaños. Además, interrumpir los pensamientos es imposible, porque la mente tiene que ser consciente de algo.

La mente sin cognición, la mente dormida, no es meditación. Si lo fuera, todas las formas de sueño profundo, incluidos los estados de las mentes animales, deberían llamarse meditación.

Al comienzo, la concentración en la respiración es más fácil que la concentración en otros objetos. La respiración es constante, por lo que enfocarse en ella ayuda a dirigir la mente internamente y alejarla de las distracciones. La concentración es una poderosa herramienta para lograr perfecciones. Sin embargo, el logro mismo de la concentración no es el objetivo final del camino. Después de todo, las personas en muchas tradiciones no budistas también consiguen niveles elevados de concentración. En el budismo, el propósito del entrenamiento en la concentración es ayudarnos a progresar en la meditación analítica, en la que analizamos las enseñanzas del Buda en profundidad, relacionándola con nuestra vida. Esto es lo que nos suministra los medios para ir más allá del samsara hacia la iluminación.

Un consejo. Comenzar a meditar en el momento en el que estamos enfadados, molestos o al borde de un fuerte apego es difícil y a menudo improductivo. En esos momentos, la mente es incapaz de estabilizar o analizar algo de manera efectiva porque está cargada con emociones. Es mejor que meditemos cuando no estemos emocionalmente sobrepasados. Si es posible, comienza la práctica de la meditación cuando tu mente esté medianamente tranquila y subyugada.

Atención plena (mindfulness) e introspección

Los principiantes deben lograr una concentración en un punto, sin las dos faltas del pensamiento lánguido (sopor mental) y del pensamiento de apego y distracción (excitación). Para evitar esto, necesitamos fortalecer las dos cualidades mentales de la atención plena (mindfulness) y la introspección.

La atención plena es la consciencia y cualidad mental que nos permite reconocer el objeto de la meditación. La introspección es la cualidad de la alerta mental o memoria, que nos permite comprobar la fuerza de nuestra atención plena.

Por ejemplo, si meditamos en la imagen del Buda con una atención débil, somos incapaces de mantener una sujeción fuerte y continua del objeto de meditación, lo cual permite la distracción. La introspección nota que nuestra atención se está desviando y dirige de nuevo la mente al objeto de meditación.

Siempre podemos decir cuándo nuestra atención se ha debilitado, porque aparece un objeto diferente al objeto de meditación; por ejemplo, comenzamos meditando en la imagen del Buda y de pronto aparece una pizza.

Cuando aparece la pizza en lugar del Buda, podemos reconocer que la mente se ha distraído, incluso cuando está aferrándose a ella debido a la excitación. En ese momento justamente es cuando la introspección nos emplaza a recordar nuestra consciencia del Buda, nuestro objeto original de meditación. De manera análoga, si meditamos en el Gurú Buda Shakyamuni y, después de cierto tiempo, la imagen del Buda de la Medicina toma su lugar, eso significa que hemos perdido la memoria del objeto original de meditación. Hemos perdido la conexión.

La atención plena está relacionada con la memoria del objeto original de la meditación, en este caso la imagen del Gurú Buda Shakyamuni. Por consiguiente, mientras estamos enfocados en el objeto de meditación, la introspección comprueba la calidad de nuestra atención, permaneciendo atentos a los pensamientos de apego y distracción, y a los pensamientos lánguidos que emerjan. Desarrollamos la estabilidad en la concentración evitando estas dos faltas.

Cuando la mente se mantiene concentrada, enfocada solo en el objeto elegido de la meditación, debemos examinar la calidad de nuestra concentración de acuerdo con nuestra propia experiencia. Por ejemplo, nuestra experiencia puede indicar que, «si sujeto al objeto de meditación con fuerza, la mente rápidamente se distrae y surge la excitación. Pero si no lo sujeto con fuerza, emerge el pensamiento lánguido». Hemos de ser capaces de reconocer nuestras propias experiencias.

Si nuestra concentración es demasiado constreñida e intensa, surgirá el pensamiento disperso de la excitación. Podemos aflojar esta concentración intensiva un poco hasta el punto en el que, de acuerdo con nuestra propia experiencia, este movimiento hacia la laxitud causa que surja en la mente el pensamiento lánguido del sopor o nebulosidad. Habiendo aprendido de dicha experiencia, ajustamos nuestra concentración un poco. Equilibrar nuestra propia experiencia de esta manera permite a la mente permanecer en la concentración dos minutos, tres minutos, un cuarto de hora, una hora o incluso durante un período más prolongado.

Habiendo logrado este acto de equilibrio, intentamos hacer que la concentración dure. Manteniendo la mente alejada del pensamiento del apego y de la distracción y del pensamiento lánguido, intentamos continuar concentrados en el objeto de la meditación. Si conducimos un automóvil demasiado deprisa, corremos el peligro de perder el control o de tener un problema con la policía; si conducimos demasiado despacio, puede que un vehículo más rápido choque con nosotros o que lleguemos tarde al trabajo y perdamos nuestro empleo. Por lo tanto, conducimos el automóvil de modo que lo mantenemos alejado de ambos peligros. Intentemos un equilibrio semejante al embarcarnos en la meditación. A medida que entrenemos nuestra atención y nuestra introspección, nos volveremos más fuertes y más eficientes.

Shamatha

Para lograr *shamatha*, o concentración en la calma apacible, necesitamos eliminar las cinco faltas de nuestros procesos mentales a través de la aplicación de los ocho métodos o antídotos.

Las cinco faltas son la pereza, olvidar el objeto, el sopor y la excitación, la no aplicación del antídoto y la sobreaplicación de un antídoto. Los ocho antídotos superan estas cinco faltas de múltiples maneras. Las cuatro cualidades de la fe, la aspiración, la perseverancia y la flexibilidad superan la pereza; la práctica de la memoria se opone al olvido del objeto de la meditación;

la vigilancia vence al sopor y a la excitación; la aplicación de los antídotos supera la no aplicación; y la ecuanimidad equilibra la sobreaplicación de los antídotos.

La pereza es un enorme defecto que impide que nos establezcamos en la concentración. Por lo tanto, debemos comenzar la meditación, en primer lugar, fijando la motivación para la práctica, esto no es otra cosa que lograr la iluminación para el beneficio de todos los seres sentientes. Entonces, con una determinación decidida, podemos pensar: «De manera concentrada, sujetaré este objeto de meditación sin distracción, sin que la mente se aparte del objeto». Del deseo de lograr la concentración surge la perseverancia, y de la perseverancia surge el fruto de nuestros esfuerzos.

Comenzar la meditación con el cuerpo santo del Buda tiene un gran beneficio. Medita de manera detallada, enfócate en la figura comenzando en la coronilla del Buda y descendiendo hasta el asiento de loto, analizando el lugar donde están las manos y los pies del Buda, y luego regresando a la coronilla. Haz esto varias veces, yendo y viniendo, para establecer claridad.

A los principiantes puede resultarles difícil sujetar una visión clara del cuerpo completo del Buda. Puede que solo sean capaces de sostener una imagen parcial. Sin embargo, consideramos que hemos establecido el objeto de concentración aunque solo seamos capaces de mantener con claridad la imagen de la mitad del cuerpo santo del Buda. Debemos sentirnos satisfechos con solo la mitad de la visualización y no esperar conseguir en este estadio de la práctica mayor claridad. Entonces debemos recordar este objeto de meditación de manera firme e intensa. De este modo, la mente se entrenará en el enfoque y permanecerá en el objeto sin ser controlada por el sopor o la excitación.

Que la imagen se vuelva borrosa es el resultado de la mente que se hunde en la languidez. Cuando ocurre esto, logramos claridad volviendo a meditar sobre los detalles de la forma del Buda. Si la imagen del objeto pierde claridad, pero a la mente le falta energía para sostener con intensidad esta claridad, tensa la mente para recuperar el foco sobre el objeto.

A veces el pensamiento lánguido causa desánimo y surge el pensamiento: «Es imposible. No puedo hacerlo». En este punto debemos detener temporalmente nuestro enfoque sobre el objeto y elevar el ánimo pensando: «Qué asombroso es haber logrado este precioso renacimiento humano, tan enormemente significativo, completo con las ocho libertades y los diez atributos. ¡Tengo la libertad para lograr lo que sea que me proponga! Y este es el momento para hacerlo. Este precioso renacimiento será difícil de encontrar de nuevo».

Consejos para superar el sopor

Como el pensamiento lánguido o embotamiento es uno de los obstáculos más comunes que surgen durante la meditación, aquí presento un breve consejo para poner freno al sopor:

1. Podemos mezclar nuestra consciencia con el cielo visualizando la mente como una luz blanca, brillante, del tamaño de un guisante en el centro de nuestro canal

central. Desde el ombligo podemos lanzar rayos de luz como flechas que se dirigen a nuestra coronilla, al tiempo que pronunciamos vigorosamente la palabra *Phat!* (pronunciándola «peh»). Al mezclar la consciencia con el cielo, disipamos el pensamiento lánguido. Si el pensamiento no se disipa, eso significa que la languidez o el embotamiento es grave y burdo. Por consiguiente, puede que tengamos que detener la sesión durante un tiempo.

2. Si estamos meditando en una habitación con poca luz, podemos salir un rato y mirar algo brillante. Si estamos en la montaña, podemos caminar mirando el pico de una montaña distante. Esto ayuda a refrescar la mente.
3. Si el pensamiento lánguido o embotamiento surge durante una meditación analítica, podemos regresar a una sencilla meditación en la respiración para volver a enfocar la mente. Esto nos ayudará mucho cuando regresemos a nuestra meditación analítica.

Las condiciones que se necesitan para alcanzar shamatha

Cuando decidimos meditar de una manera intensa, como por ejemplo en régimen de retiro, comenzamos buscando un lugar tranquilo, libre de distracciones, un lugar de retiro donde podamos satisfacer nuestras necesidades de alimentación. Aunque encontrar un lugar de este tipo es útil, la causa fundamental para el éxito en la práctica de *shamatha* es vivir una moralidad pura y tener pocos deseos. Las causas y condiciones perfectas para alcanzar *shamatha* vienen del interior de nuestras mentes.

Si retrasamos la práctica meditativa hasta que encontremos las condiciones externas perfectas, ¡puede que nunca lleguemos a meditar! Estamos inclinados a culpar a las circunstancias externas cada vez que no logramos algo. El fracaso es el resultado de no vivir de acuerdo con las enseñanzas, es decir, de no mezclar nuestra mente con los consejos del Buda. De este modo, muchos obstáculos parecen aflorar. Es muy importante saber que *shamatha*, *vipassana* y todos los logros dependen de nuestra mente. La mejor preparación consiste en vivir de acuerdo con el Dharma.

Cuando era joven y viajé a Solukhumbu desde el Tíbet a través de las montañas, casi cada montaña estaba coronada con un monasterio. Muchas de esas montañas estaban salpicadas con agujeros –algunos grandes y otros pequeños– como hormigueros. Estos agujeros eran las cuevas de meditación de los practicantes que habían comprometido sus vidas en la meditación del camino. Los meditadores se esforzaban en conocer el camino en cuevas frías y áridas en esas montañas increíblemente elevadas. Muchas veces me preguntaba cómo lo hacían.

Los gurús lamas tibetanos suelen impartir enseñanzas experienciales a quienes realizan retiros de por vida. Luego los discípulos regresan a sus ermitas en las cuevas y meditan sobre las enseñanzas del Dharma sobre, por ejemplo, el precioso renacimiento humano, la impermanencia, la *bodhicitta* y la sabiduría.

Después de practicar durante un tiempo, regresan al gurú lama para comprobar sus meditaciones. El gurú lama debería haber tenido una experiencia directa de los estadios del camino a la iluminación, y saber si su discípulo ha avanzado espiritualmente sobre estos temas. Si el discípulo comete un error en la meditación, el gurú se lo señalará y le dará las explicaciones oportunas. Si el discípulo ha alcanzado realizaciones correctas sobre un tema, el gurú lama le enseñará el siguiente concepto y el discípulo retornará a su ermita a meditar sobre ese tema de meditación. Esta manera de enseñar del lama se denomina «ofrecer un comentario desde la experiencia».

Meditación analítica o vipassana*: análisis en cuatro puntos sobre la vacuidad del yo*

La meditación analítica examina en profundidad las enseñanzas del Buda sobre la impermanencia, el samsara y las causas y los antídotos. *Vipassana* se refiere a la comprensión especial de la vacuidad. A medida que estabilizamos la mente a través de la realización de *shamatha*, utilizamos esta concentración estable para analizar la naturaleza del yo. Revelamos la vacuidad del yo a través de los cuatro puntos de análisis de la vacuidad:

1. Reconocimiento del objeto a refutar. En este caso la ilusión de una existencia verdadera del yo.
2. Si este yo existe verdaderamente, debe existir o bien como uno con los agregados o bien separado de ellos.
3. Examinamos si el yo existe como uno con los agregados.
4. Examinamos si el yo existe separado de los agregados.

Este es el esquema general. ¿Cómo debemos hacer esta reflexión analítica? Procedemos concentrándonos punto por punto:

1. *Reconocemos el objeto a refutar*. Aquí, el objeto de investigación es el yo tal como aparece, del que pensamos que existe verdaderamente. Quizá la palabra «existencia verdadera» no sea bastante clara, y puede que implique algo diferente como, por ejemplo, la realidad misma. Para aquellos que no entienden qué es lo que pretendo con la expresión «el yo que parece existir verdaderamente», quizá sea conveniente que piensen en ello como «el yo aparentemente real». Quizás esas palabras sean mejores que el término filosófico «existencia verdadera». Por consiguiente, el objeto de análisis es el yo aparentemente real.

2. *Si este yo existe verdaderamente, debería hacerlo o bien siendo uno con los cinco agregados o bien separado de ellos.* Cuando reflexiones y medites sobre el yo aparentemente real, intenta hacerlo de la forma más viva posible. Por ejemplo, piensa en el pasado, cuando estabas excitado, cuando este yo experimentaba un gran momento, cuando este yo obtenía un título universitario o recibía un regalo maravilloso. Piensa cuando el yo realizaba buenas acciones o recibía elogios. Recuerda al yo disgustado, enojado, peleando con otra persona, cometiendo equivocaciones y reconociéndolo: «Yo he hecho esto». Recuerda los temores del pasado, cuando este yo enfrentaba peligros y piensa acerca del yo que experimentaba críticas e insultos.

Esto ayuda a sacar a la luz un sentido muy claro de este yo

aparentemente real, el objeto de esta investigación. Una vez que un fuerte sentido mental del yo es experimentado, medita con calma con el siguiente pensamiento como guía: «Si este yo existe de verdad, debería ser capaz de encontrarlo, sea fusionado con los agregados o bien separado de ellos».

3. *Examinamos si el yo existe como uno con los agregados*. Imagina un jarrón y pregúntate: «¿Existe el jarrón como uno con sus agregados o separadamente de ellos? Si rompo el jarrón en fragmentos y sostengo una de esas piezas frente a mí: ¿ese fragmento todavía es un jarrón?». Si no lo es, entonces el «jarrón» no existe de manera inherente en sus partes. Ahora imagina una mesa y pregúntate: «Si desmonto la mesa y sostengo una pata frente a mí, ¿es eso una mesa?». Si no lo es, la «mesa» no existe inherentemente en sus partes.

Ahora nos volvemos al yo aparentemente real. ¿Es este yo uno con sus agregados? Por ejemplo: ¿soy el brazo?, ¿soy la pierna?, ¿soy el agregado de mi forma física?, ¿soy mi consciencia? Si la respuesta es afirmativa en todos los casos, habría cinco yos, en tanto que hay cinco agregados. En este caso, ¡necesitaríamos cinco pasaportes y cinco pasajes cada vez que viajáramos! No tiene sentido. ¿Puedes ver alguna lógica en ello?

A continuación, si el yo es uno con los agregados o, dicho de otro modo, si el yo es otro nombre para los agregados, como el cuerpo y la mente, no tendría sentido que se nos diera un nombre, como Harry o Tan. En lugar de ello, tendríamos varios nombres de acuerdo con los agregados: piernas, pensamiento, feliz y triste, consciencia, etc.

Otro análisis en torno a la pregunta acerca de si el yo es uno con los agregados está relacionado con la tentadora idea de que el yo es uno con la consciencia o mente. Sin embargo, en este caso aplicamos la misma lógica: como hay seis tipos de consciencias –cinco de ellas relacionadas con los sentidos físicos, además de la consciencia mental–, ¿eso significa que hay seis yos?

El gran maestro Nagarjuna dijo:

> Estos agregados, que apropiarán los agregados de un ser de las vidas futuras.
> Si esto soy yo, entonces no hay un yo que posea estos agregados.

Debemos pensar en los agregados. Para ello, tomemos la consciencia, entendiéndola como algo propio o poseído por nosotros, como cuando nos referimos a «*mi* mente». De este modo, si la mente es una posesión y el yo es el poseedor, esta separación que implica la propiedad ilustra que el yo no es una unidad con los agregados, que el yo no está fusionado con los agregados como pensábamos al comienzo.

Un dilema paralelo lo plantea el hecho de que la consciencia está también formada de partes. Si cada una de esas partes es una con el yo, eso implicaría que cada uno de nosotros tiene múltiples yos.

Esto conduce, por tanto, a la siguiente conclusión lógica: no siendo el yo uno con los agregados, el yo no cesará, aunque el cuerpo, el agregado de la forma, llegue a su fin en el momento de la muerte.

En el momento de la muerte, la consciencia se separa del cuerpo y continúa. La consciencia propia continúa, desde esta encarnación hacia el próximo renacimiento, y si es cultivada correcta y completamente, continúa hasta el estado de la iluminación. La consciencia siempre continúa. Por consiguiente, siempre existe el yo, que simplemente se imputa a los agregados. Hay una continuación del yo. No hay cesación del yo, porque el yo no es uno con los agregados.

4. *Examinamos si el yo existe separado de los agregados.* Si fuera verdad que el yo existe separado de los agregados, entonces sería posible para el yo ¡existir y aparecer incluso sin los agregados! En realidad, el yo existe dependiendo de la base de los agregados y de la etiqueta mental. Cuando la base y la etiqueta mental se encuentran, el yo entra en la existencia. A través de la interdependencia de la base y el pensamiento, el yo surge y funciona. Esto significa que el yo es lo que llamamos un «surgimiento dependiente».

Todos los objetos son formas de surgimiento dependiente. Para clarificar esto, pongamos un ejemplo: el billete de 100 dólares consiste en un diseño particular y el número 100. Sobre la base de este pedazo de papel especial, con el diseño y el número, decimos que eso son 100 dólares. Aunque estos 100 dólares son simplemente imputados, existen porque el papel y el número son bases válidas, en ellas los 100 dólares se vuelven existentes y funcionan como dinero. Aunque son solo imputados, aunque existen solo como un mero nombre, los billetes de 100 dólares pueden funcionar como dinero.

De manera análoga, el yo existe como una imputación sobre la base de agregados y es capaz de llevar a cabo funciones. Sin embargo, sin la etiqueta no hay existencia, y sin la base no hay existencia. La designación del yo es solo un producto del surgimiento dependiente. El yo no existe separado de los agregados.

Después de haber realizado el análisis de los cuatro puntos, llegamos a la conclusión de que el yo aparentemente real no es real en términos de existir de forma independiente. No existe de verdad, sino de manera dependiente sobre la base de los agregados y la etiqueta mental.

Por consiguiente, hemos analizado la vacuidad del yo, que es la no dualidad de la persona. Una vez que logramos comprender esto, constatamos que ver a todos los otros fenómenos como vacíos resulta fácil. Sencillamente, aplicamos el mismo razonamiento y análisis lógico utilizado para probar el yo a cualquier otro objeto, experiencia o fenómeno. Nagarjuna dijo que cuando logramos la realización de la no dualidad del yo, realizaremos la no dualidad de todos los fenómenos.

A medida que meditamos sobre la vacuidad como la naturaleza absoluta de la realidad, el éxtasis del cuerpo y la mente se incrementan, y la investigación profunda se vuelve natural. A través de esta realización, logramos la comprensión más profunda, también llamada, comprensión especial o *vipassana*.

En general, la meditación de *shamatha* es una meditación concentrada, enfocada solo en un objeto, pero cuando se utiliza para analizar en profundidad la vacuidad, produce *vipassana* o comprensión especial de la vacuidad, la naturaleza absoluta de la realidad. Hay varias escuelas que explican el término *vipassana*, y lo hacen de manera diferente. Sin embargo, el punto principal es que la mente de la meditación utiliza el *shamatha*, o calma apacible, para lograr una comprensión especial de la vacuidad, la cual es el antídoto directo para la ignorancia. Esta realización es esencial para el logro de la liberación y la iluminación.

Para el camino del Mahayana y para nuestro progreso a través de los Cinco Caminos del Mahayana, es clave que nos comprometamos con las acciones de los *bodhisattvas* enmarcadas en las Seis Perfecciones o *Paramitas*.

Las Seis Perfecciones

Las Seis Perfecciones son: (1) la perfección de la generosidad, (2) la perfección de la moralidad, (3) la perfección de la paciencia, (4) la perfección de la perseverancia, (5) la perfección de la concentración y (6) la perfección de la sabiduría. Las primeras cinco perfecciones acumulan el mérito del método, y la sexta perfección acumula el mérito de la sabiduría. Ambos tipos de méritos son necesarios para la iluminación completa.

La perfección de la generosidad

Generosidad o caridad significa cultivar el deseo de dar nuestras posesiones materiales, nuestros méritos e incluso nuestros cuerpos a otros, y realizar todas las acciones del cuerpo, la palabra y la mente con este pensamiento magnánimo. Esta generosidad desarrolla el deseo de dar a otros, lo cual erosiona la mezquindad. A través de la reflexión sobre las desventajas de la tacañería y la codicia, cortamos nuestros apegos, viéndolos como ilusorios e irreales. A través de una práctica de este tipo y la dedicación a la obtención de la paz superior para todos los seres sentientes, rápidamente completaremos una infinita acumulación de méritos.

Puede que nos preguntemos sobre la significación de los actos generosos en los que ofrecemos nuestro cuerpo a otras personas. Puede que hayamos leído la historia del Buda, en la que en una de sus vidas previas encontró una tigresa tan hambrienta que estaba a punto de matar y alimentarse de sus propios cachorros. El Buda, compasivamente, se ofreció a sí mismo para alimentar la familia de la tigresa. Como principiantes en el camino, aunque ofrezcamos el cuerpo, la palabra y la mente a otros, no lo debemos sacrificar realmente en la manera en que lo hizo el Buda. Por el contrario, sacrificar la totalidad del cuerpo físico antes de lograr un nivel superior de realizaciones, puede interrumpir nuestra práctica del Dharma. No obstante, una vez que hayamos logrado esas realizaciones y nuestra determinación a beneficiar a los seres sea lo suficientemente estable y poderosa, este tipo de generosidad es adecuada y posible.

Cuando practicamos cada una de las Seis Perfecciones, nuestras acciones deben contener las otras seis. De otro modo, el éxito de nuestros esfuerzos será limitado, de modo semejante a un soldado que, al no proteger cada parte de su cuerpo con su escudo, se arriesga a que se le provoque una herida fatal.

Hay tres tipos de generosidad:

1. *La generosidad del Dharma.* Esto incluye compartir el Dharma con una motivación pura, como también la recitación de oraciones a favor de otros e incluso enseñar temas como pintura religiosa o la construcción de mandalas.
2. *La generosidad de la intrepidez.* Esto significa salvar a los seres vivos de los peligros causados por los seres humanos, los animales o los elementos.
3. *La generosidad de obsequiar posesiones materiales.* Debemos considerar todas las cosas que tenemos como posesiones de otros, que nosotros solo tenemos en recaudo. Cuando compartimos esos artículos, debemos pensar que estamos devolviéndoselos a sus legítimos propietarios.

Es importante comprobar el estado de nuestra mente cuando actuamos generosamente. Por ejemplo, deberíamos abandonar la idea errónea de que la generosidad no tiene sentido o que produce resultados limitados. Cuando damos, es importante abandonar el pensamiento orgulloso de que estamos haciéndoles a los mendigos, por ejemplo, un gran favor, o que estamos compitiendo con otras personas embarcadas también en actos generosos. Cualquier expectativa de obtener algo a cambio debe ser evitada, y debemos ser imparciales. Mientras llevas a cabo un acto de generosidad, no te desanimes por las dificultades que lo rodea. Nunca te arrepientas de actuar generosamente, ya que esto debilita el mérito. En el momento de la generosidad, no debemos preocuparnos o tener miedo de volvernos pobres en el futuro al dar algo, ni tener pensamientos traicioneros en relación con el receptor de nuestra generosidad. Si observamos en esta persona ciertas faltas, es importante no arrepentirnos de nuestra ofrenda y abandonar cualquier intención maligna de dar a conocer lo que hayamos visto, porque el acto de generosidad es puro cuando es incondicional.

Vale la pena examinarnos cuando practicamos la generosidad. Por ejemplo, no deberíamos dar artículos defectuosos o de poca calidad mientras nos justificamos recordándole al receptor cuán generosos somos. Los actos de dar no deberían implicar que otros sean forzados a cometer acciones negativas como matar, dañar o destruir, y no deberíamos forzar a otros a acometer una labor muy dura, como la que, usualmente, se fuerza a hacer a los animales. No debemos dar en nombre de la caridad lo que hemos adquirido por la fuerza. No deberíamos atemorizar a los receptores de nuestra generosidad con palabras insultantes, criticándolos por no ayudarse a sí mismos. En otras palabras, todas las cosas dadas en el marco de la generosidad deben haber sido obtenidas de manera honorable y deben ser ofrecidas sin mezquindad ni pensamientos calculadores que buscan una reciprocidad de algún tipo.

La perfección de la moralidad

La moralidad implica abandonar el pensamiento que busca dañar a los seres sentientes con las acciones del cuerpo, la palabra y la mente. Deben considerarse tres aspectos de la moralidad:

1. *La moralidad de abstenerse de los vicios*. Esto significa evitar las diez no virtudes discutidas previamente. Esta abstención es un requisito para el segundo y el tercer aspecto.
2. *La moralidad de adquirir virtud*. Esto se refiere a la moralidad de cultivar en nuestras mentes la realización de las perfecciones, lo cual incluye vivir bajo los preceptos. También, el esfuerzo dirigido a crear acciones meritorias, como ofrecer servicio, hacer postraciones, hacer ofrendas, pensar y meditar en las enseñanzas, y explicar el Dharma.
3. *La moralidad de trabajar a favor de todos los seres sentientes*. Esto se refiere a mantener constantemente el pensamiento de beneficiar a otros en todo lo que hacemos.

Nuestra experiencia nos muestra que la mayoría de los animales pueden escucharnos, de modo que deberíamos ofrecer oraciones a una distancia audible a esos animales y a otros. Además, podemos ofrecer oraciones a los animales que no pueden escuchar soplando nuestras recitaciones en el agua y rociándolas sobre esas criaturas como bendiciones. De este modo, podemos beneficiar a los seres vivientes en muchos niveles, de acuerdo con su situación. De manera semejante, podemos ayudar a los seres que están muriendo recitándoles mantras poderosos, soplando en el agua o en polvos de talco, y luego rociar esas sustancias sobre los cuerpos de los seres para purificar su karma negativo, para que no nazcan en los reinos inferiores y para que puedan renacer en el reino puro del Buda.

Estas oraciones y bendiciones pueden parecer fáciles, pero cómo funcionen dependerá de cuánta fe tengamos en ellas. En cierto sentido, parece fácil purificar el karma e influenciar el renacimiento, pero esto solo funciona para aquellos que tienen el karma para recibir este tipo de ayuda. Esto lo ilustran las diferentes circunstancias en las que las personas y los animales mueren. Solo unos pocos mueren en presencia de yoguis avanzados, lamas o practicantes puros que pueden ayudar al moribundo con oraciones.

La perfección de la paciencia

Practicar la paciencia significa desarrollar una mente tranquila y compasiva, incluso frente a personas y situaciones problemáticas y difíciles. Perfeccionar la paciencia no es el resultado de que los seres sentientes dejen de molestarnos. Por el contrario, depende enteramente de nosotros, del entrenamiento completo de nuestra mente para detener las reacciones de enfado cuando estas surgen. En el *Bodhicharyavatara*, Shantideva escribió:

> Los seres sentientes fastidiosos son infinitos como el cielo, pero una vez que la mente del enfado es destruida, todos los

> enemigos son destruidos con ella. Nunca habrá suficiente piel para cubrir la Tierra, pero con la extensión requerida para fabricar la suela de un zapato es como si toda la Tierra estuviera cubierta. De manera semejante, aunque no puedo disipar los fenómenos externos en sí mismos, puedo deshacerme de ellos disipando mi propia mente perturbada.

¿Cómo cultivamos la perfección de la paciencia? El método general consiste en familiarizarnos con los enormes beneficios de la paciencia y las desventajas del enfado. La persona paciente disfruta de una mente más clara, experimenta menos angustia, crea el karma positivo para tener menos enemigos en esta y en las vidas futuras, muere sin preocupación y renace en los reinos superiores. La paciencia nos guía lejos del enfado, que es nuestro verdadero enemigo porque destruye nuestros méritos y los de otros.

La práctica continua de la paciencia nos mantiene felices durante nuestra vida, cierra la puerta que conduce a los reinos inferiores en el momento de la muerte y nos acerca además a la meta de la iluminación. Por consiguiente, las vidas presentes y futuras son siempre felices cuando practicamos la paciencia.

Un ejemplo que demuestra cómo funciona esto es la decisión del gran *pandit* Atisha de retener como asistente a una persona muy malhumorada. Cuando la gente le pedía al Gurú Atisha que despidiera al hombre, él se negaba diciendo: «A través de esto he completado la perfección de la paciencia».

La paciencia tiene tres divisiones:

1. *La paciencia de soportar el daño recibido y generar compasión hacia el agente que ocasiona el daño.* Cuando los seres animados e inanimados se vuelven antagonistas dañinos, recuerda los defectos del enfado, como estar molesto, los sentimientos de incomodidad física, actuar irracionalmente, y perder la claridad de la mente para encontrar una solución, y esfuérzate en cambio para ofrecer algo de paz mental a uno mismo y al agente dañino, con el fin de reducir el problema. En otras palabras, sé paciente. Aunque la práctica de la paciencia es difícil al comienzo, podemos acostumbrarnos a ella si entrenamos la mente de este modo.

Hay razones por las que no debemos enfadarnos con el llamado «enemigo». Por ejemplo, si un palo blandido por alguien nos golpea en la cabeza, en vez de enfadarnos debemos analizar la situación del siguiente modo: enfadarse con el objeto que causa el dolor significa enfadarse con el palo. Pero el palo mismo no es el responsable del daño, porque está bajo el control de la persona que lo blande. De manera semejante, la persona que blande el palo no tiene control; está obligada a actuar como lo hace por los engaños que influencian su mente. Por consiguiente, si no puedo enojarme con el palo, ¿por qué enojarme con la persona?

Además, ser golpeados por un palo es una causa cooperativa. La causa principal de este resultado de sufrimiento es mi karma pasado, como el dañar a otros seres. ¡Es culpa de ese karma que ahora tengo una herida abierta en mi cabeza! Por lo tanto, ¿por qué debería yo enfadarme con el resultado del karma creado por mí cuando madura sobre mí? Sería preferible intentar disipar el engaño de la otra persona sin enfardarme con ella; no tiene control y se ha vuelto loca con el engaño. Esto es lo que haría un padre si su hijo se volviera loco y comenzara a golpearlo. En vez de luchar contra su hijo con enfado, el padre intentaría por todos los medios ayudar a su hijo.

Nosotros deberíamos también pensar de ese modo: cuando el fuego quema mi mano, es culpa mía por haberlo tocado. No debo enfadarme con el fuego, no debo enfadarme con la persona, el enemigo exterior, porque es debido a mis propias faltas que la persona está en una posición desde la cual puede dañarme. De manera semejante al fuego que tiene la naturaleza de quemar y, por ello, no nos enfadamos cuando lo hace, es la naturaleza de los seres sentientes estar afligidos por los engaños, por lo cual no debemos enfadarnos con ellos. Cuando nuestro cuerpo y mente sufren debido a los ataques físicos y verbales de otras personas, lo mejor que podemos hacer es recordar el funcionamiento del karma, cómo creamos las causas de nuestras dificultades. Con esta comprensión, mantenemos al enfado a distancia, y tenemos éxito en la práctica de la paciencia como antídoto frente al enfado.

2. *La paciencia de soportar voluntariamente el sufrimiento*. Cuando surgen dificultades en nuestras vidas, como la enfermedad o el encuentro con personas problemáticas, sea en nuestra práctica, o incluso en los sueños, debemos soportar esas dificultades reconociendo que pueden ayudarnos en nuestra

comprensión del Dharma. Por ejemplo, experimentar dificultades extingue las causas kármicas subyacentes, nos recuerda el funcionamiento de la causa y efecto y cómo estos problemas fueron creados por nuestras propias acciones negativas del pasado, nos permite cultivar compasión hacia otros seres que sufren dificultades similares, y nos permiten entrenarnos en la paciencia. La paciencia tiene la habilidad de transformar el sufrimiento en una práctica espiritual.

Del mismo modo que alguien que va a ser ejecutado está preparado para cortarse una mano con el fin de escapar a la horca, debemos ver las dificultades del presente como la oportunidad para remover los sufrimientos del futuro y, por lo tanto, ver el valor de cultivar paciencia a la luz de nuestras dificultades.

Es extremadamente valioso cultivar un sentimiento de genuina compasión por el enemigo, ya que ese ser está creando karma negativo que provocará ciertos problemas futuros. Muchos grandes seres experimentaron dificultades y privaciones cuando se dedicaban a su práctica del Dharma, como el Gurú Buda Shakyamuni cuando se mostraba en la forma de un monje, o como los yoguis tibetanos Milarepa, Lama Tsongkhapa y Lama Ensapa, quienes lograron el cuerpo de arcoíris en sus vidas.

Cuando Lama Tsongkhapa se retiró en soledad con ocho discípulos para hacer un retiro de purificación, solo tenían ocho monedas de cobre entre ellos. Utilizaron esta situación como una oportunidad para cultivar satisfacción y reducir el deseo. La paciencia a la hora de enfrentar las dificultades del cansancio causado por la práctica de la virtud nos suministra recursos para lidiar con los problemas que supone ayudar a otros a eludir los peligros que enfrentamos en la vida.

3. *La paciencia de observar el Dharma* incluye aprender de memoria el camino graduado a la iluminación y entender su significado, desarrollar el conocimiento de las Tres Joyas y las enseñanzas profundas y extensas, y cultivar los logros a través de la meditación.

Uno de mis gurús me contó una historia de un meditador relacionada con la paciencia. Hace mucho tiempo, en Lhasa, una enorme pared rodeaba un conjunto de templos. Como había muchos objetos sagrados en los templos, la gente de Lhasa hacía sus circunvalaciones en el exterior de la pared, muchas veces haciendo postraciones completas, acompañadas usualmente con la recitación de oraciones. Una persona sentada junto a esta pared que trataba de meditar fue interrumpida por otra que circunvalaba, quien le preguntó: «¿Qué estás haciendo?». El hombre sentado junto a la pared le respondió: «Estoy meditando en la paciencia». El que circunvalaba la pared se burló de él diciéndole: «¡Oh! ¿Estás meditando en la paciencia? ¿Qué te parece si comes *ka-ka*?». El meditador detuvo su meditación y contraatacó: «¡Come *ka-ka* tú!».

De este modo podemos ver cuán frágil es nuestra paciencia. Lo que comenzó como un esfuerzo virtuoso para meditar en la paciencia pudo destruirse fácilmente con unas pocas palabras.

La perfección de la perseverancia

La perseverancia es la energía y la alegría en la realización continua de acciones virtuosas. Es muy útil ser conscientes de los beneficios de la perseverancia y las desventajas de no tenerla. La práctica de la perseverancia es fundamental para evitar el sufrimiento y, a través de ella, recibir los logros ordinarios y trascendentales. La perseverancia es la mejor causa para completar los logros de todas las virtudes. Como dicen las enseñanzas: «Si tenemos mucha energía, gran perseverancia, y no nos disgustamos, no hay nada que no podamos lograr». Tanto los humanos como los no humanos se sienten complacidos al ayudar a una persona energética. De este modo, este tipo de personas reciben logros rápidamente produciendo resultados día y noche, y reteniendo el conocimiento. La perseverancia espontánea hace que la vida, larga o breve, sea más significativa.

La velocidad con la cual logremos la iluminación depende también de la perseverancia, porque esta nos mantiene alejados de las distracciones, la pereza y el sueño. El Buda dijo: «La persona perezosa está lejos de la iluminación. No practica las Seis Perfecciones, desde la generosidad hasta la sabiduría, y no trabaja por los otros».

Por consiguiente, si caemos bajo el control de la pereza, no podremos cumplir con nuestras oportunidades de éxito en el trabajo corriente o en la práctica del Dharma.

Hay tres clases de perseverancia:

1. *La perseverancia que es como un escudo* se refiere a la mente que es feliz al dedicarse a la virtud y esforzarse para lograr la iluminación, con el fin de extinguir el sufrimiento de cada ser sentiente, incluso si ello implica estar en el reino del infierno un millón de veces el número de tres incontables grandes eones. La persona que posee este tipo de perseverancia no encuentra nada que sea demasiado difícil y nunca se siente desanimada a la hora de ayudar a los otros. La generación de este pensamiento de perseverancia, aunque sea una vez, acumula infinitos méritos y purifica inimaginables oscurecimientos. Se dice: «Debido a que lo pecaminoso es evitado, no hay sufrimiento. Debido a que el trabajo se realiza hábilmente por parte de los seres sentientes con sabiduría en la evolución del karma, no hay infelicidad».

2. *La perseverancia en la acumulación de méritos* se refiere a la segunda forma de perseverancia. La acumulación de méritos a través de la dedicación a la realización de acciones meritorias y a través de los ofrecimientos y de la purificación. El Buda perseveró por tres incontables eones en el servicio a los seres sentientes, y al hacer esto acumuló una vasta cantidad de méritos. Todas las buenas cualidades vienen de la práctica de la perseverancia. Eso no implica esforzarse durante uno o dos meses, o durante dos años, porque esto no llevará a la continuidad de la práctica. Sin continuidad, la mente se debilitará y es posible que eso conduzca a que detengamos la práctica enteramente. A través de la perseverancia, acompañada con la virtud, podemos completar la acumulación de méritos, el mérito

del método y el mérito de la sabiduría, que son las causas para lograr el cuerpo físico y la mente iluminada del Buda.

3. En la tercera clase de perseverancia, *la perseverancia de trabajar por otros seres sentientes,* el practicante persevera en todos los aspectos de la conducta del *bodhisattva*, motivado exclusivamente por el deseo de beneficiar a los seres sentientes.

Para activar la perseverancia, necesitamos superar tres clases de perezas que obstaculizan nuestro progreso en el camino. La primera de estas es la pereza que conlleva posponer la práctica pensando que siempre tendremos tiempo suficiente en el futuro. El remedio para este tipo de pereza es meditar con fuerza y con un profundo sentimiento en el hecho de que nuestro renacimiento humano está descomponiéndose a gran rapidez y que es muy difícil lograr otro renacimiento humano después de la muerte. Esta meditación crea la urgencia necesaria para practicar.

El segundo tipo de pereza surge como consecuencia de estar apegado a las preocupaciones mundanas y estar bajo su control. Nos aferramos a los placeres samsáricos por comodidad a esta vida, lo cual incluye objetos de los cinco sentidos: dormir, recibir elogios, chismorrear, labrar, hacer negocios o viajar. Desde el punto de vista del Dharma, todas estas actividades son opuestas a la perseverancia del Dharma. El remedio es reflexionar sobre que la práctica del Dharma es la fuente de la felicidad infinita en la vida actual y en las vidas futuras, y es el método para reducir la miseria.

La tercera y última forma de pereza es la que nos desanima cuando pensamos: «La budeidad implica la completa cesación de todos los defectos, y la completa acumulación de todo conocimiento. Hay muchísimos niveles de realización necesarios para alcanzarla, demasiadas prácticas para hacer y demasiados objetos de estudio para acometer. ¿Cómo puede una persona como yo ser capaz de lograr la budeidad?». La emergencia de pensamientos desalentadores como estos puede causar que abandonemos la *bodhicitta*.

El remedio es pensar de qué manera los seres despiertos del pasado y del presente no realizaron el camino siendo ya seres iluminados. Lograron la iluminación a través de la perseverancia. Permitamos que sean nuestros modelos para inspirarnos a poseer dicha energía.

Un soldado no debe dejar caer su arma, sino que debe recogerla inmediatamente si esto ocurre, movido por el miedo a la muerte. De manera semejante, no debemos dejar caer la vigilancia, y si esto ocurre, hemos de volver a estar alerta inmediatamente para no romper los preceptos y evitar el inmenso sufrimiento que esto nos causaría. Perseverando de este modo, no nos sentiremos disgustados cuando encontremos dificultades y lograremos la liberación con facilidad.

Las escrituras revelan de qué modo el Gurú Buda Shakyamuni se iluminó antes que el Buda Maitreya. La razón es que la compasión del Gurú Buda Shakyamuni fue mucho más fuerte que la compasión de Maitreya.

En cierta ocasión, había dos hermanos *bodhisattvas* viviendo en Nepal. Mientras caminaban a través del bosque de regreso a casa, los hermanos se cruzaron con una tigresa y sus cuatro cachorros que estaban muriéndose de hambre. Los hermanos no tenían comida para ofrecerles.

Incapaces de soportar su sufrimiento, con gran compasión, el Gurú Buda Shakyamuni regresó rápidamente a la familia de la tigresa y ofreció su propia carne como comida, y de esta forma salvó sus vidas. Entonces rezó para que los miembros de la familia de la tigresa se convirtieran en sus discípulos en una vida próxima. Y ocurrió que los cinco tigres se convirtieron en los cinco primeros discípulos del Buda. A partir de ahí, podemos observar que la velocidad con la cual alcancemos la iluminación depende de cuán poderosa sea nuestra compasión.

La perfección de la concentración

La concentración es la reina que gobierna la mente. La *paramita* o perfección de la concentración es *shamatha*, también llamada «calma apacible». Podemos alcanzar estos nueve niveles de concentración solo después de haber abandonado los pensamientos dispersos y los pensamientos lánguidos que mencioné anteriormente. Pero el mero logro de *shamatha* no es suficiente para liberarnos del samsara. Necesitamos también completar la perfección de la sabiduría que realiza la verdad última.

La perfección de la sabiduría

El remedio directo contra la ignorancia es conseguir la sabiduría de *shunyata*, es decir, la realización de la vacuidad. Desde el sin principio de las vidas samsáricas hemos percibido al yo como existiendo por sí mismo, de manera por completo independiente, sin depender de ninguna parte del cuerpo y de la mente. Esta percepción ha estado intuitivamente allí desde el momento en que nacimos y está allí todo el tiempo, día y noche. Debido a esta percepción, vemos al yo como muy importante y central, pero esta es una visión errónea. El desarrollo de la sabiduría que ve la vacuidad directamente puede interrumpir esta visión errónea y liberarnos del samsara.

No obstante, lograr la completa iluminación también depende del cultivo de la *bodhicitta*, la mente altruista. Hay una relación inextricable entre el cultivo de la perfección de la concentración y la perfección de la sabiduría.

Caminos de los dos vehículos y los tres *yanas*

Para entender mejor de qué modo el Gurú Buda Shakyamuni enseñó de acuerdo con las disposiciones mentales de sus discípulos, podemos referirnos a las expresiones «los dos vehículos» y «los tres *yanas*».

Para aquellos seres cuya meta es la cesación del sufrimiento, vencer al samsara y lograr el estado sin dolor de la liberación, el Buda impartió enseñanzas que incluyen el karma, el refugio, los doce vínculos, el sufrimiento y sus causas, y el antídoto al sufrimiento. En ocasiones, nos referimos a esto como el camino del Hinayana o Pequeño Vehículo, también llamado, aunque no sea un sinónimo, Theravada.

Para aquellos con un modo de pensar altruista y el karma para practicar *bodhicitta*, que significa trabajar para el beneficio de todos los seres sentientes y guiarlos hacia la iluminación, el Gurú Buda Shakyamuni reveló el camino del Mahayana. Contiene las mismas enseñanzas fundacionales que el camino Hinayana, pero incluye extensas enseñanzas sobre la mente altruista de la *bodhicitta.*

El camino del Mahayana consiste en el camino del sutra y el camino del tantra

El camino del sutra o *paramitayana* es un camino causal que nos guía en la creación de causas positivas para alcanzar la iluminación, pero requiere de nosotros que acumulemos mérito durante tres incontables grandes eones para lograr la iluminación. Por consiguiente, aunque el camino del sutra es un método indiscutible para alcanzar la iluminación, es lento. Eso significa que innumerables seres sentientes que dependen de nosotros para que les enseñemos el Dharma y para guiarlos a la liberación y a la completa iluminación deben esperar y sufrir durante muchos eones hasta que nosotros alcancemos la iluminación y los ayudemos. Por lo tanto, debemos esforzarnos para alcanzar la iluminación más rápidamente, de modo que los seres no sufran durante tantos eones. Aquí es donde el camino del tantra entra en juego.

Al camino del tantra se le llama el camino veloz a la iluminación. La práctica del tantra ofrece una manera de alcanzar la iluminación en una vida, en vez de en tres incontables eones. El camino del tantra se conoce también como el mantra secreto o Vajrayana. El tantra no trata solo de tomar iniciaciones y prácticas rituales. Para tener éxito, el practicante del tantra debe tener un refugio inquebrantable en las Tres Joyas e, idealmente, haber alcanzado la realización de la renuncia al samsara, la *bodhicitta* y la sabiduría que realiza la vacuidad. Sin embargo, podemos practicar tantra correctamente si hemos estudiado y tenemos cierto sentimiento por la renuncia, la aspiración altruista a liberar a todos los seres sentientes y una comprensión de la ausencia de existencia inherente, incluso si no hemos logrado una plena realización de ellas. Basado en estas tres cualidades, el tantra puede dirigirnos y guiarnos a la liberación del samsara y hacia la iluminación.

No obstante, la mera repetición de los gestos de la práctica del tantra es inútil si no entendemos las enseñanzas del sutra sobre la muerte, la impermanencia, el refugio, la devoción al gurú, la renuncia, la *bodhicitta* y la vacuidad.

El Buda enseñó cuatro clases de tantra a la medida de las habilidades de sus discípulos: el *kriya* o acción tantra, el *carya* o tantra de la representación, el tantra yoga, y el *maha anuttara* tantra yoga, llamado también *tantra del yoga superior*. Esta cuarta categoría del tantra del yoga superior nos permite alcanzar la felicidad incomparable de la completa iluminación en solo una vida durante esta era degenerada.

Los tantras *kriya* y *carya* enfatizan prácticas externas, como mantener el cuerpo limpio y abstenerse de ciertos alimentos «negros», que incluyen la carne, las cebollas y los ajos. Aquí el principio es que, al mantener el cuerpo limpio, sin polución, aclaramos la mente.

Las prácticas internas son enfatizadas en las otras dos categorías del tantra yoga y el tantra del yoga superior. Estos tantras detienen la mente burda y actualizan la mente de luz clara para meditar en la vacuidad, sobre la sabiduría no dual del gozo y la vacuidad, como una bomba que destruye el apego, los engaños, la visión dualista, y la sutil visión dualista. El tantra del yoga superior contiene una práctica especial llamada la *meditación de luz clara*, que cesa la mente burda. Esto es muy importante, porque la mente burda no va a la iluminación, lo que va a la iluminación solo es la mente extremadamente sutil.

La mente de luz clara, la mente extremadamente sutil que realiza directamente la vacuidad, es la causa directa del cuerpo de sabiduría del Buda o *dharmakaya*. El viento interno extremadamente sutil purificado o cuerpo ilusorio es la causa directa del *rupakaya*, el cuerpo de la forma del Buda. Por consiguiente, necesitamos lograr ambos, el *dharmakaya* y el *rupakaya*, para beneficiar a innumerables seres sentientes. El método para alcanzar la luz clara y los cuerpos ilusorios no es explicado en los tantras inferiores y solo aparece en el tantra del yoga superior. Esta es la razón por la cual necesitamos practicar eventualmente el tantra del yoga superior.

Podemos lograr la iluminación en una vida si, como fundación, aprehendemos las Cuatro Nobles Verdades y practicamos cualquier categoría del tantra. El tantra del yoga superior es especial porque ofrece al practicante métodos meditativos más sofisticados.

Las escrituras hablan de mil budas que descenderán a la Tierra durante este eón afortunado. El Gurú Buda Shakyamuni fue el cuarto de esos mil budas. Las escrituras dicen que solo tres de esos mil budas enseñarán tantra: el cuarto buda, el Gurú Buda Shakyamuni; el onceavo buda, la encarnación de Je Tsongkhapa; y el último buda, que prometió enseñar todo lo que los budas anteriores le enseñaron.

Ninguno de los otros budas enseñará los tantras, no porque no posean el conocimiento necesario, sino porque los seres sentientes de su era no tendrán el mérito o el karma para recibir las enseñanzas del tantra. ¡Qué afortunados somos de vivir en una era en la que el Gurú Buda Shakyamuni descendió y reveló las enseñanzas del tantra!

Aquí quiero enfatizar de nuevo que la base de la práctica del tantra son las enseñanzas budistas íntegramente: el refugio en las Tres Joyas, la devoción al gurú, la moralidad, la renuncia al samsara, la *bodhicitta*, el cultivo de la realización de la vacuidad, las Seis Perfecciones y el camino del sutra por completo. Sin esto, es, sencillamente, imposible practicar el tantra de manera apropiada. Este punto debe ser bien comprendido.

Ahora podemos ver por qué la meditación es tan importante, por qué el desarrollo de la mente es tan importante, por qué el desarrollo de la compasión es tan importante. La meta última de la práctica del Dharma no es solo nuestra propia felicidad, sino también la felicidad de todos los seres sentientes. Por consiguiente, el propósito no es estrecho, sino vasto, como el cielo infinito.

El Gurú Buda Shakyamuni impartió enseñanzas convenientes para diferentes niveles de seres, las cuales resultaron en los caminos del Hinayana y el Mahayana –las enseñanzas del Sutrayana y el Vajrayana dentro del camino del Mahayana–. Esto es a lo que se refieren las tres *yanas*, o los tres caminos espirituales dentro de los dos vehículos.

Aspectos comunes de los tres yanas*: método y sabiduría*

Todos los caminos budistas están basados en el método y la sabiduría, sean Hinayana o Mahayana.

En el vehículo del Hinayana desarrollamos la sabiduría que realiza la vacuidad como remedio para cortar la ignorancia, junto con la conducta moral y la renuncia al samsara, las cuales son colectivamente llamadas *el método*. Acabamos con el sufrimiento y logramos el nirvana cultivando la sabiduría y el método conjuntamente. El cultivo exclusivo de la sabiduría que realiza la vacuidad no es suficiente; debe ser acompañada con el método.

El vehículo del Mahayana requiere también ambos, sabiduría y método.

En el camino del sutra cultivamos la sabiduría que realiza la vacuidad, como en el camino del Hinayana. El método del Sutrayana es más extenso que el método del vehículo del Hinayana. El método del Sutrayana está basado en la renuncia, la moralidad y la *bodhicitta*, la mente altruista de la iluminación.

Esta *bodhicitta* deriva de la generación de pensamientos de amor bondadoso, gran compasión y responsabilidad de liberar a todos los seres del sufrimiento.

La *bodhicitta* no se enseña en el camino del Hinayana. Con la actitud altruista de la *bodhicitta* cultivamos las Seis Perfecciones: generosidad, moralidad, paciencia, perseverancia, concentración y sabiduría.

Cuando sacamos una comida estropeada y maloliente fuera de un cuenco, el mal olor tiende a permanecer y persistir en el cuenco. De modo semejante, aunque el camino del Hinayana elimina los engaños que causa el sufrimiento, e incluso las semillas de los engaños, no erradica completamente las impresiones de los oscurecimientos sutiles que han dejado los engaños sutiles, como por ejemplo la concepción equivocada de la existencia verdadera. Estos oscurecimientos también deben ser eliminados de forma íntegra.

Esta es la razón por la cual hay diferencias entre un noble *arhat* y un buda completamente iluminado. Los *arhats* han eliminado todos los engaños al completar el método y la sabiduría del camino del Hinayana. Sin embargo, aún persisten en ellos los oscurecimientos sutiles, la tendencia sutil a aferrarse a la existencia verdadera, aunque están libres de la verdadera causa del sufrimiento.

El *arhat* ha alcanzado el nirvana inferior o liberación inferior, pero no la gran liberación, el gran nirvana, también llamado la *iluminación*. Este último estado es la cesación de todos los engaños, burdos y sutiles, como también sus manchas. Debido a esta limitación, la comprensión del *arhat* no es completa y continúa teniendo limitaciones en su comprensión que deben ser superadas; también continúa teniendo limitación en su habilidad para guiar a los seres sentientes.

Al alcanzar la sabiduría de la vacuidad, acompañada con el camino del Mahayana de los medios hábiles, el método extenso de la *bodhicitta*, podemos eliminar incluso los oscurecimientos sutiles. De igual modo que el reflejo en un espejo cubierto de suciedad se vuelve más claro cuanto más lo limpiamos, cuando no queda ni la más leve mancha de oscurecimiento, la realización se vuelve completa.

El logro del Gran Vehículo puede parecer imposible ahora mismo. Sin embargo, esforzándonos podemos purificar completamente nuestro continuo mental de los engaños, sus semillas, e incluso el olor sutil de las visiones dualistas. En ese momento, todas las realizaciones son completadas y la corriente de la consciencia se vuelve omnisciente. Esta omnisciencia se llama *dharmakaya*. Esta es la gran liberación, la iluminación.

Cuando nuestra corriente de consciencia se vuelve omnisciente, no hay ninguna visión errónea dentro de ella. Seremos capaces de ver el nivel de karma de cada ser individualmente y poseeremos una comprensión completa de cómo guiar a los seres sentientes. Seres capaces de revelar las enseñanzas a través del cuerpo santo, la palabra santa y la mente santa de un modo apropiado para las disposiciones mentales de los diferentes seres sentientes. Esta es la perfecta combinación del método y la sabiduría.

De igual modo, en el aspecto del tantra del camino del Mahayana, el método y la sabiduría son practicados conjuntamente. En el Vajrayana, la sabiduría que realiza la vacuidad es mucho más refinada. Se desarrolla junto con la *bodhicitta*, con un método que es mucho más eficaz que el enseñado en el camino del sutra y en las enseñanzas de las *Paramitas*. Con el Vajrayana podemos detener los engaños y sus impresiones sutiles más rápidamente que siguiendo el camino *paramita*.

Estas tres *yanas* o senderos del Hinayana, Sutrayana y Vajrayana nos ayudan a purificar los engaños y acumular méritos. Su actualización en la mente es la mayor purificación. La corriente de la consciencia que estuvo oscurecida de forma temporal es separada de los oscurecimientos engañosos, resultando de este modo en la sabiduría.

Para alcanzar esto, debemos crear la causa del mérito y eliminar todos los obstáculos que interfieren en el logro de estas realizaciones. Para ello, es preciso el método. Esto significa que la práctica combinada de método y sabiduría es crucial en todos los vehículos.

Anécdotas de la vida de Kyabje Lama Zopa Rimpoché

Consejo a una madre

Nos sentamos a comer en un supermercado de la cadena estadounidense Whole Foods y algunos vendedores se acercaron a

Rimpoché para hacerle preguntas. Una mujer le dijo: «Tengo ocho hijos. ¿Puede darme un consejo?».

Rimpoché le respondió: «La educación corriente es importante, pero más importante es la educación para que tengan un buen corazón». Ella pareció entender, le dio las gracias y siguió su camino.

Después del ictus

Han pasado dos años desde que Rimpoché sufrió un ictus, que fue afectándole gradualmente a lo largo de varios días. Las cosas empeoraban de forma progresiva, e incluso después de llegar al hospital, Rimpoché siguió empeorando durante varios días. Llegó un punto en el cual casi no podía moverse. Fue un ictus serio. Allí estaba, tendido, y era muy difícil saber qué hacer.

Aun así, Rimpoché no parecía estar interesado en modo alguno por su cuerpo. Nunca preguntó a su médico cómo estaba o qué debía hacer o cuáles eran los riesgos o si se pondría bien. Parecía no estar preocupado por su condición crítica. Durante todo el tiempo en el que estuvo en el hospital, Rimpoché se enfocó en orar por la gente enferma del lugar. Incluso recaudó fondos para el hospital cristiano durante la última parte de los días que estuvo ingresado.

No han cambiado mucho las cosas en los últimos dos años. El estilo de vida de Rimpoché continúa siendo el mismo, y sus oraciones y su preocupación por el bienestar de otros seres siguen siendo prioritarios, una actitud con la cual es difícil lidiar para la mayoría de las personas que se relacionan con él. Vive hoy como vivía antes del ataque, sin interés por los propios placeres, dedicado enteramente a los otros. No tiene interés en dormir o en cualquier otro beneficio mundano.

Generosidad en las calles de Nueva York

Un día, estando en la ciudad de Nueva York, con motivo de las enseñanzas de Su Santidad el Dalai Lama, Rimpoché y Roger buscaban un taxi para ir al evento. Se pararon cada uno de ellos a un lado de la calle con el propósito de llamar la atención de los taxistas. Como el venerable Roger no estaba teniendo éxito en su cometido, se volvió hacia Rimpoché para ver qué ocurría en el lado opuesto de la calle. Vio que estaba parando un taxi tras otro... Pero, para su sorpresa, ¡no dejaba de cedérselos a otras personas que estaban esperando!

Todavía hacía postraciones, pese al cuerpo

Rimpoché estaba de pie, con sus manos en el mudra de postración frente a una enorme *thangka* de Avalokiteshvara, la deidad de la compasión. Desde que había sufrido el ictus, le resultaba muy difícil hacer las postraciones, pero él perseveraba.

Se inclinó gradualmente hacia delante frente a la imagen de Avalokiteshvara hasta el suelo. Su brazo izquierdo, más fuerte, alcanzó el suelo, que tocó con los dedos. Poco a poco, Rimpoché puso el peso sobre el brazo, mientras su cuerpo se inclinaba hacia delante con cuidado. Apoyó la rodilla izquierda en el suelo. Ahora llegaba la peor parte: estiró el brazo derecho para tocar el suelo y lo mismo hizo con sus dedos para apoyarlos abiertos y estirados en el pavimento.

Me sentía angustiado porque cuando la cabeza de Rimpoché desciende por debajo de su cintura se marea, y esto es un poco peligroso después de un ictus.

Gradualmente, Rimpoché torció su cuerpo hacia delante con torpeza, siempre con el lado derecho soportando la mayor parte del peso. Contemplarlo haciendo esta clase de esfuerzo es muy conmovedor. Pude ver que también otros experimentaban sentimientos semejantes y que toda la sala se mantenía en profundo silencio mientras Rimpoché hacía el esfuerzo de ofrecer postraciones completas a todos los budas.

Rimpoché está ahora estirado enteramente en el suelo, aunque aún no puede estirar su brazo derecho. El proceso es lento, pero realizado con una inmensa determinación. Ahora viene la parte más difícil: ponerse en pie solo, ¡no permite que nadie lo ayude! Ha desarrollado una técnica mediante la que se va levantando poco a poco hasta quedarse a cuatro patas, y luego, la parte más complicada, finalmente se pone de pie. Es bastante intenso observar esta parte, y puedo ver a algunos estudiantes que contienen la respiración.

Ahora Rimpoché vacila. Tiene que hacer el enorme esfuerzo de moverse desde la posición de rodillas a ponerse en pie. Lo hace y luego estira su cuerpo, y logra su cometido. Sus manos se dirigen lentamente a su corazón con el mudra de postración frente a Avalokiteshvara.

5. Vivir siendo consciente de las Cuatro Nobles Verdades

Reflexión cotidiana en las Cuatro Nobles Verdades

La Primera Noble Verdad revela que la naturaleza del samsara es el sufrimiento. La Segunda Noble Verdad muestra que las causas del sufrimiento son el engaño y el karma. La Tercera Noble Verdad de la cesación dice que el fin del sufrimiento es definitivamente posible, y la Cuarta Noble Verdad muestra de qué modo lograr esto: el camino del Dharma.

Por lo tanto, debemos utilizar unos minutos cada día –en casa, o mientras estamos fuera, conduciendo hacia el trabajo, regresando del trabajo, bajo la lluvia, haciendo compras, donde sea– para reflexionar sobre los temas de las Cuatro Nobles Verdades. Estos temas incluyen la impermanencia y la muerte, el precioso renacimiento humano, la devoción al gurú, el sufrimiento del samsara, tomar refugio en las Tres Joyas, el karma y los doce eslabones, cómo funcionan los engaños y sus antídotos, la renuncia del samsara, el desarrollo del buen corazón, el cultivo de la *bodhicitta*, y el cultivo de la sabiduría que realiza la vacuidad.

Podemos despegarnos del aferramiento a las preocupaciones de esta vida con solo recordar la impermanencia y la muerte. De pronto, ¡descubrimos placer en la vida! Aplicando los antídotos a los engaños y fortaleciendo esto con la meditación, podemos detener la mente insatisfecha. Esto produce disfrute y paz en el corazón de inmediato. Más que esto, nos aproximamos a la mente de la iluminación, asegurándonos no solo nuestra propia felicidad, sino también la de todos, la de incontables seres sentientes.

Sin embargo, el mero conocimiento de las enseñanzas del camino no es suficiente. Es mucho más importante qué *hacemos* de hecho con las enseñanzas del Dharma que hemos recibido. La posesión del conocimiento del Dharma es como plantar una semilla en la tierra y dejarla allí, sin más. Necesitamos nutrir la semilla del Dharma con la meditación, acometiendo acciones virtuosas, purificando negatividades y comprometiéndonos con prácticas que mantengan nuestro progreso en el camino. Esto incluye la práctica de purificación de los cuatro poderes oponentes, las postraciones a los treinta y cinco budas, la ejecución de las prácticas de las siete ramas, y las ofrendas de mandala. Respaldadas por la motivación de beneficiar a todos los seres, estas prácticas traen consigo bendiciones del gurú buda para nuestra mente y, como la lluvia y el sol radiante, nutren la semilla espiritual, convirtiéndola en retoño y haciéndola crecer.

Transformar los problemas en el camino espiritual

Por medio de la práctica de la transformación del pensamiento, podemos transformar los problemas en cultivo espiritual y convertir la adversidad en felicidad. Podemos transformar las malas condiciones en condiciones favorables, dándole la vuelta a los problemas y a las dificultades para que sean parte del camino a la iluminación. La transformación del pensamiento convierte las circunstancias negativas en positivas a través del análisis y la visión.

Transformar las situaciones negativas a través del análisis

Cuando una enfermedad infecta nuestro cuerpo y nos causa síntomas desagradables como la fiebre, esta fiebre resulta beneficiosa porque nos alerta de un problema dentro de nuestro cuerpo y la enfermedad purulenta no pasa desapercibida, con lo que se evita que cree un mayor daño. De manera semejante, cuando una serpiente nos muerde en la jungla, aunque es doloroso cortar un trozo de carne alrededor de la mordedura, el corte es beneficioso, ya que podrá salvar nuestra vida. Así pues, se dice que el sufrimiento es la escoba que barre los karmas negativos y los oscurecimientos.

Por lo tanto, cuando un problema o una enfermedad te golpee, utiliza el siguiente análisis: «El karma negativo que he cometido en el pasado, el resultado del cual definitivamente tendré que experimentar, ha madurado ahora en este cuerpo. Si esto no pasara ahora, experimentaría más dificultades más adelante, incluidos los horrores de vidas inconcebibles en los reinos inferiores».

No experimentamos nada que no hayamos causado con nuestras propias acciones, de igual modo que un tomate no emerge subrepticiamente en medio del aire. Hay causas y condiciones detrás de la apariencia de los tomates. De manera semejante, todos nuestros problemas tienen un origen: nuestra propia mente negativa que motivó las acciones negativas, causando el resultado que ahora experimentamos. Reconocer nuestro rol en la creación de los problemas a los que nos enfrentamos nos ayuda a lidiar con ellos con una mejor actitud. De este modo, no nos enfadamos o deprimimos por las situaciones difíciles.

Esta es la práctica de transformación del pensamiento del Mahayana. Cuando la mente comprende que es responsable de un problema, busca una solución que no implica culpar a los otros. Si tenemos problemas con un colega, este colega es solo una condición, no la causa de nuestros problemas. Si no fuera este colega, sería alguna otra persona o circunstancia la que se aparecería frente a nosotros y nos crearía aparentemente dificultades. Por lo tanto, resulta del todo inapropiado señalar a una persona, o a una cosa, como alborotadora. La verdadera alborotadora es nuestra propia acción negativa pasada. Pensando de esa manera, los obstáculos externos ya no nos perturban, y somos capaces de continuar nuestra vida y la práctica del Dharma. Así es como pueden ser transformados los problemas en un nutriente para nuestra práctica espiritual.

Transformar las situaciones negativas a través de la visión

Cuando surgen problemas, tenemos el hábito de atascarnos mentalmente. No importa cuán duras sean las circunstancias que enfrentemos, piensa siempre: «Esta es una condición favorable, beneficiosa». Primero, contempla las ventajas que traen consigo los problemas, incluido el hecho de que nos permiten terminar con los karmas negativos del pasado y fortalecer nuestra mente. Una vez que hayamos visto los beneficios de los problemas, los etiquetaremos como «útiles» y los enfrentaremos con una mente optimista. Esta felicidad depende de nuestra comprensión de los beneficios de los problemas y del cultivo de una actitud mental que dice: «Esto no es un problema. Trae consigo beneficios para mi práctica». No nos estamos engañando. Sencillamente, no estamos dando crédito a nuestro hábito de interpretar de forma negativa nuestras experiencias.

Esto nos lleva al segundo aspecto de la visión, que es que el sufrimiento y la felicidad vienen de nuestra mente. No hay ni el más pequeño átomo de sufrimiento o felicidad que exista de forma independiente. El sufrimiento o la felicidad que parecen ser reales y permanentes están, en realidad, completamente vacíos. La infelicidad es consecuencia del modo en el cual nuestros pensamientos etiquetan la experiencia. La felicidad y el sufrimiento son, en realidad, etiquetas mentales sobre las bases de personas o situaciones.

Cuando etiquetamos mentalmente las dificultades como «problemas» e «interferencias», nos paralizan, nos perturban, y por ello sufrimos. Esto ocurre porque creemos en nuestras propias etiquetas mentales. Una vez que hemos etiquetado una situación como un «problema», se nos aparece como real y tangible. Pero esto no es así. Porque este «problema» es solo imputado a una circunstancia particular por el pensamiento, en realidad no existe, está vacío. La comprensión de que el yo aparentemente existente es solo una etiqueta mental sobre la base de los agregados, que no existe inherentemente, puede ser también aplicada a los problemas. Cuando la mente ha conjurado el problema, la solución está en cómo vemos ese problema y cómo lidiamos con él.

Podemos entrenar nuestra mente para ver las ventajas en todos los problemas y comprender que estos solo son una construcción mental. Para que los problemas disminuyan, debemos dejar de pensar en sus desventajas y contemplar su utilidad. Que una situación vital sea maravillosa o no depende de cómo la interpreta nuestra mente. Podemos elegir etiquetar a una persona, una cosa o una situación como «maravillosa» o como un «problema». La elección depende de nuestra mente, de nuestras interpretaciones del objeto o de las circunstancias.

Por ejemplo, si de manera reiterada pensamos en los defectos de los objetos sensoriales, no importa cuánto se incrementen nuestras posesiones y nuestra riqueza, las disfrutaremos de manera realista, porque las veremos a la luz de sus limitaciones. Sin embargo, si solo nos enfocamos en los beneficios de los objetos sensoriales, esto nos lleva engañosamente a pensar que son permanentes y a ignorar cómo nos mantienen cautivos en el samsara. Que algo sea positivo o negativo depende de la mente.

El entrenamiento en la transformación del pensamiento del Mahayana hace que nuestra mente sea adaptativa, ágil y liviana. La felicidad y el coraje surgen al ver los beneficios de las circunstancias difíciles, y de modo flexible podemos hacer más. No somos fácilmente perturbados por las crisis, y la gente se siente cómoda en nuestra compañía. Las personas sabias que ven que toda la felicidad y todo el sufrimiento dependen de la mente buscan la felicidad dentro de la mente y no en algo exterior. La mente posee todas las causas para la felicidad.

Podemos comprobar esto con la práctica de transformación del pensamiento, particularmente en la utilización de las dificultades como escalones en el camino a la iluminación. Inténtalo.

Cualquier felicidad que sentimos surge de nuestra propia mente. Desde los pequeños placeres que provee una brisa fresca cuando estamos acalorados hasta la sublime iluminación, todas las felicidades provienen de la mente. El pensamiento dentro de nuestra mente causa nuestra felicidad y nuestro sufrimiento, de modo que debemos buscar la felicidad en nuestra mente. Este es un punto esencial del Dharma. El entrenamiento en la transformación del pensamiento es la manera más clara y hábil de producir felicidad desde nuestro interior.

Cuando alguien está enfadado con nosotros, nuestra compasión y nuestra respuesta eficaz pueden emerger si recordamos la naturaleza del sufrimiento en el samsara, cómo los engaños traumatizan a cada ser sentiente y nos conducen a toda clase de cosas. De este modo, podemos sentir amor bondadoso en nuestros corazones, viendo a cada persona como a alguien a quien apreciamos.

Utilizando la transformación del pensamiento podemos ver a la persona «difícil» como a alguien increíblemente precioso y bondadoso. Esta persona difícil se convierte en el tesoro más precioso de nuestra vida, más precioso que millones de dólares o montañas de diamantes. ¿Por qué? Porque esta persona nos ofrece esta perfecta oportunidad para practicar la transformación del pensamiento, conduciéndonos a la paz interior y acercándonos un escalón más en nuestro ascenso a la iluminación. No importa qué daño haya causado a nuestro cuerpo, nuestra palabra y nuestra mente, hemos de utilizar la transformación del pensamiento para ver cuán beneficiosa es esta dificultad para el desarrollo de nuestra mente. Esto nos animará.

Cuando practicamos la transformación del pensamiento del Mahayana, ningún ser viviente y ninguna cosa inanimada puede dañarnos verdaderamente. Incluso cuando nos estamos muriendo, la práctica de la transformación del pensamiento es muy beneficiosa, por ejemplo, a través del *tonglen*, la meditación de la *bodhicitta* del intercambio de uno mismo por los otros. Una persona que muere con el pensamiento de aprecio hacia otros seres vivos es independiente. Si morimos mientras hacemos la práctica de *tonglen*, nuestra mente será estable y se encontrará cómoda, y será imposible para nosotros nacer en los reinos inferiores.

El tonto busca la felicidad en el mundo externo, da vueltas y se mantiene ocupado con esta expectativa. Si buscamos la felicidad fuera, no somos libres, porque nos hemos rendido al control de las condiciones externas, haciendo que nuestra vida sea siempre impredecible y problemática. Nunca encontraremos una satisfacción completa.

Por consiguiente, podemos ver con toda claridad que no importa realmente cómo se comportan los otros o lo que piensan de nosotros. Lo que creemos que es un problema, en realidad, surge de nuestra propia mente. Lo que pensamos que es dichoso también viene de nuestra propia mente. Somos los únicos autores de nuestra propia felicidad.

Purificación de negatividades

La práctica de los cuatro poderes oponentes de Vajrasattva

Incluso cuando cometemos una pequeña acción negativa, el hecho de que el karma se expanda significa que los resultados de cualquier acción negativa se duplican, triplican y multiplican sin fin. Con el tiempo, ¡la pequeña fechoría adquiere el tamaño de todo el planeta! Esta es una cuestión seria.

Incluso los no creyentes que no aceptan ninguna religión o sistema de fe, que solo quieren liberarse de los problemas de esta vida, pueden encontrar la respuesta última a sus deseos a través de la superación de los pensamientos aflictivos y de la purificación de las negatividades de la mente que causan todos los problemas.

Nuestra habilidad para alcanzar la iluminación depende de

la eliminación de todos los karmas negativos, los engaños y los oscurecimientos. Si estos permanecen en nuestra mente, esta no puede ser transformada y, por lo tanto, no podemos lograr las realizaciones del camino. Esta es la razón por la cual la práctica de purificación, como la práctica de los cuatro poderes oponentes de Vajrasattva, es tan esencial.

Los cuatro poderes oponentes de Vajrasattva purifican todas las formas de karma negativo y los oscurecimientos. Vajrasattva es el aspecto relativo de la purificación del Buda.

Los cuatro poderes oponentes son:

1. El poder del arrepentimiento (recordar nuestras acciones equivocadas, contemplando sus desventajas y cómo crean el sufrimiento futuro).
2. El poder de la confianza (reafirmar nuestro refugio en las Tres Joyas).
3. El poder del remedio (recitación de oraciones en las que pedimos bendiciones, purificación de nuestra mente y fortalecimiento de nuestras virtudes).
4. El poder de la promesa (generar la intención de no volver a cometer acciones erróneas por un período definido de tiempo).

Para comenzar, es útil recordar nuestras acciones erróneas con el fin de analizar sus desventajas y luego generar la intención de no repetirlas. Este poder se refiere al arrepentimiento, el cual *no* debe confundirse con la culpa. Por el contrario, se trata de reconocer que se ha hecho algo dañino, las desventajas de haberlo hecho y el deseo de no volver a hacerlo.

Por ejemplo, si bebemos veneno por equivocación, y nos damos cuenta de que lo hemos hecho, reconoceremos nuestro error y nos sentiremos profundamente arrepentidos. Esto nos alentará a aplicar el antídoto, y ser mucho más cuidadosos en el futuro. De manera semejante, a través del poder del arrepentimiento, recordamos las acciones negativas que hemos hecho, nos arrepentimos de ellas y actuamos con el fin de purificarlas.

El poder de la confianza es recordarnos las cualidades del Buda, del Dharma y el Sangha para guiarnos a abandonar el error, al tiempo que reflexionamos sobre nuestras acciones negativas. Es muy beneficioso, además, recordar las enseñanzas del Buda sobre la no violencia, la moralidad y la renuncia al samsara.

Entonces aplicamos el remedio a través de la recitación del mantra de Vajrasattva, sea en su versión larga o en su versión corta: «*Om Vajrasattva Hum*», veintiún veces o más. Mientras recitamos el mantra, visualizamos todo nuestro karma negativo en la forma de un carbón liquido negro y un humo negro dejando nuestros cuerpos y fluyendo bajo tierra. Al mismo tiempo, un néctar blanco, puro, proveniente de Vajrasattva, llena todo nuestro cuerpo, como leche que es vertida dentro de un contenedor. Imaginamos que todos los karmas negativos son completamente purificados en nuestra mente, y nuestro cuerpo físico se vuelve limpio y claro, como cristal puro. Este es el poder del remedio.

El siguiente paso, el de la promesa, es fundamental. Tomamos una firme determinación: «Purificaré inmediatamente los karmas negativos que pueda. Además, purificaré lenta, gradual y regularmente aquellos que soy incapaz de purificar con facilidad». Con respecto a los engaños a los que somos más vulnerables –por ejemplo, el enfado, el apego o el orgullo–, resolvemos evitar cometer las acciones que los producen durante un período específico de tiempo. Podemos establecer el marco temporal en una hora, una semana o un mes.

Tomar la resolución firme y cumplirla trae consigo montañas de beneficios. Incluso un breve período de tiempo de contención es valioso porque nos ayuda a ganar control sobre nuestra mente y a cumplir nuestra promesa. Cumplir con el compromiso nos ayuda a evitar los resultados dañinos de esta acción negativa. Al final de esta práctica debemos disolver a Vajrasattva mentalmente en la luz y absorber a Vajrasattva en nuestro corazón. Luego hemos de imaginar que nuestro cuerpo, palabra y mente han sido bendecidos por Vajrasattva, la encarnación de todos los budas.

La práctica de los treinta y cinco budas

Cuando los treinta y cinco budas eran *bodhisattvas* y cultivaban el camino, rezaron para beneficiar a los seres sentientes ayudándolos a purificar su karma negativo y sus oscurecimientos. Cuando los *bodhisattvas* alcanzaron la iluminación, lograron las diez cualidades o poderes del Buda, uno de los cuales es el poder de la oración. De este modo, sus nombres tienen el poder curativo apoyado por sus oraciones pasadas.

Los seres sentientes que recitan esos nombres purifican eones de karma negativo, y son, por ello, capaces de conjurar las consecuencias dañinas que de otro modo se seguirían.

El difunto Serkong Dorje Chang Rimpoché era un lama con logros superiores y una extraordinaria clarividencia. Era capaz de ver a través de cualquier persona que lo visitara. Sabía exactamente lo que esa persona había hecho en el pasado y lo que haría en el futuro. Rimpoché podría ver con claridad, incluso, los sueños que tenía la persona. Yo mismo experimenté esto con él. Era asombroso, un poco impactante, estar ante alguien que era capaz de conocerme tan bien. Por ese motivo, quienes conocían a Rimpoché eran muy cuidadosos de no decirle nunca una mentira, porque él siempre se daba cuenta.

Algunas veces las personas lo visitaban y le pedían observaciones y consejos. Un día, un hombre tibetano lo visitó y le preguntó cómo tener éxito en su negocio o algo por el estilo. Pero antes de responder a sus preguntas, Rimpoché le dijo de pronto: «¡Oh, has matado a un ser humano!». El hombre tibetano estaba completamente atribulado y muy avergonzado, y no se atrevió a repetir su pregunta. Entonces Rimpoché le aconsejó: «Debes hacer postraciones y confesión a los treinta y cinco budas». Esto muestra cuán poderosa es esta práctica, ya que puede remediar incluso el terrible karma de matar a un ser humano.

Una práctica diaria: la oración de las siete ramas

El progreso en el camino espiritual depende de la purificación de negatividades y de la acumulación de méritos. Sin embargo, esto es difícil debido a los poderosos engaños en nuestra mente y al hecho de que nuestras virtudes son, por lo general, débiles, mientras que nuestras negatividades son perfectas. La práctica de las siete ramas, basada en la oración de las siete ramas, es un método simple, pero poderoso para purificar el karma negativo y acumular karma positivo:

Reverentemente me postro con mi cuerpo, palabra y mente
y presento nubes de cada tipo de ofrecimiento.
Confieso todas las acciones negativas acumuladas
desde tiempo sin principio
y me regocijo en los méritos
de todos los seres santos y corrientes.
Por favor, permanece hasta que el samsara cese
y gira la rueda del Dharma
para el beneficio de todos los seres sentientes.
Dedico las virtudes propias y la de otros
para la gran iluminación.

Comenzamos con la visualización del Gurú Buda Shakyamuni, inseparable de nuestros gurús, frente a nosotros, y luego leemos la oración mientras reflexionamos sobre el significado y el efecto de cada una de las líneas o ramas, que son las siguientes:

Postraciones. Imaginamos numerosas emanaciones de nuestro cuerpo, suficientes como para cubrir toda la Tierra. Todos estos cuerpos hacen una postración completa, extendiendo todo el cuerpo en el suelo frente al Buda. Este esfuerzo reúne extensos méritos y purifica una vasta cantidad de karma negativo.

Ofrecimientos. Visualizamos, tan extensamente como sea posible, ofrendas de luz, flores, incienso, perfume, comida, música y otras ofrendas para el Buda. No hay límite para nuestra visualización, de modo que ¡podemos llenar el cielo con hermosas ofrendas mentales!

Confesión. Aquí debemos pensar: «Estoy confesando individualmente todos los karmas negativos cometidos con mi cuerpo, palabra y mente». De este modo, podemos purificar todos los karmas negativos, incluyendo las infracciones a los votos e, incluso, los graves karmas negativos perpetrados en relación con nuestros gurús.

Regocijo. Regocijarse en las virtudes de otros es la manera más fácil de acumular mérito. Por consiguiente, regocíjate en las tareas emprendidas por los budas y *bodhisattvas*, como así también en las virtudes de los seres corrientes. Esto vence la envidia y es la manera más fácil de generar una extensión inimaginable de méritos. Simplemente, sé feliz por las buenas acciones de otros.

Rogar al gurú que tenga una vida estable. El gurú es nuestro guía en el camino inequívoco. Visualizar que ofreces al gurú un trono dorado bellamente construido, sostenido por ocho leones de las nieves, adornado con joyas y *vajras* dobles. Mentalmente, ofrece tantos tronos al gurú como seas capaz.

Pedir al gurú que haga girar la rueda del Dharma. Visualiza que ofreces un *dharmachakra* o rueda del Dharma de mil rayos para que las enseñanzas que aseguran el bienestar de los seres puedan florecer y no declinar.

Dedicación. Habiendo realizado todas las acciones virtuosas y visualizaciones enunciadas más arriba, ofrecemos nuestro mérito para la iluminación de todos los seres sentientes y «sellamos» la dedicación con la vacuidad. Hacemos esto pensando: «Debido a los méritos reunidos del pasado, presente y futuro por mí, por innumerables seres sentientes y por todos los budas y *bodhisattvas* (que están vacíos de forma independiente), que yo solo (que también estoy vacío, que tampoco tengo existencia autónoma) alcance la iluminación (que está vacía de existencia propia) y guíe a todos los seres sentientes (que están vacíos de existencia autónoma) a la iluminación (que está también vacía de existir de forma independiente).

La práctica de los cinco poderes en el momento de la muerte

Al familiarizarnos con los cinco poderes durante nuestra vida y, en particular, al practicarlos en el momento delicado de la muerte, nos aseguraremos una mente feliz. Los cinco poderes son:

1. *El poder de la actitud/determinación.* Cada mañana debes pensar: «El propósito de mi vida es liberar a todos los seres sentientes del sufrimiento y sus causas, y conducirlos a la felicidad. Por consiguiente, de ahora en adelante y hasta mi muerte, este año, esta semana o incluso hoy evitaré caer bajo el

control de la mente autocomplaciente. Por el contrario, practicaré apreciar a los otros. Practicaré la intención altruista de la *bodhicitta*, y cuando muera y entre en el estadio intermedio, no me separaré de este buen corazón del altruismo. Nunca me separaré de esta decisión de beneficiar a otros».

Motívate de esta manera cada mañana e intenta vivir el resto de cada día con esta misma motivación. Si habitualmente estableces una intención de este tipo, serás capaz de sostener este altruismo todo el tiempo, incluso en el momento de tu muerte. Esta intención infundirá a nuestra vida y a nuestra muerte un tierno coraje, convirtiéndolas en un viaje placentero que nos beneficiará a nosotros mismos y a otros seres sentientes.

2. *El poder de la semilla blanca.* Crear méritos debe hacerse sin condiciones. Cuando sabemos que la muerte es inminente, debemos utilizar nuestras posesiones con generosidad y dedicarlas a otros seres sentientes, a los pobres o a las personas que las necesitan. El método básico para generar un mérito extenso es cultivar la *bodhicitta*, el buen corazón que aprecia a todos los seres sentientes y se esfuerza por llevarlos a la suprema felicidad de la iluminación. Es muy importante no aferrarse a las personas o a las posesiones a medida que nos acercamos a la muerte. Aferrarse es lo que hace que la muerte sea difícil y nos aterrorice a medida que nos separamos de nuestros objetos de apego.

Hay dos cosas que nos hacen temer la muerte. La primera es el aferramiento a nuestro cuerpo, posesiones y seres queridos.

La solución es dejar de aferrarnos a ellos en el momento de la muerte. En vez de esto, démonos libertad a nosotros mismos en el momento de la muerte, porque la muerte puede ser un momento fácil, confortable, incluso feliz si abandonamos nuestro aferramiento ansioso. Sé generoso, ya que puedes beneficiar al pobre y al enfermo, y haz ofrecimientos a los objetos sagrados y a otros seres vivos, y dedica esta generosidad a la felicidad y la iluminación de todos los seres. Hacer esto le da a la mente una gran libertad.

La segunda causa del temor a la muerte es saber que hemos hecho alguna acción no virtuosa, como dañarnos a nosotros mismos y a otros con pensamientos negativos autocomplacientes de enfado, apego y orgullo. Estas acciones malsanas tienden a emerger en la mente en el momento de la muerte y conducen a mucha inquietud en el corazón. Si deseas una muerte en paz, sin preocupaciones y sin miedo a lo que ocurrirá entonces y más allá, no pierdas tiempo, y purifica las acciones negativas y sus impresiones, comenzando ahora mismo. Purificar las negatividades y desear afectuosamente a todos los seres que logren la felicidad última hace de la muerte algo semejante a irse de picnic o de vacaciones con una mente despreocupada frente al miedo y a las dudas.

3. *El poder del repudio*. Además de confesar nuestras acciones negativas y hacer prácticas de purificación, el repudio de las negatividades incluye volver a tomar los votos que hemos roto o, sencillamente, rechazar al ego, que esencialmente es la actitud autocomplaciente. Esto significa que, cuando un proble-

ma surge en nuestra vida, sea un cáncer, sida, dificultades en nuestras relaciones interpersonales, pérdidas financieras o cualquier forma de problema, debemos pensar de inmediato de qué modo todos los problemas se originan en la autocomplacencia.

Debemos dirigir nuestra energía a destruir nuestra actitud autocomplaciente. Sin este enemigo interior de la autocomplacencia no habría daños externos que puedan presentarse ante nosotros. Por lo tanto, debemos reflexionar y bombardear mentalmente a la mente autocomplaciente con el pensamiento: «Mi actitud autocomplaciente me ha traído insatisfacción y problemas». Debemos pensar acerca del modo en el cual la actitud autocomplaciente da rienda suelta a nuestro apego –nuestro enfado, orgullo y envidia– para que actuemos de maneras que nos dañan a nosotros y daña a otras personas. Debemos continuar esta reflexión y meditar sobre ella lo mejor que podamos.

4. *El poder de la oración*. Debemos recitar oraciones con la motivación de la *bodhicitta* y dedicarlas con fuerza, junto con todas las virtudes que hemos realizado para la felicidad y la iluminación de todos los seres sentientes. Debemos mantener nuestro corazón abierto y cálido, y siempre mantener próximo a nuestro corazón el bienestar de todos los seres vivientes.

5. *El poder de la familiarización o entrenamiento*. Abrazar regularmente el pensamiento altruista a lo largo de nuestra vida, sobre todo en el momento de la muerte, es una manera excelente de utilizar la muerte como camino espiritual. Podemos generar compasión y pensar en todos los seres que están muriendo, experimentando una gran angustia debido a

su muerte inminente. Podemos pensar: «Qué maravilloso si pudieran, todos ellos, liberarse del sufrimiento y sus causas y experimentar la felicidad y sus causas. Dedico todos mis méritos a ellos». Lo que sea que pensemos, digamos o hagamos, sea que nos encontremos en una condición saludable o no, debemos hacerlo con la motivación de la *bodhicitta.*

Cuando el momento de la muerte está próximo, algunas personas dejan su cuerpo tendido sobre la cama, algunos mueren sentados en la posición de meditación, algunos se recuestan en la posición conocida como la del león. Para adoptar la postura del león, te recuestas sobre tu lado derecho, descansando tu cabeza sobre tu mano derecha. Utiliza el quinto y más pequeño de tus dedos, el meñique, para bloquear de manera delicada el orificio nasal derecho. Debes mantener tus dos piernas estiradas, con la mano izquierda extendida a lo largo de tu cuerpo. Puedes intentar hacer esto por ti mismo o, si no puedes hacerlo, puedes pedir a otros que te ayuden a adoptar esta postura.

Esta es la posición en la que el Gurú Buda Shakyamuni mostró el aspecto de su fallecimiento, el cual fue en sí mismo una enseñanza sobre la impermanencia y la muerte. Estar recostado en esta posición especial se vuelve una forma de protección para la mente, y nos ayuda a morir con pensamientos positivos, sin ira, apego, envidia, o cualquier otro pensamiento perturbador. Morir con un pensamiento positivo es definitivamente una ayuda para asegurarnos un mejor renacimiento. El pensamiento positivo activa el karma positivo que ha sido acumulado en nuestro continuo mental.

Necesitamos comenzar nuestro entrenamiento ahora mismo si deseamos manejar la muerte y realizar la práctica del Dharma en el momento de la muerte. Practica los cinco poderes cada día, te ayudarán cuando estés a punto de morir. Los signos externos, internos y secretos, incluidos sueños e indicaciones físicas, nos dirán que la muerte se aproxima. Si nos entrenamos cada día en los cinco poderes, tanto la vida, incluido el momento de la muerte, se volverá pacífica, cómoda y luminosa.

Anécdotas de la vida de Kyabje Lama Zopa Rimpoché

Los sapos de los Himalayas y mani

Después de completar un *nyung ne* (un retiro de ayuno) en su centro de retiro en Laudo (Nepal), Rimpoché visitó el lugar de Lama Dorje (situado entre Lawudo y Lukla). Varios monjes acompañaron a Rimpoché, quien recibió muchas peticiones de los aldeanos en Namche Bazaar y otras aldeas en el largo trecho hasta llegar a Lukla para que visitará sus casas. Viajamos siempre a pie, y nos llevó tres días y tres noches de caminata, con escaso descanso y poco sueño. Durante todo el trayecto, Rimpoché impartió enseñanzas, llevó a cabo *pujas*, confirió bendiciones, atendió consultas, consagró altares y objetos sagrados, circunvaló estupas y ofreció postraciones a los treinta y cinco budas y todos los *chortens* (estupas) y piedras que llevaran grabadas el mantra *Om mani padme hum.*

Por descontado, las bendiciones de Rimpoché no solo estaban dirigidas a los seres humanos, sino también a los animales, desde los dzos, semejantes a bueyes, hasta los sapos y las hormigas. Los senderos entre las aldeas los realizábamos por las noches, ya que la agenda durante el día estaba ocupada en actividades dedicadas al Dharma en las aldeas. Una de las últimas noches llovía, lo cual hacía que el aire fuera muy frío y el suelo estuviera embarrado, pero esto no impidió que Rimpoché realizara una extensa *puja* de Lama Chöpa bajo la lluvia, que empezó a medianoche y duró hasta el amanecer.

Durante este viaje escuchamos sapos croando en la oscuridad salvaje. Rimpoché se detenía y recitaba oraciones para los sapos. Era incansable, pero nosotros, los monjes, estábamos agotados. ¡Llegó un punto en que empezamos a sentir pavor al escuchar el sonido de los sapos porque eso significaba que íbamos a detenernos otra vez a orar! Los monjes, agotados, nos apoyábamos los unos en los otros para dormir, aunque solo fueran unos instantes. Había momentos en los que parecía que Rimpoché estaba impartiéndoles enseñanzas a los sapos, aunque en realidad las enseñanzas eran básicamente para nosotros, los monjes, pese a que nosotros estábamos demasiado cansados para escucharlas.

Recuerdo haber escuchado las primeras líneas de una de sus enseñanzas, y luego despertarme debido a una tos fuerte de Rimpoché al final de su charla. Seguir a este buda viviente, incluso durante veinticuatro horas, no era una tarea sencilla. Pero, aunque fue físicamente agotador, también fue mentalmente inspirador y gozoso.

El significado del descanso interior

Rimpoché y yo tenemos programado un vuelo a Nepal para el curso de meditación de noviembre en el Monasterio de Kopan. A finales de la década de los 1980 (cuando su gurú principal, Lama Yeshe, falleció), Rimpoché comenzó una extensa gira internacional de enseñanzas y no se ha detenido desde entonces. La gira se realizó sin pausa, de un centro a otro, de un continente al siguiente, con apenas dos o tres días entre un lugar y otro. Los años de gira han sido extenuantes, con días y noches duras sin fin, de modo que los días y las noches se fundían, y las semanas no existían.

Siempre le pido a Rimpoché que considere la posibilidad de descansar, de tomarse al menos un día de descanso o unas pocas horas por la noche. Pero siempre ignora mis ruegos. Pasados algunos años con él, le pregunté: «¿Qué es lo que significa el descanso para usted?». Y él respondió: «Atenerme a la virtud».

Después de esto, pensé que tenía que abandonar el tema del descanso. La frase que inmediata y vívidamente me vino a la mente fue: «¡De manera que ESTO es el modo de vida del *bodhisattva*!».

Glosario

Agregado. La asociación de cuerpo y mente. Una persona consiste en cinco agregados: forma, sentimiento, discriminación, factores composicionales/impresiones kármicas y consciencia.

Apego. Un pensamiento perturbador que exagera las cualidades positivas de un objeto y nos impele a querer poseerlo. Uno de los seis engaños raíz.

Amor bondadoso. El deseo de que otros tengan felicidad y sus causas.

Arhat. Literalmente, «destructor de enemigo». Un ser que, habiendo cesado su karma y sus engaños, está completamente liberado del sufrimiento y sus causas y ha alcanzado la liberación de la existencia cíclica.

Arya. Literalmente, «noble». Aquel que ha realizado la sabiduría de la vacuidad.

Atisha Lama Dipankara Shrijnana (982-1054). El renombrado maestro indio que fue al Tíbet en 1042 para ayudar en el renacimiento del budismo y estableció la tradición kadam. Su *Lámpara para el camino a la iluminación* fue el primer texto de *lamrim*.

Autoaferramiento. La mente de la ignorancia que cree en la existencia inherente del yo. Esta mente conduce a la autocomplacencia.

Autocomplacencia. La actitud egocéntrica de considerar la propia felicidad como más importante que la felicidad y el bienestar de los otros. Esta mente es un obstáculo primario para la realización de la *bodhicitta* y, por consiguiente, para el logro de la iluminación.

Bhumi. Literalmente, «estadio», «nivel». Los *bodhisattvas* deben atravesar diez *bhumis* en su viaje hacia la iluminación. El primero de ellos se alcanza a través de la percepción directa de la vacuidad.

Bodhicitta. La determinación altruista de alcanzar la iluminación plena con el fin de liberar a todos los seres sentientes del sufrimiento y llevarlos a la iluminación.

Bodhicitta convencional. La mente altruista de la iluminación; una consciencia mental primaria que sostiene las dos aspiraciones de desear el beneficio de todos los seres y desear alcanzar la iluminación con el fin de lograrlo.

Bodhisattva. Aquel que posee la *bodhicitta*.

Budadharma. Las enseñanzas del Buda.

Buda Shakyamuni (563-483 d.C.). El fundador del presente Budadharma. El cuarto de los mil budas fundadores de la presente era mundial, el Buda Shakyamuni, nació como príncipe del clan de los sakyas en el norte de la India. Enseñó los caminos del sutra y del tantra para la liberación y la iluminación completa.

Budista. Quien ha tomado refugio en las Tres Joyas –Buda, Dharma y Sangha– y acepta la cosmovisión filosófica de los cuatro sellos: todos los fenómenos compuestos son impermanentes, todos los fenómenos contaminados tienen la naturaleza del sufrimiento, todas las cosas y eventos están vacíos de autoexistencia, el nirvana es la verdadera paz.

Camino Medio. La filosofía presentada por el Buda Shakyamuni en los *Sutras de la Prajnaparamita* y elucidada por Nagarjuna, que afirma que todos los fenómenos surgen de manera dependiente, eludiendo de este modo los extremos erróneos de la autoexistencia y la no existencia, o el eternalismo y el nihilismo. También llamado Madhyamaka.

Campo de mérito, campo de acumulación. Los seres santos visualizados o reales en relación con quienes uno acumula mérito yendo por refugio y haciendo ofrecimientos, y a quienes ora o hace peticiones de propósitos especiales.

Canal central. El canal o *nadi* que se extiende desde la coronilla de la cabeza hasta el chakra secreto. Es el canal de energía más importante del cuerpo *vajra*, visualizado como un tubo vacío de luz frente a la espina dorsal.

Cuatro inconmensurables. También llamados los cuatro pensamientos inconmensurables o cuatro actitudes sublimes, estos cuatro estados de mente o aspiraciones son: amor bondadoso, compasión, alegría comprensiva y ecuanimidad.

Cuatro Nobles Verdades. El tema del primer giro de la rueda del Dharma del Buda: el sufrimiento, el origen del sufrimiento, la cesación del sufrimiento y el camino que lleva a la cesación del sufrimiento.

Devoción al gurú. La práctica de devoción al gurú con pensamiento y con acción.

Dharamsala. Un pueblo en el noroeste de la India, en el estado de Himachal Pradesh, residencia de Su Santidad el Dalai Lama y sede del gobierno tibetano en el exilio.

Dharma. En general, Dharma describe las enseñanzas espirituales y, más específicamente, las enseñanzas del Buda, que protegen del sufrimiento y guían a la liberación y a la completa iluminación. También se describe como «aquello que vence a los engaños».

Dharmakaya. El cuerpo de verdad de un buda, la mente omnisciente gozosa de un buda y el resultado del camino del lado de la sabiduría. El *Dharmakaya* puede ser dividido en el cuerpo de sabiduría y el cuerpo de naturaleza.

Diez acciones no virtuosas. Las tres no virtudes del cuerpo son matar, robar y el comportamiento sexual impropio; las cuatro no virtudes de la palabra son mentir, hablar de manera ofensiva, calumniar y chismorrear; las tres de la mente son codicia, animadversión y visiones erróneas.

Dios. Un renacimiento en un estado dentro del samsara caracterizado por el lujo y el placer.

Dos verdades. Las dos maneras de relacionarse con los fenómenos, como convencional o verdad que todo lo oscurece, entendida por una mente mundana y la verdad última, entendida por una mente embarcada en un análisis definitivo.

Engaños. Mentes o pensamientos negativos y perturbadores que causan sufrimiento y karma negativo. Los tres engaños principales o tres venenos son la ignorancia, el apego y la ira.

Eón. Un período mundial, también llamado *kalpa* –un inconcebible período de tiempo–. La duración del universo está dividida en cuatro grandes eones, divididos a su vez en veinte eones menores.

Espíritus hambrientos. También conocidos como *pretas*, los espítirus hambrientos moran en los reinos inferiores de las seis clases de seres samsáricos y experimentan el sufrimiento del hambre y la sed.

Estupa. Un relicario, también llamado *chorten*, que simboliza la mente del Buda.

Eternalismo. La creencia en la existencia inherente de las cosas, en contraposición al nihilismo. Es uno de los dos extremos.

Existencia cíclica. El ciclo recurrente, sin principio, de la muerte y el renacimiento bajo el control de los engaños y el karma, y lleno de sufrimiento. Véase también *Samsara.*

Existencia inherente (o intrínseca). De lo que están vacíos los fenómenos; el objeto de negación o refutación. Desde el punto de vista de la ignorancia, todos los fenómenos parecen existir independientemente, por sí mismos.

Fenómenos causativos. Las cosas que surgen en dependencia de causas y condiciones; incluidos todos los objetos experimentados por los sentidos, como así también la propia mente.

Fenómenos compuestos. Fenómenos que surgen debido a causas y condiciones.

Gelong. Un monje budista completamente ordenado, también llamado *bhikshu*.

Gelug. Una de las cuatro tradiciones principales del budismo tibetano, fundada por Lama Tsongkhapa en el siglo XV y propagada por maestros ilustres como los sucesivos Dalai Lamas y Panchen Lamas.

Gelugpa. Un seguidor de la tradición Gelug.

Gurú. Literalmente, «grave, profundo», como cuando hablamos de un profundo conocimiento del Dharma. Un maestro espiritual.

Gurú raíz. El maestro que ha tenido la mayor influencia sobre un discípulo para que este entrara o siguiera el camino espiritual.

Hinayana. Literalmente, «pequeño vehículo». El camino de los *arhats*, cuya meta es el nirvana o la liberación personal del samsara.

Ignorancia. Un factor mental que oscurece la mente e impide que esta vea la manera en la cual existen las cosas en la realidad. Hay básicamente dos tipos de ignorancia: la ignorancia del karma y la ignorancia de la verdad última. La ignorancia es el engaño fundamental del cual surgen todos los otros engaños.

Iluminación. A esto se llama el despertar pleno, budeidad u omnisciencia. La iluminación es la meta última de un budista Mahayana, la cual se logra cuando todas las limitaciones han sido eliminadas de la mente y el potencial positivo ha sido completa y perfectamente realizado. Es un estado caracterizado por una infinita compasión, sabiduría y habilidad.

Impermanencia. Niveles burdos y sutiles de la transitoriedad de los fenómenos.

Impresiones (huellas). Las semillas, o potencias, dejadas en la mente por las acciones positivas o negativas del cuerpo, palabra y mente.

Karma. Literalmente, «acción». El funcionamiento de la causa y el efecto, por lo cual las acciones positivas producen felicidad, y las acciones negativas producen sufrimiento.

Lama del linaje. Un maestro espiritual que está en la línea de transmisión directa gurú-discípulo de las enseñanzas, del Buda a los maestros del presente.

Lamrim. El camino gradual a la iluminación. Una presentación de las enseñanzas del Buda Shakyamuni que organiza, paso a paso, el entrenamiento de un discípulo para lograr la iluminación.

Liberación. Estado de completa libertad del samsara; la mente de un practicante que busca su propia escapatoria del sufrimiento.

Luz clara. Mente muy sutil. Este estado mental más sutil ocurre naturalmente en el momento de la muerte y en el curso de una práctica tántrica exitosa. Los practicantes la utilizan para realizar la vacuidad.

Mahayana. Literalmente, «gran vehículo». El Mahayana es el camino de los *bodhisattvas*, aquellos que buscan la iluminación para liberar a otros seres.

Maitreya. El próximo buda después del Buda Shakyamuni y el quinto de los mil budas de la presente era mundial.

Manjushri. El *bodhisattva* (o buda) de la sabiduría. Recipiente del linaje de sabiduría de las enseñanzas del Buda Shakyamuni, que transmitió a Nagarjuna.

Mente. Sinónimo de consciencia y sensibilidad, definida como aquello que es «claro y conoce». La mente es una entidad sin forma que tiene la habilidad de percibir objetos.

Mérito. Impresión positiva dejada en la mente por una acción virtuosa o Dharma. El mérito es la principal causa de la felicidad. Cuando el mérito de la virtud va acompañado del mérito de la sabiduría, eventualmente resulta en el *rupakaya*, la forma de Buda.

Método. Todos los aspectos del camino a la iluminación diferentes a los relacionados con la vacuidad. El método está principalmente asociado con el desarrollo del amor bondadoso, la compasión y la *bodhicitta*.

Milarepa (1040-1123). El gran yogui del Tíbet que alcanzó la iluminación durante su vida bajo la tutela de su gurú, Marpa, quien fue contemporáneo de Atisha. Uno de los padres fundadores de la escuela Kagyü.

Nagarjuna. El gran filósofo y adepto tántrico indio del siglo segundo que formuló la filosofía Madhyamaka de la vacuidad. Es uno de los seis grandes eruditos indios conocidos como los seis ornamentos.

Nalanda. Una universidad monástica budista del Mahayana fundada en el siglo v en el norte de la India, no muy lejos de Bodhgaya. Nalanda sirvió como fuente principal de las enseñanzas budistas que se extendieron por todo el Tíbet.

Naropa (1016-1100). El maestro y meditador budista indio que, a través de la práctica de disciplinas meditativas, logró poderes milagrosos. Discípulo de Tilopa y gurú de Marpa y Maitripa; transmitió muchos linajes tántricos, incluidos los renombrados Seis Yogas de Naropa.

Nihilismo. La doctrina que afirma que nada existe, opuesta al eternalismo. El nihilismo defiende que no hay causa y efecto de las acciones, y que no hay vidas pasadas ni futuras.

Nirmanahaya. El cuerpo de emanación de un buda que se manifiesta en una variedad de formas perceptibles para los seres sentientes.

Nyung ne. Retiro de dos días de Avalokiteshvara que requiere ayuno, postraciones y silencio.

Objeto de negación. El objeto que en apariencia manifiesta existir inherentemente.

Ocho libertades. Estas ocho libertades son características definitorias de un perfecto renacimiento humano: libertad respecto a un nacimiento como un ser infernal, un espíritu hambriento, un animal, un dios de larga vida, cuando un buda no haya descendido, o en un lugar donde no haya enseñanzas del Dharma, con facultades mentales o físicas defectuosas, o como sosteniendo visiones erróneas heréticas.

Ocho preceptos Mahayana. Votos de un día de duración para abandonar el asesinato, el robo, las mentiras, el contacto sexual, el consumo de intoxicantes, sentarse en un asiento o cama elevada, comer en momentos erróneos, cantar, bailar y utilizar perfumes o vestir joyas.

Ocho tipos de sufrimientos. También conocidos como los sufrimientos de los humanos. El sufrimiento del nacimiento, la vejez, la enfermedad, la muerte, el encuentro con lo que es desagradable, la separación respecto a lo agradable, no lograr lo que uno desea, y los cinco agregados.

Ocho dharmas mundanos. Las preocupaciones mundanas que generalmente motivan las acciones de los seres ordinarios: querer ganancias y no querer pérdidas, querer ser feliz y no querer ser infeliz; querer alabanzas y no querer críticas, y querer una buena reputación y no querer una mala reputación.

Om mani padme hum. También llamada *mani.* Mantra de Avalokiteshvara, el buda de la compasión.

Origen dependiente. También llamado surgimiento dependiente, describe cómo el yo y los fenómenos existen convencionalmente como relativos e interdependientes. Surgen en la existencia en dependencia de causas y condiciones, de sus partes y, más sutilmente, de la mente que los etiqueta.

Oscurecimientos. También conocidos como obstrucciones que impiden los logros de la liberación y la iluminación.

Oyente. Practicante del Hinayana que se esfuerza por alcanzar el nirvana escuchando las enseñanzas de un maestro.

Perfecciones. Las prácticas principales de un *bodhisattva* son las Seis Perfecciones. Sobre la base de la *bodhicitta*, un *bodhisattva* practica las Seis Perfecciones: la generosidad, la moralidad, la paciencia, la dichosa perseverancia, la concentración y la sabiduría.

Perfecto renacimiento humano. El raro estado humano, calificado con las ocho libertades y los diez atributos, se considera la condición ideal para la práctica del Dharma y el logro de la iluminación.

Prácticas preliminares. Las prácticas, llamadas también *ngondro*, que preparan la mente para una meditación tántrica exitosa al eliminar los obstáculos y acumular méritos. Estas prácticas las encontramos en todas las escuelas del budismo tibetano y se realizan usualmente unas cien mil veces cada una. Las cuatro prácticas principales son la recitación de la fórmula de refugio, la ofrenda de mandala, las postraciones y la recitación del mantra de Vajrasattva.

Puja. Literalmente, «ofrecimiento». Ceremonia litúrgica religiosa.

Refugio. Una sentida confianza en el Buda, el Dharma y el Sangha para ser guiado a lo largo del camino de la liberación y la iluminación.

Reino del deseo. Uno de los tres reinos del samsara, que incluye a los seres infernales, los espíritus hambrientos, los animales, los humanos, los semidioses y las seis clases de dioses inferiores.

Reino de la forma. El segundo de los tres reinos del samsara, el cual contiene diecisiete clases de dioses.

Reinos inferiores. Los tres reinos de la existencia cíclica con más sufrimiento: el infierno, los espíritus hambrientos y el reino de los animales.

Reino sin forma. El reino superior de los tres reinos del samsara. Contiene cuatro clases de dioses implicados en meditaciones sin forma. Los cuatro niveles meditativos alcanzados en este reino son: el cielo ilimitado, la consciencia ilimitada, la nada y ni existencia ni no existencia (también llamado la cima del samsara).

Reinos superiores. Los tres reinos superiores en el samsara de los humanos, los semidioses y los dioses.

Rimpoché. Literalmente, «el precioso». Generalmente, es un título que se otorga al lama que intencionalmente ha renacido en un cuerpo humano para continuar ayudando a otros. Es también un título respetuoso utilizado para referirse al propio lama.

Rupakaya. El cuerpo de forma de un ser completamente iluminado. El resultado de la perfecta y completa acumulación de méritos.

Sabiduría. Se refiere a los niveles de comprensión de la naturaleza de la realidad, y en última instancia se refiere a la sabiduría que realiza la vacuidad, la cual libera a los seres de la existencia cíclica y, eventualmente, los conduce a la iluminación.

Sadhana. Instrucciones paso a paso para la práctica de la meditación relativa a una deidad meditacional particular.

Sambhogakaya. Llamado el cuerpo del gozo, la forma en la cual la mente iluminada aparece con el fin de beneficiar a los *bodhisattvas* con logros superiores.

Samsara. Existencia cíclica. Se refiere a los seis reinos de existencia condicionada o sufrimiento: los reinos inferiores del infierno, los espíritus hambrientos y animales, y los reinos superiores de humanos, semidioses y dioses.

Samten. El primero de los cuatro niveles meditativos de calma apacible.

Sangha. El Sangha absoluto son aquellos que han tenido una realización directa de la vacuidad; el Sangha relativo son los monjes y monjas ordenados. También, utilizado en términos generales, se refiere a la comunidad laica del Dharma o a miembros de los centros del Dharma.

Seis Perfecciones. Sobre la base de la *bodhicitta*, un *bodhisattva* practica las Seis Perfecciones: la generosidad, la moralidad, la paciencia, la perseverancia entusiasta, la concentración y la sabiduría.

Semidiós. Un ser del reino de los dioses que disfruta de mayores comodidades y también de más placeres que los seres humanos, pero que sufre una intensa envidia y grandes conflictos.

Shamatha. Meditación para lograr el estado de concentración o calma apacible.

Shantideva (685-763). El gran *bodhisattva* indio que escribió *Una guía para el modo de vida del bodhisattva,* uno de los textos esenciales del Mahayana.

Shunyata. La realización directa de la vacuidad.

Sufrimiento compuesto que todo lo invade. El más sutil de los tres tipos de sufrimiento. Se refiere a la naturaleza de los cinco agregados contaminados del karma y los engaños.

Sufrimiento del cambio. Lo que normalmente consideramos como placer, pero que, debido a su naturaleza transitoria, tarde o temprano se torna sufrimiento.

Sufrimiento del dolor. También llamado sufrimiento del sufrimiento. Las experiencias comúnmente reconocidas como experiencias de dolor, incomodidad, infelicidad.

Sutras. Los discursos abiertos del Buda Shakyamuni; los textos que contienen las enseñanzas y las prácticas.

Tantra. También llamado Varjayana, Mantrayana o Tantrayana. Se trata de las enseñanzas secretas o esotéricas del Buda. Las practicas tántricas generalmente incluyen identificarse uno mismo como una deidad plenamente iluminada con el fin de transformar los propios estados impuros del cuerpo, la palabra y la mente, convirtiéndolos en los estados puros de un ser iluminado.

Theravada. El camino de los ancianos. Una de las dieciocho escuelas en las que el Hinayana se escindió no muchos años después de la muerte del Buda. El Theravada prevalece en Tailandia, Sri Lanka y Birmania, y está bien representado en Occidente.

Tierra pura. Una tierra pura de un buda es un lugar donde no hay sufrimiento. En algunas, pero no todas, las tierras puras, después de renacer, los practicantes reciben enseñanzas directamente del buda de esa tierra pura, completan el resto del camino y luego alcanzan la iluminación.

Transformación del pensamiento. También conocido como entrenamiento mental o *lo-jong*. Se trata de una aproximación para desarrollar la *bodhicitta*, en el que la mente es entrenada para usar todas las situaciones, felices e infelices, para destruir la autocomplacencia y el autoaferramiento.

Transmisión oral. La transmisión verbal de las enseñanzas y de las prácticas de meditación o mantras del gurú al discípulo. El gurú recibe estas enseñanzas de un linaje ininterrumpido de su fuente original.

Tres entrenamientos. Ética, concentración y sabiduría.

Tres venenos. Ignorancia, apego e ira.

Tres reinos. Reino del deseo, de la forma y sin forma.

Tonglen. La práctica de meditación para generar la *bodhicitta* que consiste en tomar el sufrimiento de los otros y darles la felicidad.

Vacuidad. La ausencia de existencia verdadera, inherente. En última instancia, todos los fenómenos están vacíos de existir verdaderamente o existir de forma independiente.

Vajrasattva. Una deidad meditacional masculina que simboliza la pureza inherente de todos los budas. Vajrasattva es la base de una importante práctica de purificación tántrica para eliminar los obstáculos creados por el karma negativo y la ruptura de votos.

Vajrayana. El vehículo diamantino. También llamado Tantrayana o Mantrayana.

Verdad convencional. Como opuesta a la verdad última, que es la comprensión de la naturaleza última de la realidad o vacuidad, la verdad convencional es aquello que es verdadero para una consciencia convencional válida. Véase *Dos verdades*.

Verdad última. Una de las dos verdades, la otra es la verdad convencional. Se trata de la comprensión de la naturaleza última de las cosas y de los eventos como vacíos de existencia inherente, también conocida como vacuidad.

Vipassana. La visión superior o comprensión penetrante especial de la vacuidad.

Visión dualista. La visión ignorante que caracteriza a la mente no iluminada. Visión para la cual todas las cosas son concebidas erróneamente como si tuvieran una autoexistencia concreta. Para esta visión, la apariencia de un objeto está mezclada con la imagen falsa de ser independiente y autoexistente, conduciendo de este modo a más visiones dualistas respecto al sujeto y al objeto, y al yo y el otro.

Votos del bodhisattva. Los votos a los que se compromete quien entra en el camino del *bodhisattva*.

Votos tántricos. Votos tomados por los practicantes tántricos.

Yama. El señor de la muerte que muestra la Rueda de la Vida.

Yana. Literalmente, «vehículo». Un camino espiritual que nos lleva desde donde estamos en el presente hacia donde deseamos llegar.

Yeshe, Lama (1935-1984). Nacido y educado en el Tíbet, Lama Yeshe huyó a la India, donde encontró a su discípulo principal, Lama Zopa Rimpoché. Comenzaron a enseñar a occidentales en el Monasterio de Kopan en 1969, y fundaron la Fundación para la Preservación de la Tradición Mahayana (FPMT por sus siglas en inglés) en 1975.

Yoga. Literalmente, «trabajo». También significa «yugo». Se refiere a la disciplina espiritual en la cual uno se embarca con el fin de alcanzar la iluminación.

Yoga del gurú. La práctica tántrica fundamental en la que el propio gurú es visto como idéntico a los budas, y a la propia deidad meditacional, y a su vez la naturaleza esencial de la propia mente.

Yoga tantra superior. La cuarta y suprema división de la práctica tántrica, a veces llamada *maha anuttara* yoga tantra. Consiste en los estadios de generación y compleción. A través de esta práctica uno puede alcanzar la iluminación completa en una vida.

Yogui. Un meditador con un nivel superior.

Yo real. El yo que aparentemente manifiesta autoexistencia, sin depender de nada, como las causas y condiciones, las partes o la imputación mental. Es el objeto que ha de ser refutado. Véase también *Objeto de negación*.

Zopa Rimpoché, Kyabje Lama Thubten (1946). Nacido en Thangme, cerca de la montaña Everest, y reconocido como la reencarnación de Lama de Lawudo, Lama Zopa es actualmente el director de la FPMT.

Bibliografía

Sutras

Essence of the Earth Sutra. Dasacakraksitigarbha Sutra. 'Dus pa chen po las sa'i snying pa'ikhor lo bcu po'i mdo.

«Four Noble Truths Sutra (Setting the Wheel of Dharma in Motion) (Dhammacakkappavattana sutta)». En: *The Connected Discourses of the Buddha: A translation of the Samyutta Nikaya*, traducido por Bikkhu Boddhi, 1843-1847. Boston: Wisdom Publications, 2000.

Laying Out the Stalks Sutras. Gandavyuhastra. Ldong po mkod pa'i mdo.

Obras indias y tibetanas traducidas

Pabongka Rimpoché. *Liberation in the Palm of Your Hand*. Traducido por Michael Richards. Boston: Wisdom Publications, 1991, 2006.

Shantideva. *A Guide to the Bodhisattva's Way of Life (Bodhisattvacaryavatara, Jang chub sem pä chö pa la jug pa)*. Traducido por Stephen Batchelor. Dharamsala: Library of Tibetan Works and Archives, 1987.

Su Santidad el Dalai Lama. *Essence of the Heart Sutra: The Dalai Lama's Heart of Wisdom Teachings*. Traducido por Geshe Thupten Jinpa. Boston: Wisdom Publications, 2005.

Tsongkhapa. *The Foundation of All Good Qualities (Yön ten shir gyur ma)*. Vol. 3. Basic Prayers and Practices, de *Essential Buddhist Prayers: An FPMT Prayer Book*, 139-141. Portland, OR: FPMT, 2009.

—. *The Great Treatise on the Path to Enlightment (Lam Rim Chen Mo).* Traducido por Lamrim Chenmo Translation Commitee. Vol. 3. Ithaca, Nueva York: Snow Lion Publications, 2000-2004.

Obras en inglés

Sopa, Geshe Lhundub. *Steps on the Path to Enlightenment.* Vol. 3. Boston: Wisdom Publications, 2004, 2005, 2008.

Tsering, Geshe Tashi. *The Four Noble Truths.* Boston: Wisdom Publications, 2005.

—. *Buddhist Psychology.* Boston: Wisdom Publication, 2006.

Zopa Rimpoché, Lama. *The Door of Satisfaction: The Heart Advice of a Tibetan Buddhist Master.* Boston: Wisdom Publications, 2001.

—. *Heart of the Path: Seeing the Guru as Buddha.* Boston: Lama Yeshe Wisdom Archive, 2009.

—. *How to Practice Dharma: Teachings on the Eight Worldly Dharmas.* Boston: Lama Yeshe Wisdom Archive, 2012.

Índice